当代中国文化国际影响力的生成
——“第三极文化”论丛
(2018)

主　编　黄会林
副主编　高　峰　罗　军

北京师范大学出版集团
BEIJING NORMAL UNIVERSITY PUBLISHING GROUP
北京师范大学出版社

图书在版编目（CIP）数据

当代中国文化国际影响力的生成 / 黄会林主编．—北京：北京师范大学出版社，2019．3

（第三极文化论丛．2018）

ISBN 978-7-303-24288-7

Ⅰ．①当…　Ⅱ．①黄…　Ⅲ．①中华文化—文化传播—文集　Ⅳ．①G122—53

中国版本图书馆 CIP 数据核字（2018）第 258422 号

营 销 中 心 电 话　010-58805072　58807651

北师大出版社高等教育与学术著作分社　http：//xueda. bnup. com

DANGDAI ZHONGGUO WENHUA GUOJI YINGXIANGLI DE SHENGCHENG

出版发行：北京师范大学出版社 www. bnup. com

北京市海淀区新街口外大街 19 号

邮政编码：100875

印　　刷：大厂回族自治县正兴印务有限公司

经　　销：全国新华书店

开　　本：787 mm×1092 mm　1/16

印　　张：17. 5

字　　数：280 千字

版　　次：2019 年 3 月第 1 版

印　　次：2019 年 3 月第 1 次印刷

定　　价：58. 00 元

策划编辑：王则灵　　　　责任编辑：薛　萌

美术编辑：李向昕　　　　装帧设计：李尘工作室

责任校对：包冀萌　　　　责任印制：马　洁

序
实力与耐心：关于当代中国文化影响力生成的思考

很荣幸有机会就当代中国文化影响力的生成问题，向大家求教。我的思考主要围绕以下几点展开。

一、当代中国文化影响力生成的必然性

为什么当代中国文化影响力生成成为一个当今中国知识分子需要思考的问题？我们知道，中国作为文明古国，对世界文明发展有过巨大贡献和影响，但当代文化影响力却严重滞后——就像一个演讲者登上了舞台却不发声一样，这也意味着加强当代中国文化建设成为一项必然的任务。

相对于传统中国文化的国际影响力，当代中国文化的国际影响力非常有限，处于边缘。一个民族的文化，往往要经历较长的时间筛选，才会慢慢沉淀出优秀的成果。在这个意义上我们可以

理解当代中国文化确实无法和传统文化相比，但和当代欧美文化的世界影响相比，我们显然也落后了不少。

造成这种现象的原因有三个方面：一是我们相对缺少可以和世界接轨的文化成果，所以需要考虑对内促生具有世界性的当代中国文化；二是我们有优秀文化成果，但没有找到合适的渠道被其他国家了解和理解，因此需要摸索更容易被海外国家接受的中国文化国际传播机制；三是我们还没有熟练把握当代中国文化国际交流的共同话题和话语表达方式。

中国历史上产生过很多伟大的文化，历史经验告诉我们某些时代的文化走向，会对一个国家的发展起到关键的转折作用，甚至会奠定未来的世界历史格局。所以，我们需要以负责的态度来思考当代中国文化，诚实地面对其实绩、问题及相应的发展可能。

强大的经济发展确实会为文化发展奠定坚实的基础，但文化的特殊性却很难仅仅靠大量资助就能实现优秀文化成果的产出。本人作为一个“抗美援朝”战争的亲历者，后来能有机会在北京师范大学读书、从教，并在文化教育一线工作至今，深切地体会到：文化自信是一个国家、一个民族发展中更基本、更深沉、更持久的力量！中国在经历了这么多的艰难困苦后，有能力取得如此辉煌的经济成就，勤劳智慧的中国人也一定会在中华优秀传统文化创造性转化、创新性发展的基础上，迎来当代中国文化的一个发展新时代！让我如此自信的原因主要有两点：其一，我们的国家正在大力推动和促进当代中国文化的全面发展，可以说改革开放的成效已经开始全面辐射到包括文化在内的方方面面；其二，也是更为重要的，中国的教育整体水平不断提高，教学科研条件也和国外差距大大缩小，通过几代人的共同努力，当代中国学人拥有更好的发展平台和历史机遇，理应有更大的文化贡献。我们期待更多年轻人能够“无望其速成，无诱于势利，养其根而俟其实，加其膏而希其光”，在继承中国深厚传统文化的同时，吸取一切人类的优秀文明，就一定能“根之茂者其实遂，膏之沃者其光晔”（语出韩愈《答李翊书》），为新时代中国文化的发展做出应有的贡献。

二、文化影响力的几个关键问题

之前在中国流传着英国政治家撒切尔夫人的一段话：中国不可能成为世界强国，因为中国没有足以影响世界的思想体系。后来有著名的“钱学森之问”：为什么我们的学校总是培养不出杰出的人才？这些都指出了当代中国文化十分尴尬又非常严肃的问题：当代中国缺少世界拔尖的文化人才和强大的思想文化影响力。

文化影响力的生成绝非“毕其功于一役”的工程，不可能采用“大跃进”的发展模式。这就必然涉及几个关键的问题：其一，优秀的世界文化影响力究竟有哪些内涵和表现？其二，制约当代中国文化影响力最关键的原因是什么？其三，我们应该如何和外国朋友们有效地表达和讨论当代中国文化影响力？我特别希望能听到大家对这些问题的回答。

我们认为当代中国远未形成对世界真正的文化影响力。这是对当代中国文化在世界格局中实事求是的定位，这样的判断有助于从正确的起点出发，避免盲目乐观、好大喜功、不切实际的宣传。从长远来说，越从接近客观真实的事实出发，越有可能从根本上解决问题。

这种当代优秀文化成果的“生成”既包括国内生成，也包括国际生成。国内生成主要解决的是如何创造优秀文化成果的问题，国际生成主要解决的是优秀文化成果的传播问题。中国传统文化首先因为产生了《周易》《论语》《道德经》《孙子兵法》等伟大的著作，然后才是如何被翻译和传播到世界各国的问题。当代中国文化的影响力亦然，没有优秀作品，何来传播影响？文化交流最终往往是通过非常具体的人员和文化成果进行的，我们要有宏观的顶层思考，更要在微观层面扎实地推进具体问题的研究，比如哪些当代中国文化成果传播到了海外？它们究竟表现如何？我们希望中外学者们能在专业对话中慢慢展开这些研究内容，最终将学术交流落到实处。

三、文化影响需要实力，实力需要耐心

中国的历史、体量及在世界的角色和责任，要求我们努力建设一种与之相应的当代文化。2009 年我提出了“第三极文化”，它是关于中国与世界其他文化多元平等共生的一种发展理论。其核心内涵是指：当今世界文化呈现多元并存格局，每一种文化都应该得到公平独立的发展机会。但就其主流的世界现实影响力而言，目前大体可以分为欧洲文化和美国文化两“极”强势文化。而中国文化强大的历史根基、独立传统和绵长不断的生命力，使我们有理由相信在充分继承和发挥传统优秀文化资源，借鉴和吸收外来文化精华资源，总结和提升百年来中国现代革命建设经验的基础上，以“和合”方式追求“会通以超胜”的当代中国新文化的伟大复兴，形成和欧洲文化、美国文化鼎立的“第三极文化”——中国文化。这一理论首先承认并尊重了世界多元文化；其次也正视了世界文化多样但不平衡的现实格局；最后它突出并强调了中国在世界文化多样性中的角色和担当——虽然这种文化建设将更难于经济发展。

有人说，中国用了三十年的时间改变了挨打的局面，又用了三十年的时间改变了挨饿的状况，那么我希望下一个三十年它将会逐渐改变目前这种经济文化极不相称的现象，这是下一代、两代甚至三代中国知识分子的历史使命。所有的改变都需要强大的实力，而实力的生成需要时间，需要个人和国家的耐心。

关注当代中国文化的国际表现与影响，最终目标是反观和加强自身的文化建设；是通过与“他者”平等自信的对话交流，反思和提高自己的民族文化，追求的是整个人类的共同未来，而绝不是去获得某些强势文化的国际认同或者赞赏。这也需要有“平常心”：首先做好自己，而不是总关心别人怎么评论你。

《礼记·大学》里讲：古之欲明明德于天下者，先治其国；欲治其国者，先齐其家；欲齐其家者，先修其身；欲修其身者，先正其

心；欲正其心者，先诚其意；欲诚其意者，先致其知，致知在格物。这段话道出了人与自己、家庭、集体、国家甚至世界的辩证关系。知人者智，自知者明。不论是一个人或是一个民族，要了解自己，并不容易。所以我们特别希望和大家展开“和而不同”的交流讨论，在知识共同体里努力实现费孝通先生所说的“美美与共，天下大同”的愿景。

谢谢大家！敬请指正。

黄会林

（作者系北京师范大学资深教授、中国文化国际传播研究院院长）

目　　录

CONTENTS

第一编　当代中国文化国际影响力生成

第二编　当代影视文化影响力

第三编 国际化与中国艺术国际影响力

第四编 中国文学国际影响力生成

第五编 中美文化论坛(一)

第六编 中美文化论坛(二)

第一编
当代中国文化国际影响力生成

以世界为背景认知自己：也谈影响力的生成

陆建德

我首先要向黄会林先生表示衷心的感谢，非常荣幸受邀参加这次会议。

听了前面几位的发言以后，深感我们可以不断丰富我们的话题。刚才麦克雷先生讲到，有一段时期拉丁文对中国文字也有很大的影响，我们现在讲中国文化，要意识到它有漫长复杂的历史，它不是始终如一的，而是发展变化的，杂糅多元的。自新文化运动开始，很多中国人提出要改造中国文字，鲁迅也有类似主张，他当时学世界语。1949年以后我们成立了文字改造委员会，还出台了简化汉字的方案。我们现在用的中文就是简体字。我们的拼音体系对学习汉语帮助非常大，我们用了拉丁字母，全国发音就统一了，普通话不同于原来的官话。我想强调，在讲中国优秀传统文化的时候一定要有一个发展变化的观点，这是特别重要的。我们并不是自古以来以不变应万变，我们的文字和文化是变化的。

现在讲中国影响力，黄会林教授刚才讲首先要做好我们自己的事情，不管人家怎么评论。但是现在是不是有一种“影响的焦虑”？美国著名批评家布鲁姆说，每一代作家都是受到前人影响的，他们写作的时候经常希望抵制和抹杀前人的影响，从这方面说，确实存在影响的焦虑。我们现在的“影响的焦虑”是完全不同的。我们仿佛特别关心这一点：我们有影响力吗？过分关心自己的影响力是不够自信的表现，我们不必为自己的影响力产生焦虑。

一个人投入地做自己喜欢的事情，彻底忘掉自己，这是可敬的。这样的人没有时间和精力去问：我有影响力吗？如果有人老是关注自己，关注自己的影响力，我只能对他笑笑表示同情。我们应该看看中国历史上，我们的文化实际上发生了如何巨大的变化。现在老在讲中国文化怎么走向世界，但是要防止一种态度，一种本质主义的态度——我们的文化一直就是这样的，它有一个最基本的本质，永远不变。我觉得这个态度是非马克思主义的，因为马克思主义的态度是一切事物都是不断发展的。我们看早期文化，先秦文化就把复仇看得特别重要，或者家庭血缘关系特别重要。有一些复仇的故事家喻户晓，比如伍子胥的故事。伍子胥的国家观念是很淡的，当时的游士并没有觉得一定要忠于自己出生地的政权。《赵氏孤儿》最后的结局是一个悲剧的重复，赵氏孤儿在程婴的保护下没有被杀，但是他活下来以后做的是什么？他把当时迫害他家族的人灭族，这又会造成新的悲剧，结尾留下了巨大的遗憾，或者说道德缺陷。这种杀来杀去的血腥故事我们要不要反思？《赵氏孤儿》在国外有几种改编本，都比原本强，结尾对我们非常重要。循环式的复仇故事缺少道德的升华。到了晚清的时候，中国有识之士特别善于从其他文化吸取养料反观自己的文化，这是我想特别强调的。我们一定要认识到，自己是在中国文化之中，同时要有一种批判性地反观自己的能力。就像法国的散文家蒙田所说的，他经常跟自己对话，他说自己有时候要像一个邻居(或陌生人)那样观察自己，跟自己对话。自己跟自己不能黏合得太紧，不能有一种自恋的倾向。他跟自己的对话诚实而幽默，展现出来的内心世界就特别丰富。如果一个人不跟自己对话，只会唱自己的赞歌，一直赞扬自己怎么怎么好，那么我得说他心理上还不成熟。我们不要老是想着：“我有影响吗?”大家应该积极投入自己应做的事情，把事情做好。

我们一定要学会在更大的空间内看自己，对自己的认识总是随着阅历的丰富在一步步深化的。如果我们对世界上其他文化不了解，那么我们对自己文化的认识势必是受到局限的，甚至是肤浅的、自欺欺人的。一定要走出自己的文化圈子，寻找各种其他文化的滋养，这样我们对自己的认识会更深刻。到了19世纪末20世纪初的时候，真正对中国文化理解特别深刻的，比如像鲁迅这样的人，往往有本文化之外的一系列参照。鲁迅对中国文化的认识是非常深刻的，现在还是要读鲁迅。我们要认清鲁迅很多的批判的意义。现在我们到了一个新的环境下，怎么样重新评判鲁迅的批判？简单地否定鲁迅或者不读鲁迅，我觉得非常短视，而且极其危险。我们的自信心表现在我们自我反省的能力、自我对话的能力。刚才几位发言者都讲到了，实际上我们很多成就离不开现代化进程中的新文化运动。刚才吴为山先生讲他的雕塑，我想没有新文化运动，没有鲁迅所大力介绍的世界各国的版画和雕塑，我们就不会有中国的新艺术，不会有吴为山这样的造诣。我们看一下他的作品，不难发现，他的风格其实是跟中国传统的古代绘画表现形式有着巨大的差异的。他表现的人物姓名是中国的，但是那种风格和态势并不是从古代一条直线发展过来的。新文化运动前后大量引进的各国雕塑、版画改变了中国的美术界，催生了新的艺术。在吴为山先生的雕塑里就看得到外来影响，而且我觉得这种影响实际上起着非常积极的作用。

我们现在有很多年轻人学习中国传统典籍，但是也需要有很多年轻人好好学外语。马克思、恩格斯古典文学的修养都是很好的，还懂多国语言。外文是给我们打开了一个窗，你进入一种语言，就能更好地从这个语言的角度来认识世界，这样对自己的认识也大大深了一步，有利于批判性的思维。马克思一直到了50岁的时候还要学俄文，这种学习的热情，我们一定要让它在中国也扎下根来。大家对各种各样的东西感兴趣，进入陌生领域就像到汪洋大海里游泳一样，要有游到远方的胆略，不要害怕。就像希腊神话中的尤利西斯一样，撑着船往未知之地去探索，这是一种伟大的精神。固守一个传统是没有出息的，传统应该在外来因素刺激下变得更包容、更强大。

我们现在对外国的研究做得还不够。以我们的邻国日本为例，日本汉学做得非常好，各个方面都受到中国学者的尊敬，不管是中国历史还是文学还是文字。当然也有人才断档的危险。但是我们研究日本的历史和具体的文化、哲学各个方面，是不是达到了日本的汉学的水准？我觉得没有。所以我特别担心我们会不会到了大谈文化自信的时候，过分依恋自己的典籍而忽略世界上其他国家的典籍。现在这已经对我们形成一个巨大挑战了。刚才黄会林教授已经讲到，我们还有很多地方做得不到位，归根结底是我们对世界了解不深。在知识储备不足的状况下想向世界有效介绍自己，并不容易，我们只能边学边做。我们的一些经典有外文译本，接受状况如何？比如说《水浒传》在世界上是不是特别受欢迎？我不知道。20世纪90年代我写过文章批判《水浒传》，我讲它自身有着大量毛病，例如不爱惜生命、一切事情靠钱交易、贿赂，这些不值得我们反思吗？鲁迅说，他的社会上还有“三国气”“水浒气”，他是完全用否定的态度说的。我也希望我们能像鲁迅那样有更多世界背景的知识来认识自我，敢于反省，敢于创新，在新时代真正走出一条和世界相通的大路来。

（作者系中国社会科学院文学研究所研究员、《文学评论》主编）

从法国汉语教育史看中国文化影响力的生成

［法］白乐桑

我今天想给大家分享一下法国汉语教育史和中国影响力，简单一点就能阐明所谓走出去的关键在于引进来、在于接受。

大家都知道中法关系源远流长，中法两国之间互相情有独钟，两国有着特殊的外交关系。自从路易十四时代以来，两国之间的文化交流具有独特性。那么，中法文化的亲密交融是由哪些背景和条件产生的？这个是值得探讨的研究。结合自身经历，我今天简单从历史、政治、意识形态、思想文化、教育、社会生活等方面，辩证地介绍分析中法文化的相似点和不同点，探讨语言与民族特征之间的关系。

比路易十四更早，圣路易派遣亲信了解中国，试图建立一些交往。重要的里程碑是路易十四向中国派出学者和传教士，带来三十箱科学仪器，传教士因为临时发现康熙得了疟疾，还贡献药物给他。除此之外，传教士参与绘制了中国历史上的首张全国地图。来到中国的法国学者和传教士大部分精通汉语，亲自参与翻译四书五经，一般翻译成拉丁文。法语和拉丁文一样，也是历史上整个欧洲最早的文学语言，经过当时的一套语言政策奠定了法语为官方语言，所以欧洲最早的文学语言就是法语。这在一定程度上有利于建立中法两国文化角度互相认可的一个基础。

法国也是一个重要的农业大国，法国大革命前夕甚至形成了一种流派——重农主义。戴高乐有一句名言“怎样能治理一个有246种奶酪的国家”，他的意思是以法国重美食的例子来说明法国是比较多元的国家。如果从汉语教育史的角度探讨我们今天的问题，会发现在大部分的情况下法国在汉语方面一直领跑，原因是什么？有一位法国传教士最早以比较理性的头脑、比较科学的头脑分析汉语，在他之前有一些意大利、葡萄牙传教士也接触过汉语，可是他们是把拉丁语的范畴套用在汉语身上。所以为什么一个法国传教士在这方面不同呢？这是因为法国非常流行语言哲学，这个语言哲学在当时比较先进、比较理性，这样才能解释为什么马若瑟神父对汉语有比较理性的认识。

沈福宗是最早到过西方国家的中国人，中转站是牛津，路上停在巴黎，见了法国国王路易十四，当时他们用拉丁文交流。两个星期以后，法国的刊物《优雅信史》对此进行报道，所以我们知道他是去西方国家的第一个中国人。在路易十四面前，沈福宗在凡尔赛宫表演了用毛笔写汉字、用筷子吃饭。通过这个刊物，整个欧洲知识界都知道了这件事情，对汉语汉字的形象也起了一定的作用。马建忠先在上海学习法语、拉丁语，后来到法国读法律，带回了一个概念——语法。说这些的意思是中国影响力需要媒介，媒介应该是对方国家的媒介，就是引进接受。还有特殊的媒介就像沈福宗、黄嘉略、马建忠，他们既是这方也是那方，精通各个国家的文化。黄嘉略一定程度上是法国官方汉学的根源，他后来居住在法国，也在法国去世。

《耶稣会士信笺》介绍了中国文化，从语音文字到园林风格，影响了整个欧洲对中国文化的了解。在引进介绍中国文化的法国人当中有文学家，可是文学家当中绝大部分不是作家，而是诗人。举例来讲，戈蒂耶是法国著名诗人，他女儿也是诗人，小时候就学汉语，翻译了中国唐诗，对中国文化的推广有很大作用。19 世纪末 20 世纪初，无论是克洛岱尔、谢阁兰还是米修斯，都是诗人，而不是小说家。汉语作为第二语言教学，在巴黎法兰西工学院，1814 年第一任真正的汉语教授雷慕沙教授影响了整个欧洲，成为官方机构最早的汉语教授。

除了中国文化和诗人强调哲学与汉语的交汇，自古以来同时主修汉语和学习哲学的教会按比例来讲是相当高的，这两者之间肯定有一种奇幻的联系。这些汉学家兼哲学家，或者那些学过哲学同时学过汉语的人，无论是过去还是现在，这个比例是相当高的，这个现象值得研究的。还有一些中法的情缘大家就更清楚了，像邓小平、陈延年、陈毅、周恩来等。中法建交比较早，戴高乐总统曾说："今后应该有更多的法国人去学习汉语，反过来当然也应该有更多的中国人去学习法语。"最早在中等教育学校开设汉语课的是 1958 年法国巴黎郊区的汉语学校，为什么当时一所公立学校主动申请开设汉语课呢？这也是需要研究的。法国很早就在中等教育学校开设了汉语课，所以后来又正式发布了教学大纲，2008 年法国教育部又开设了一个强化汉语课程，也必须得有相关大纲，在这个大纲里当然也加入了不少跟中国文化有关的中国电影，这些作为例子来指导老师进行课程内容。中法语言政策对话最近已经进行了三届研讨会，这可能也是一种比较特殊的背景。中法两国在文化习俗上有共同点和不同点，酒的功能有相同之处也有不同之处，园林风格差异也比较大，正因为差异比较大才可以进行交流对话。

中国语言文化走出去的关键在于引进来，在于接受对方，在于拓展视野，在于跨文化对话。中法两国有一种镜子效应，是值得研究的。据说 20 世纪初有一句名言，说中国人是亚洲的法国人。这可能是一种刻板的说法，但说不定与我们今天的话题有所呼应。

（作者系巴黎东方语言文化学院教授、法国国民教育部原汉语总督学）

“一带一路”与世界电影新格局

饶曙光　刘晓希　朱玉卿

“一带一路”一词初现于2013年9月中国国家主席习近平在哈萨克斯坦纳扎尔巴耶夫大学的重要演讲，之后，中国政府对这一构想不断进行完善并得到世界范围内众多国家的响应、支持和参与。“一带一路”的提出是古代地缘意义上“丝绸之路”的当下阐释，是合作发展的理念和倡议。它依靠中国与有关国家既有的双多边机制，借助既有的、行之有效的区域合作平台，旨在借用古代“丝绸之路”的历史符号，高举和平发展的旗帜，主动地发展与沿线国家的经济合作伙伴关系，共同打造政治互信、经济融合、文化包容的利益共同体、命运共同体和责任共同体。在这样一个将经济发展视为显在追求而力图实现全方面互利共赢的美好期待中，“民心相通”作为“一带一路”建设的社会根基，既是实现这一理念的保障，也是提出这一理念的初衷。

2015年3月，中国权威媒体新华社发布了《推动共建丝绸之路经济带和21世纪海上丝绸之路的愿景与行动》，明确将“文化交往”作为“民心相通”的重点开展对象，并进而使之成为加速“一带一路”实施的重要途径和宗旨。文件指出：要在“沿线国家间互办文化年、艺术节、电影节、电视周和图书展等活动，合作开展广播影视剧精创作及翻译，联合申请世界文化遗产，共同开展世界遗产的联合保护工作。深化沿线国家间人才交流合作"①。由此，电影——作为文化事业和文化产业的一种，正式被纳入"一带一路"中来。这无疑为中国与世界电影在交流合作层面带来了前所未有的新机遇和新使命。

一、"一带一路"有着助推中国与沿线国家电影交流合作的现实理据

中国电影从诞生之日起，就走上了一条与西方商业类型电影大不相同的民族电影发展之路，而亚洲其他国家的电影也在不同程度上经历着和中国电影相类似的命运。定位于本国观众、追求各自民族的风格化表达，已经成为包括中国在内的亚洲国家电影应对西方电影主导世界电影发展的主要策略之一。多年来，民族电影的发展及民族电影大师的诞生为亚洲电影在国际上赢得了良好的赞誉，印度的歌舞片、韩国的金基德、中国的张艺谋等，皆为很好的例证。但另一方面，传统的民族电影也使很多国家的电影在国际化背景下遭遇了难以言说的尴尬，比如在国内好评如潮的民族电影在国外却因难以调和的文化认同而不被域外观众接受，市场惨淡；而一些成功地吸引了域外观众眼球的电影在本国却不被本土观众接受。在这样的问题面前，一味地坚持民族化和个性化表达显然无益于本国电影的长久发展。鉴于此，包括中国在内的亚洲国家电影必须重新寻求一条使本国电影得以继续下去的生存之路。此时，"一带一路"的提出无疑为包括中国在内的众多丝路沿线国家的民族电影指明了发展的新方向，即丝路沿线各国电影事业和电影产业积极承担起在相

① 国家发展改革委、外交部、商务部：《推动共建丝绸之路经济带和 21 世纪海上丝绸之路的愿景与行动》，载《人民日报》，2015-03-29。转引自刘晓希：《"一带一路"：中国电影发展的新机遇与新使命》，载《当代文坛》，2015(6)。

互之间进行整合优势、支援弱势、共建强势的重要职责。

“一带一路”中涉及的大量相关国家，各自的电影都很有特色，相互之间开展电影节展和交流合作活动，互相引进优秀影片，为各自国家的观众提供丰富的文化娱乐内容，以及共同创作、制作和翻译影视剧精品等，为各个国家的民族电影打开文化视野，实现“文化共同体”这一想象从而进入国际电影市场提供了新思路，也为沿线国家，特别是在创作、制作、技术、人才培养和交流，尤其是市场等方面提供了相得益彰、相学相长的有益帮助。在实现上述优势共享、弱势共帮的基础上，必将催生出一个合力共建的电影强势群体。事实上，像俄罗斯、印度、泰国、伊朗、菲律宾等国均有极具特色的人文积淀，急需电影这一媒介形式对其进行开发、打造和传播。在技术共享、文化互通的基础上，作为全球电影产业增速最快、市场基础最为坚实的中国电影，有责任、有义务充分整合各种有利资源，在丝路沿线国家的共同努力下，力求为世界观众呈现一个各种文化多元共生的电影景观，从而为沿线各国的电影打开更为广阔的国际市场。

熟悉中国电影发展的人都知道，“新丝路”中提及的沿线国家与中国电影的历史关联其实早已有之。中华人民共和国成立后，特别是改革开放以来，中国与世界大部分国家都建立起广泛的文化交流和电影交流合作关系。据不完全统计，在 1978 年《人民日报》的 68 条与电影相关的报道中，对国外电影事业的概述、电影理论的介绍，对国外纪录片、故事片、科教片和美术片等的引进和分析，对国外电影圈人物和电影界事件的简评等竟然多达 52 篇，涉及的国家包括泰国、印度、柬埔寨、越南、比利时、意大利、英国、美国等 20 余个，提到的地区和城市基本都在今天的“一带一路”范畴内，报道的主题多为与当下“一带一路”理念相符合的维护邦交关系，促进文化交流。1979 年之后，中国电影进入了真正意义上的新时期，1979 年中国大陆的电影观众高达 293 亿人次，这恐怕在世界范围内都堪称奇迹。1993 年年初，中国启动电影行业的改革，1994 年开始“通过票房分账的方式进口 10 部左右‘基本反映世界优秀文化成果和当代电影艺术、技术成就的影片’。1994 年 11 月 11 日，首部进口影片《亡命天涯》首轮上映获 1300 万元票房”①。国外的优秀影片进入中国市场，在丰富中国观众文化生活，为中国电影人带来学习国外先进的制片和市场经验的同时，也于某种程度上带动了中国电影的机制创新。“2002 年，中国电影开始了产业化改革。在各项产业改革政策，尤其是《中外合作摄制电影片管理规定》《内地与香港关于建立更紧密经贸关系的安排》(CEPA)、《海峡两岸经济合作框架协议》(ECFA)等与合拍片直接相关的产业政策的牵引下，中国内地与境外的合作制片获得飞速发展，成为中国电影产业中至关重要的力量，对中国电影产业格局产生了深刻的影响。”②与此同时，中国还分别与意大利、澳大利亚、加拿大、法国、新西兰、新加坡、比利时等国家签署了《电影合作拍摄协议》，而在这十年间，中国通过与韩国、印度等国的试探性合拍逐渐催生出要与之展开深度合作的构想和规划。

可以看到，中国电影之所以能像今天一样取得如此辉煌的成就，一方面离不开中国电影事业和电影产业自身的奋发图强与活力创新；另一方面也离不开与周边国家甚至电影发达国家间所展开的一系列关涉艺术、技术和产业等诸多领域的交流与互通。同时，作为迅速发展成为世界第二大电影市场的中国，在用实际行动为已经建立起来的合作伙伴关系和未来的、更多的可能合作国家描绘出一幅极具说服力的成功蓝图。“一带一路”的共赢理念早就在“华语电影”和“泛亚电影”等理论构想与战略实施中得以体现，只是它仍亟待不同地域和更多电影人的深度读解并信任参与，以便在自身体系得以完善的同时，更能真真切切地助推电影的共同可持续发展。

---

① 虞吉：《中国电影史》，178 页，重庆，重庆大学出版社，2011。

② 詹庆生：《产业化十年中国电影合拍片发展备忘(2002—2012)》，载《当代电影》，2013(2)。

二、“一带一路”将会助推中国与沿线国家电影的跨国发展思维

2012 年 2 月，中美双方就解决 WTO 电影相关问题的谅解备忘录达成协议。协议确定中国每年将增加 14 部美国进口大片，以 IMAX 和 3D 电影等特种影片为主；美国电影票房分账比例从 13%提高到 25%。这直接导致了 2012 年的进口片票房高达 88 亿元，占中国当年票房总收入的 52.4%。作为电影工业和市场运作均极为成熟的好莱坞，值得包括中国在内的众多国家的电影人学习，尤其在面对好莱坞电影对本土电影的市场压力面前，“一带一路”沿线国家更需要加强交流合作，共同进步，以在市场竞争中取得主动。

近年来，伴随着中韩合拍的热情日渐高涨和“一带一路”理念的不断成熟，2014 年 7 月 3 日，中国与韩国正式签署了《中韩电影合拍协议》，双方均以极大限度的优惠政策力为两国电影的共同进步打造更加宽松舒适的发展空间；此后，中国又分别与俄罗斯和印度签署了电影合作协议，印度新闻广播部部长普拉卡什·雅瓦德卡尔表示：“这份协议的签署，使两国的制作人能够有机会利用各自的艺术创意、技术资金及市场资源，共同拍摄电影。同时也能帮助印度的音视频产品进入中国这个巨大的市场。”2015 年 5 月，双方还宣布了由中印两国电影人交流合作的三部电影《大唐玄奘》《功夫瑜伽》和《大闹天竺》，尤其是后两部在两个国家均取得了成功。与此同时，中国的《天将雄师》《一代宗师》《狼图腾》等优秀影片在印度成功发行，而印度的《摔跤吧，爸爸》则赢得了数以千万计的中国观众欢迎，最终在中国市场上创下了近 13 亿元人民币(约合 1.95 亿美元)的票房，引起世界范围内的广泛关注。

2015 年开始，中国与泰国和越南之间的电影合作日益紧密，一些优秀的影片，尤其是合拍影片开始走进彼此的市场。2017 年 10

月，泰国影片《天才枪手》登陆中国大银幕，一举创下2.6亿元人民币(约合3900万美元)的票房，这也是泰国电影历史上最高票房纪录。从目前的种种发展态势来看，"一带一路"必将助力中国与沿线国家进行电影资源的共享和共建，提升域内国家电影界自身的视野和水平。在未来，在"新丝路"的极广含义下，中国电影将跨越国界，与沿线国家乃至欧洲国家间不仅进行着技术方面的合作，也同时发生着艺术、美学和文化思维上的融合。"一带一路"引领下的各国电影要想顺利走出去从而实现一种跨国想象，要有意识地培养一种具有跨国思维的电影叙事伦理取向和电影叙事伦理能力。

三、"一带一路"电影新格局

21世纪以来，中国在与多个国家业已展开的合作拍摄的基础上还分别与意大利、澳大利亚、加拿大、法国、新西兰、新加坡、比利时等国家签署了《电影合作拍摄协议》，此外，俄罗斯、爱沙尼亚、罗马尼亚、捷克、斯洛伐克、匈牙利、保加利亚、阿尔巴尼亚等中东欧国家多次举办中国电影周。2010年6月，第32届莫斯科国际电影节"中国电影周"展映活动在俄罗斯拉开帷幕，七部中国影片参加展映，时间上跨越将近一个世纪。俄罗斯也通过参加上海国际电影节、长春国际电影节等活动展映本国有影响力的作品，以加深彼此间的了解。

与此同时，中国与中东欧的电影合作发展迅速。近年来，中国和俄罗斯合拍影片众多，相互之间的电影交流非常频繁，并举办了"2016—2017年中俄媒体交流年""2017年中国—中东欧国家媒体年"等活动，确定了10个领域的200多个合作项目。近两年，俄罗斯多部电影进入中国市场，并深受中国广大观众欢迎，取得了很好的票房成绩。

为发挥广播影视、新闻出版在"一带一路"中的桥梁纽带作用，中国新闻出版广电总局自2014年起，实施了“丝绸之路影视桥”工程和“丝路书香工程”。3年多时间里，两大工程在促进民心相通方面发挥了积极作用。2017年4月，在美丽的小城布达佩斯，“中国—中东欧研究院”正式成立，其研究对象和目的中的重要一项，就是要着力解决“一带一路”建设中的重大议题，而这当中当然也包括“一带一路”国家间的影视文化建设。在2017年6月举办的“2017中国成都金砖国家电影节”上，来自中国、巴西、俄罗斯、印度、南非5个金砖国家的30部影片参赛参展，相互之间开启了众多合作计划。

为搭建“一带一路”沿线国家电影领域最大的交流合作平台，2014年，中国牵头创办了丝绸之路国际电影节。在2014年举办的首届丝绸之路国际电影节上，共有11个国家的170多家片商参与了组委会举办的各类论坛、推介会和电影市场等活动。41部影片入围“丝路杯”最受观众喜爱的影片，11个国家的170多家片商参与节目与版权交易，总金额约30亿元人民币。电影节闭幕式上还发布了《首届丝绸之路国际电影节国际合作共同宣言》，强调和平合作、开放包容、互学互鉴、互利共赢的丝路精神。到今天，“丝绸之路国际电影节”已经在中国的西安和福州两地成功举办到第四届，参加丝绸之路国际电影节的国家达到60多个，已经成为沿线国家电影领域的一大盛会，已经形成了开幕式、影片评选、电影展映、电影论坛、电影市场、“一带一路”文化展演、闭幕式暨颁奖典礼七个活动单元，为“一带一路”沿线国家的电影作品提供了展示、交流、交易的机会，更为“一带一路”电影的现状与未来做出了合理的分析与展望。

与此相呼应，加大对丝路沿线各个国家独特的文化产业和内容进行深入了解就变得特别重要，尤其是各地人们喜闻乐见的电影，更需要加大从文化背景、政策法规，以及电影制片、发行、放映等产业的各个环节进行梳理和大数据方面的整合、研究、分析和分享。

基于此，第四届丝绸之路国际电影节组委会决定新增《丝路沿线国家影视大数据白皮书》(以下简称《白皮书》)项目，并在本届电影节的主论坛进行发布。《白皮书》依托“丝绸之路国际电影节”，以电影为纽带，促进丝路沿线各国文化交流与合作，传承丝路精神，弘扬丝路文化，为“一带一路”建设创造良好的人文条件和氛围。《白皮书》的撰写和发布，有助于中国影视行业的未来发展，为相关企业、行业精英提供决策参照，扩大与丝路沿线国家的交流与合作。《白皮书》的撰写和发布有助于域内国家影视主管部门深入了解和掌握丝路沿线国家的影视文化发展新动向，为主管部门的决策提供重要参考。

《白皮书》使用大数据及相关手段，调研丝路沿线各国电影发展现状，深入了解沿线各国电影文化、政策、创作、制作和市场的发展情况，增加与丝路沿线国家影视产业相关的机构、企业和行业精英交流互动，共同探索未来合作的新机遇。《白皮书》的实施和发布，持续性强，辐射面广，必将引起国内和相关国家、地区乃至全世界的高度关注和强烈共鸣。

我们相信，随着“一带一路”建设的不断推进，将来中国和“一带一路”沿线国家在影视作品上的合作会越来越多。当然，机遇从来都与使命并存，抓住机遇的同时更要不忘肩上的重任。对于中国电影和中国电影人而言，应该而且必须在战略层面、战略角度理解“一带一路”为中国电影带来的前所未有的新机遇和新使命，特别是为中国电影对外传播及构建世界电影新秩序带来的新机遇和新使命，有效改变世界电影的地理版图、文化版图，为中国电影可持续繁荣发展赢得更多、更大的空间。

当前，中国电影国际化之路出现了很多新的情况、新的问题，也提出了很多新的挑战。因此，“一带一路”理念下的中国电影发展必须时时恪守“实现国际化再平衡”和“开创地区新型合作”的总体构想，并在这一总的指导思想下不断创新和完善更多、更具体的实践步骤，在实现域内各国电影拥有更高的文化主体性、文化包容度和在世界上的被认知度的同时，推动沿线国家电影的战略性合作，实现可持续繁荣和发展，为世界电影可持续繁荣发展贡献更多的中国智慧、中国力量；同时，联合世界上一切可以联合的力量、调动世界上一切可以调动的积极因素，改变好莱坞电影一枝独秀、一家独大的传统格局，实现电影层面、电影领域的国际化再平衡，构建“人类命运共同体”新格局下世界电影文化多向度传播和良性互动的新格局，让电影为人类和平繁荣发展和共同的美好未来做出更多、更大、更有益的贡献。

（第一作者系中国电影家协会秘书长、中国文联电影艺术中心主任、中国电影评论学会会长）

如何增强中国电视媒体国际传播力

胡占凡

在以高度信息化、开放性为主要特征的当代世界，国家软实力的提升离不开新闻媒介。特别是电视媒体，因其所具有的信息传播和舆论引导功能，成为体现国家软实力，担当软实力传播任务的重要工具。根据《中国国家形象全球调查报告》显示，超过60%的受访者通过电视媒体了解中国，比例最高。

习近平总书记在十九大报告中要求，推进国际传播能力建设，讲好中国故事，展现真实、立体、全面的中国，提高国家文化软实力。

习近平总书记的重要指示，明确了国际传播的方向目标、重点任务和基本遵循。电视媒体作为国际传播的重要载体和前沿阵地，应当思考如何发挥好“第一媒体”的优势，在理念、技术、形式、载体、表达和内容上不断创新，在提升国际影响力和话语权、推动中华文化“走出去”方面发挥引领作用。

一、目前中国电视海外传播现状

目前，全球大约有20家具有国际影响的24

小时新闻电视媒体，基本都集中在欧美发达国家，比如美国的CNN、CBS、ABC、FOX，英国的BBC，日本的NHK等。中国电视对外传播目前整体实力不强，但初步形成了以CCTV、凤凰卫视为主力军，以东方卫视、黄河台等为方面军，以多语种、全媒体、全天候为发展趋势的对外传播新格局。

当前，中国广播影视已覆盖230多个国家和地区，2016年全国影视节目出口额为6.57亿美元，是2012年的1.33倍。中国电视剧的输出，正在从过去输出单部剧走向开设“中国剧场”时段，从“散兵式输出”变成“规模化输出”。2016年年底至2017年年初，央视在尼泊尔、牙买加、新西兰、蒙古等国的电视台开设了“中国剧场”。纪录片仍是迄今为止最为走俏的电视节目。据统计，2012年中国影视节目交易中心的海外销售总额中，纪录片比重达17%，创历史最佳。《舌尖上的中国》发行到东南亚、欧美27个国家和地区，单片首轮海外销售即达35万美元，创造了近年来中国纪录片海外发行的最好成绩。“中国故事、国际表达，全球题材、东方视角”，成了中国纪录片与国际沟通最有效的途径。

过去，新闻类节目“走出去”一直是中国的短板，世界主流媒体对中国电视新闻几乎“视而不见”。然而，近5年来，这一局面有很大改观。最新数据显示，截至2017年11月10日，7741条中国新闻通过中国唯一的视频通讯社——国际视通被全球7大洲1546家国际媒体采用，转引近26万次，其中，美欧两地采用比例高达87.3%。

有一个显著的变化是，进入11月以来，以美国《时代周刊》、德国《明镜周刊》为代表的西方传统强势媒体，对中国接连做了密集的正面报道，分别发表封面文章《中国赢了》《醒来》等。这说明，随着中国日益走向国际舞台中心，中国对世界、世界对中国的影响同步加深，对中国的高度关注恰恰说明国际舆论中的“中国份额”正在持续攀升。但必须清醒地看到，“西强我弱”的国际舆论格局并没有根本变化，西方主流媒体仍然主导国际社会的对华认知。央视曾经联合专业机构做了一个16国调查，调查显示，无论是关于中国的信息，还是关于中国突发事件的信息评论，西方主流媒体都是海外受众的“第一信息源”。除本国媒体外，28.4％选择国际知名传统媒体，22.7％选择国际知名新媒体，仅有9.5％选择中国传统媒体。

二、制约中国电视节目海外传播的主要因素

一是意识形态差异的阻碍。电视节目呈现出的社会存在形式、思想、思维、生活方式，本身就是意识形态的一种展示。西方媒体对我国媒体国家官方身份持有严重的不信任，甚至抱有明显的戒心。

二是国际舆论环境的制约。比如美国控制了全球75％的电视节目生产制作。中西方媒体传播信息流通、报道内容和数量长期保持不对等和不平衡，我国对西方了解程度相对较深，而西方对我国真实状况的了解仍处于片面化、陈旧化的状态。

三是对国际市场规则缺乏了解。我们对海外受众的价值观念、视听习惯，以及跨国传播的运作环境、基本规律缺乏研究，在走出去的过程中缺乏本土化的编辑、准确的定位和有针对性的市场开拓。

四是东西方文化差异的制约。东西方有着文化陌生感，造成排斥心理和文化解读的误差，语言的不对等也限制中国文化的海外表达。比如《甄嬛传》里古典、诗意、温婉的台词，很难准确地翻译给外国受众。

三、如何提升中国电视国际传播能力

关于中国电视如何做好国际传播，如何提升国际传播力和影响力，我认为可以重点抓好以下几方面。

(一)充分运用视频传播渠道，积极创新话语体系，讲好中国故事，展示中华文化魅力

国际传播，也是内容为王，说到底就是“讲什么”“怎么讲”“谁来

讲”的问题。比如，BBC、CNN 等老牌媒体依靠强大的新闻采编能力和独家观点评论取胜。他们采取的是“新闻立台”战略，BBC 的“新闻部”是世界上规模最大的电视新闻采集机构，近 2000 名记者遍布世界各地。

中国电视的国际传播靠什么取胜？还是要综合各家所长，形成自己独特的风格。

在话语上，我们要构建融通中外的新概念、新范畴、新表述，努力创新话语体系，着力讲好中国故事。

在定位上，我们是中国立场，代表中国和第三世界的声音。

在内容上，不能人云亦云，不能被牵着鼻子走，要始终立足讲好中国故事，增强自己的议程设置能力。

在时效上，要快速反应，以最快速度对重大事件进行报道，赢得话语权。

在表达上，追求中国化视角、国际化表达，向西方传达我国的观点，但传达的方式可以借鉴西方的表达方式。

在选题上，尽量着眼于人类共同的文化、情感、追求，超越宗教、国家、民族的限制，扩大海外传播范围和影响。

习近平总书记将“中国故事”上升到增强“国际话语权”的高度，为国际传播能力建设指明了方向。那么，如何讲好中国故事？关键是要积极主动，对于我们自己想说的，要选好时机主动说；对于别人想了解的，要主动引导；对于别人议论我们的，要区分情况，不实之词要第一时间加以应对，从外媒关注的角度切入，讲我们的主张，报道实际情况。

国际传播不仅是语言内容的国际化，更是视野和观念的国际化。我们不能自说自话，要全面创新语态，坚持国家站位、树立全球视野、遵循国际传播规律，用共通的叙述手段来报道。这既是专业素质的问题，也是传播策略的问题。

(二)进一步丰富对外电视文化产品

近年来，电视媒体不断拓展国际传播的渠道、方式、内容、载体，加强电视产品创作力度，比如，央视已在海外建成了71个分台、记者站，形成了面向全球的新闻采编网络格局。在全球重大事件中，央视驻外记者的到达率达到97%。英语频道播出的自采新闻从3%大幅度提升至76%。

在新闻报道方面，要大力加强本土化节目制作，以外国人的视角制作节目，扩大海外观众群。

在电视节目方面，可以多推广一些富有浓郁中国文化特色的电视节目，让国外观众了解中国独特的文化风俗，拓宽他们了解中国的视野。

在纪录片方面，可以借鉴《舌尖上的中国》等原创纪录片的成功经验，在制作上力求传递中华文化内核，契合国际观众的叙事表达，尽可能实现题材、内容的国际化。

在影视剧方面，可以通过免费赠播、商业营销、节目交换、合作拍摄等多种途径，推动优秀国产电视剧和动画片在海外播出。

在新媒体传播方面，应该多打造原创外宣新媒体产品，也可以探索在脸谱、推特等境外知名社交网站传播中国电视节目。最近，中国国际电视台在全球最大视频网站YouTube推出的《大国外交》1分钟短视频等内容的全球点击率超过了3亿次。

总之，对外传播要优先选择电视剧和纪录片这类意识形态色彩较淡、在制作上有国际惯例的节目形态。有针对性地部署和抓好重点工程，如“丝绸之路影视桥工程”“中非影视合作工程”“友邻传播工程”“影视剧本土化语言译配工程”等。

（三）要重视电视频道和电视节目的海外落地

目前，中国电视的对外传播主要有三种模式：一是整频道落地，电视卫星在某地进行信号覆盖，当地观众可接收到频道信号；二是节目海外发行；三是国际合作制片，这已成为电视节目生产领域的常态。

中国电视可以积极与海外电视机构合作整频道落地，或者部分节目植入式落地。整频道落地方面，央视7个国际频道落地国家数由 2001 年的 85 个增长到 171 个，用户达到 4.25 亿，成为全球唯一每天使用 6 种联合国工作语言不间断对外传播的电视媒体，用户规模已能比肩 CNN 和 BBC，跻身世界第一电视阵营。

要通过购买时段、节目植入式播出、代理落地等商业化手段，积极推动电视节目在当地电视网络的植入式播出。比如，央视英语新闻频道《美洲观察》和《旅游指南》栏目，已经植入保加利亚国家电视 2 台播出，这是央视国际频道栏目首次在欧洲国家台植入式播出。

要加大政府扶持力度，集中资源力量，打造一流旗舰媒体。2017 年 1 月 1 日，中国国际电视台(CGTN)正式开播。包括 6 个电视频道、3 个海外分台、1 个视频通讯社和新媒体集群。构建了多语种、多渠道、多终端的全媒体业务格局，标志着中国拥有了电视节目走向全球的旗舰平台。

联合开办国际化栏目是一种海外传播的有效策略。如央视英语新闻频道和美国库恩基金会联合推出的《走近中国》栏目，是国内首个由西方人主持、探讨中国重大政治话题的访谈栏目，海外社交账号主页阅读量达 380 多万次。

边疆地区地方台要充分利用地域优势，努力扩大在周边国家的节目落地。如广西卫视在越南、老挝、柬埔寨、菲律宾 4 个东盟国家落地；西藏卫视的藏语频道进入了尼泊尔最大的有线电视网；内蒙古卫视在蒙古、俄罗斯和新西兰的部分地区落地；新疆台的哈语频道在蒙古落地。

(四)创新国际传播的方法手段

一是要创新内容，全面提升节目品质。新闻节目要增强快速反应能力、议程设置能力、涉华舆论引导能力，强化传播的针对性。要增加文化类节目比重，注重跨终端、跨渠道的传播和运营。以央视网熊猫频道为例，熊猫形象不带有任何宗教、政治、种族色彩，是国际传播的天然载体。2015 年 3 月，熊猫频道发布的一条《熊猫从天而降》短视频走红社交网络，单条微博覆盖用户超过 1100 万。目前，熊猫频道微博账号粉丝突破 400 万，月均阅读数超过 2 亿。

二是探索本土化对外传播新形式。最贴近、最有效的方式就是本土化的传播。新闻集团、BBC在全球的拓展，大多都是通过与当地机构合作制播本土节目实现的。今日俄罗斯(RT)在美国采取的也是先进入、后改进、最终本土化的策略，目前已经在美国设立分台。从跨文化传播学的角度，国际频道所传播的对象区域具有不同的文化特质。因此，要将国内“走转改”的好做法运用到外宣上，更加讲究传播技巧，用境外受众易接受的方式进行传播。

三是加强节目交流译制和本土化的落地。将我们的电视节目翻译成当地语言，交流到当地主流频道上播出。要探索以节目和资本为纽带，变节目输出为资本介入、渠道占有的新方法。要以全媒体的方式布局本土化传播，加大海外本土化网站的建设力度。

四是加大国际合拍力度。除了BBC广泛采用这一策略外，NHK在近30年内制作了800个国际合拍节目。近年来，中国电视节目也开始与国外顶尖电视机构“合资投拍、合作共拍”。如央视推出的纪录片《熊猫》《生命的力量》《中国创意》等就有英国广播公司、法国电视台、美国国家地理频道等知名机构的参与。

五是配合国家文化走出去战略，组织开展媒体文化交流活动。比如，围绕“中俄文化交流年”等活动，可以在对象国策划推出相关的文化交流项目，也可以积极参加国际文化交流活动，如戛纳电视节等，有效提升中国文化在当地的影响力。

（作者系中国文联副主席、中国电视艺术家协会主席、中国广播电影电视社会组织联合会副会长）

林怀民：世界舞蹈之巅的中国传奇

欧建平

我在前几天去国家大剧院，应林怀民先生之邀，看了他的《稻禾》演出后，听他向我确认了一个让我很感伤，也很无奈的消息：他的确已向媒体宣布，2019年年末，他将辞去云门舞集艺术总监的职务！40多年来，这个舞团影响很大，因此，他的离去也许会标志着一个辉煌时代的告一段落。所以，还是和大家分享一下我20多年来对他的理解吧，我此刻的发言标题是《林怀民：世界舞蹈之巅的中国传奇》！

这位在世界舞蹈之巅叱咤风云的中国传奇——林怀民先生，他出生在台湾嘉义。为什么说他是个传奇呢？因为他是中国舞蹈的表演家、编导家、教育家，台湾现代舞的先驱，中国舞蹈史上为数寥寥的“文人舞者”。5岁时，他因为看了英国芭蕾故事片《红菱艳》而与舞蹈结下不解之缘。13岁那年，他开始发表小说，但转行到了舞蹈这种以非文字语言为媒介的艺术形式上，照样得心应手，其中的秘诀之一就是，他首先在汉语上占尽了先机！

读初三时，他又因看了美籍墨西哥现代舞大师霍塞·林蒙的表演而彻夜难眠，并为现代舞居然有这么大的魅力而感到震撼，于是开始跳舞，并且是拿着第一次的稿费开始学舞。1964 年，他考入了台湾的名校政治大学，先在法律系，后来转到新闻系就读，大三时，曾随旅美台湾舞蹈家黄忠良学现代舞。后来，他去美国读了两年英文系的研究生，并兼修现代舞，由此对西方文学与舞蹈这两种文化产生了身体力行的理解。我认为，这是他在国际上获得成功的第二步！

我们大陆新文化运动中的大师级人物都是中西合璧的，没有英语垫底，走不出国门去见世面，怎么能成为世界级的大人物？这句话说起来简单，实际上也没有什么太复杂的，关键在于，你是不是真下了功夫来学英语！国际交流与沟通，没有外语，什么都是空的！我因为跟他很熟，并且作为舞评人，在国外看演出、写舞评时，经常看到他在新闻发布会上和与外国同行的交谈中，用英文娓娓道来，深感英文对他走向世界，具有决定性的意义。

1972 年，他从美国毕业后回到台湾，1973 年便创建了这个叱咤风云 40 多年的云门舞集，并发誓“中国人作曲，中国人编舞，中国人跳给中国人看”。因为他是学文学出身的，所以顺理成章地就把自己的创作扎根在中国的文学经典、历史传说和民间故事中了，并为舞者提供了现代舞、芭蕾、京剧动作、太极导引、打坐、拳术、书法等内外兼修的训练方法，最终形成了一套中西合璧的身体语言和一种风靡世界的舞蹈风格。

2002 年，我在法国“里昂国际舞蹈双年节”上，曾参加过为林先生提供“太极导引”的熊卫师傅亲自示范的大师班，亲身体验过它的基本形态与风格——它在传统的陈氏、杨氏、郝氏太极行云流水的动势中，会不时地吸收气功的发力方式，进而突发性地窜出一些带棱角的动作来，具有强烈的戏剧性，而在国际上，太极早就以“Taiji”这种汉语拼音的方式进入了英语，因此，它一出手，国际友人就认为它是中国传统身体文化的元语言了，而不会在意它的具体流派或属性。我认为，这是林怀民先生之所以能在全球范围内脱颖而出，获得承认和成功的第三个原因——他的舞蹈就是这样一种内外兼修，身、心、灵三位一体的艺术。事实上，中国的舞蹈，只玩身体，没有内在的灵魂，肯定是玩不转的，而云门舞集风靡世界也是从林先生找到了“太极导引”这种语言开始的。

1983年，他又创办了“国立”台北艺术学院，即现在台北艺术大学的舞蹈系和舞蹈研究所，并出任首届系主任和所长，从而为台湾舞蹈的高等教育和学术研究奠定了基础。30多年来，台湾的舞者们出国留学，做林怀民那样的“文人舞者”蔚然成风，迄今拿到博士学位并回台湾发展的已有10多位，而林怀民在这方面也是功不可没的。

概括起来，作为中国台湾文化的旗帜性人物，林怀民先生的最大贡献有三个方面。

一是他通过多年的潜心研究和不懈努力，终于找到了“太极”(Taiji)这种举世公认的中国传统身体文化的元语言，辅以具有鲜明符号意义的民歌、服饰、面具、道具、布景、灯光、投影等多种多样的手段，精心创作并公演了80多部舞蹈和舞剧，其中的《薪传》《九歌》《流浪者之歌》《水月》《行草三部曲》《稻禾》等代表作，则将中国乃至整个亚洲传统文化的博大精深，甚至是神秘莫测，同西方现代艺术的开放多元巧妙融合，在纽约、巴黎、伦敦、莫斯科等“世界舞蹈之都”及其他城市的舞台上演出2000余场，其中有多部经典通过西方主流影像公司在全世界发行，进而将中国的传统文化与当代创造成功地传扬到了世界各地。

二是他在少年时代，便用汉语出版了小说集《蝉》，进入青年时代以来，又用汉语陆续出版了《说舞》《擦肩而过》《跟云门去流浪：七周八城的欧洲巡演日记》和《高处亮眼：林怀民舞蹈岁月告白》等舞蹈文集，这些舞书先后出版，其优美隽永的文字让我们读起来朗朗上口，读完后满口余香，不仅为舞蹈理论的建设立下汗马功劳，而且为舞蹈走向大众铺平了理解之路。

与此同时，他更能借助通达流畅的英语，按照国际惯用的方法，将中国文化的哲思与审美及个人的独特创意娓娓道来，传播到世界各地。我曾在香港、里昂、墨尔本、北京等地的国际舞蹈节上，亲身领教过他在新闻发布会上的精彩表现：与云门舞集在舞台上肆意挥洒的磅礴气势截然相反，他在媒体面前始终是一种让人能够接受的谦谦君子的形象。

三是他通过言传身教，将云门舞集三代舞者中的佼佼者，培养成了专心致志、喜欢读书、热爱书法，并且善于独立思考的舞蹈家。我曾多次在舞台上亲眼看到他为自己设立的佛堂及演出前后的祭拜。我想，这种虔诚之至和静若处子的态度一定潜移默化地影响了云门的舞者们，因为他的舞蹈都是需要通过冥想，让舞者们沉下心来才能完成的，而让舞者们练习书法，也是让他们沉下心来的方法之一。

接下来，让我们通过云门舞集提供的剧照，来形象地感受一下林怀民先生的代表作吧！我挑了他在不同时期的六部作品，都是非常有意味的。

第一部作品是《薪传》，1993 年曾来中国大陆演出，讲的是大陆人当年怎样战胜了狂风巨浪，漂洋过海，去台湾艰苦创业的经历，曾被大陆舞蹈和文化界誉为“最好的中国现代舞”。

第二部作品是《九歌》。我还记得云门 2013 年到国家大剧院来演《九歌》时的情形：首先是林先生在剧场指挥装台；第二是乐池中安排的一池莲花，而工作人员则在调试莲花；第三是《云中君》的整个场面；第四是《云中君》的独舞。林先生为了这部舞剧，曾专程去过江西、贵州等很多地方，而这个面具则是广西傩舞的面具，而且是老艺人亲手给他制作的。

第三部作品是《水月》，我最初是在 2002 年的“里昂国际舞蹈双年节”上看到它的，演出的现场非常震撼。我采访舞蹈节的盖伊·达尔梅主席时问他：“每个舞团都是演出一台剧目，你怎么给了云门这么大的面子，让他们演了《水月》和《流浪者之歌》这两台剧目?”达尔梅主席回答说：“你错了，不是我给他们面子，而是他们给我面子！云门舞集已经风靡了世界，我作为最大的国际舞蹈节却一直没有请到他们，真是太失败了！所以，我要将这个损失补回来，以便对得起里昂的市民们!”

在《水月》里，既有佛家偈语“镜花水月毕竟总成空”引发的空灵意象，又有舞台上的潺潺流水和半空中的巨幅镜面之间虚实相生出来的神奇意象，可谓内容与形式的巧妙融合。

第四部作品是《流浪者之歌》。正如我在前面所说，林怀民先生的每部作品都精确地使用了具有某种符号意义的音乐、道具、布景、投影等非舞蹈的元素，或者是说打着引号，而非贬义的“噱头”！我认为，这是非文字语言的舞蹈想要传达理念的必由之路，因为非文字的动作本身，是无法讲述什么哲理的！在《流浪者之歌》中，经过化学处理后可以沙沙作响、多达三吨的金色稻谷从天而降，不仅自始至终地砸在了僧人被剃度的头顶上，而且在舞台上和舞者间高舞轻扬，现场的效果绝对震撼，而这种高峰体验对于舞蹈观众而言可谓极致的享受和绝对的满足，不用再去奢求其他的什么了！而全剧结束时，在里昂、北京和世界各地，还创造出了这样一个意想不到的奇迹——据林先生说，它最初只是一个偶然，那个孤独的耕耘者没有加入谢幕舞者的行列，而是继续埋头苦干，直到把整个舞台耕耘成了一幅完整的沧海桑田图，并在不经意中传达出了一种令人感佩、坚持不懈的精神，因而被保留了下来！而这种令人回味无穷的尾声对于舞蹈观众而言，也是不可多得的体验！

第五部作品和第六部作品是《行草三步曲》中的两张《行草》，林怀民先生用身体去表现书法，从最初的形似发展到后来的神似，直到第三张的《狂草》出现，可以说是对中国传统文化最好的当代阐释。

云门舞集11月1日至3日刚刚在国家大剧院上演的《稻禾》。这个作品首演于2013年，讲的是农民种田的故事，发生在“池上”这个台湾地区盛产高质量稻米的地方。林先生说，他不走写实路线。节目册说它共有泥土、花粉、谷实、风、水等几个段落。我认为，它表面上诉说的是稻米的生命周期，但委婉预示的却是人的生命周期。

我想提醒大家的是，他在其中再次使用了“南音”这种具有鲜明地域特色的音乐，我们虽然听不太懂，但这种民歌带来的民风却在一开始便从听觉上把我们紧紧地抓住了，并给我们留下了非常深刻的印象。这是纪念云门成立四十周年的作品，并且再次回归了大自然。

这个团队我要特别介绍一下：一群和林先生一样安静的人在这个地方，整整拍了一年的影像，并从中挑选出来的这些片段，而动作的语言和风格还是云门惯用的“太极导引”及其变形。这段双人舞叫《花粉》，是借花粉的生物过程讲述男女间发生的生命延续，动作语言非常优美。接下来这个舞段用的道具是从大自然选取的藤条，不经意中交代了人与大自然须臾不可分的关系。这一段《火》舞表现了人在开发大自然的过程中，某种过度的掠取，意味着会给我们带来灾难，由此表现出一位现代舞蹈家应有的社会责任感！

（作者系中国艺术研究院研究员、舞蹈研究所所长）

中国视听传媒国际传播的瓶颈与突破

杨明品

中国正在走向世界的中心，在这个伟大的历史进程中，视听传媒作为文化传播的主渠道、主阵地、主力军，在国际传播中承担着重大使命。习近平总书记在党的十九大报告中指出，推进国际传播能力建设，讲好中国故事，展现真实、立体、全面的中国，提高国家文化软实力。我理解，这就是国际传播的方针和纲领。

近年来，中国的视听媒体在国际传播方面加大了推动力度、完善了方案策略，增强了实效，形成了一些基本做法，体现在四个方面。

第一，实施重点工程，拓展国际市场。工作思路是：深耕“一带一路”，巩固非洲主流，开拓拉美市场，稳固周边友邻，提升对欧美的影响。实行了“三工程一项目”，即中非影视合作工程、丝绸之路影视桥工程、当代作品翻译走出去工程和电视中国剧场项目。

“丝绸之路影视桥工程”扎实推进，加速成为中国广播影视国际合作与传播的主要阵地。2016年，中国影视内容产品出口“一带一路”沿线国家的金额占全年内容出口金额的11.4%；出口时长占全年出口总时长的29.5%。

中非影视合作工程取得显著成效。截至2017年5月底，这项工程已将145部优秀影视节目译制成7种语言，与46个非洲国家的58个主流媒体签订了92个合作协议。南非、科特迪瓦等过去只进口西方节目的非洲影视大国，已开始购买中国影视节目。

实施“友邻传播”工程，巩固周边国家市场；实施“影视剧本土化语言译配工程”，解决语言瓶颈问题，实现对象国本土语言传播；电视中国剧场以专栏的形式促进了中国电视剧在部分国家播出的日常化。这些项目有力地推动了国际传播。

第二，建设国际传播渠道平台，健全立体化传播网络 。渠道平台是国际传播的基础性资源。近年来我国的广播影视视重点打造渠道平台，取得了阶段性的突破。一是打造国际传播旗舰媒体。2016年年底，中国国际电视台(CGTN)正式开播，形成了包括6个电视频道、3个海外分台、1个视频通讯社和新媒体集群的全球电视网。中、英、法、西、俄、阿和英语纪录等7个国际频道已进入170多个国家和地区播出。二是加强长城平台建设，通过直播卫星电视系统、有线电视网、IP电视系统及互联网电视机顶盒等方式进入海外用户家庭。三是开设海外中国频道栏目。央视国际电视总公司与境外电视机构合作，开播海外本土化中国节目频道和时段，打造“ChinaHour”海外时段品牌和“Hi+国家!”海外频道品牌，建立全球联播网络。中国国际广播电台与众多国家广播电视机构合作，建立广播电视联合播出平台，国际影响力显著提升。四是打造移动新媒体平台。央视上线多功能海外移动新闻网，进一步提升对外报道能力。国际台打造ChinaNews、ChinaRadio、ChinaTV三个移动端新媒体产品，实现基于移动互联网的国际传播。五是拓展国际社交媒体传播。央视网在Facebook、YouTube等海外主流社交平台建立并运管CCTV系列、熊猫频道系列共31个账号，涵盖中、英、阿、西、法、俄、韩等主要语种，覆盖230多个国家和地区。国际台用43种语言在境外社交平台注册113个账号，粉丝数达4300万，英语、泰语等12种语言的境外社交媒体账号粉丝数超过百万。湖南台等地方广电机构及部分影视企业也纷纷在 Facebook、YouTube 开设账户，取得良好成效。一些商业网站的内容也借用这些国际化的社交媒体推广自己的业务和节目。国际视通视频新闻发稿体系覆盖亚洲、欧洲、美洲和非洲的主流电视台/频道及网络平台，日均多语种发稿达到 125 条，视频素材发布量日均 75 条，高清视频发稿比例已占 6 成。七是积极参加和利用各种国际性节目展，打造中国联合展台品牌。2004 年以来，总局已连续 48 次组织国内影视机构以“中国联合展台”整体形象参与国际影视节展，打造中国影视海外营销重要品牌。2017 年“中国联合展台”增加至 12 个。

第三，创新新闻报道，传播中国主张。加强议程设置，多视角、多维度、多层面对外宣传党中央治国理政新实践，充分阐释中国制度、中国道路、中国特色。一是加强高访报道，以高访报道营造传播高潮。央视建立完善了高访报道机制，实现了高访报道导向准确严谨、内容丰富深刻、形式精彩生动、电视与新媒体同频共振、内宣与外宣合力出击，有力提升了国际影响力。国际台发挥多语种、全媒体、广落地优势，实现较好的国际传播效果。二是创新重大主题主线宣传。2017 年以来，央视新闻栏目头条播发时政新闻，相关新闻素材被 49 个国家和地区的 203 家境外电视台/频道采用 977 次，时政新闻素材外媒采用率 100%。央视新闻频道推出《全球智库看中国》，在发生涉及我国的国际重大事件时，推出特别节目，通过 15 个国家 50 多名顶尖智库学者发表评论，传播成效良好。对重大国际合作活动，CGTN 及央视网、“央视新闻”等平台进行了全媒体直播报道。国际台使用 65 种语言，综合运用融媒体平台和海外 130 家合作媒体，进行全景式、立体化报道。三是加强国际重大事件、突发事件报道。央视和国际台快速准确客观报道国际重大事件、突发事件，强化中国视角，表达中国主张。四是围绕涉华议题第一时间主动密集发声。通过国外主流媒体传达中国的立场，积极引导国际舆论，有力配合中国外交大政方针。

第四，改进国际联合制作，推进讲述创新。内容产品是国际传播的核心支撑，内容产品创新越来越成为国际传播战略的高地，我国越来越重视内容产品创新在国际传播中的作用。一是联合开办国际化栏目。CGTN与海外媒体机构加强合作，通过共同策划、联合拍摄、同步播出，实现借筒传声、借台唱戏、借船出海，极大地提高了国际影响力。如英语新闻频道和美国库恩基金会联合推出的《走近中国》栏目，是国内首个由西方人士主持、探讨中国重大政治话题的电视访谈栏目，节目播出后在海外产生积极反响。二是加强节目合拍合作播出。通过合拍，让西方媒体传播中国故事，越来越多的故事由中外制作人联合制作，生动讲述中国的文化、社会发展、技术进步和基础设施项目，这一做法既提升了节目质量，又切合了国际观众(用户)的需求，效果显著。美国探索频道2017年10月播出的纪录片《中国：习近平时代》就是联合制作的成果，这种方式有效缓和了有关主题国际对话的冲突。中国央视等电视台与多家国外影视机构合作，推出《生命的力量》《野性的终结》《动物好伙伴》《熊猫与小鼹鼠》《改变世界的战争》《孔子》等众多精品节目。国际台制作的波斯语系列纪录片《伊人华彩》登陆伊朗国家电视台8个频道，收看总人数6000多万；希伯来语《玩转中国》系列剧集在以色列最大门户网站“Walla!”播出，总点击量达9000万人次。贵州台与法国电视二台联合制作的《相约未知地带——走进贵州苗寨》在法国播出，观众人数超过1500万，平均每4个法国人就有1个人收看。三是打造特色品牌节目。中央电视台2017年春晚，全球157个国家和地区的222家电视机构全程转播中文国际频道和CGTN直播信号。央视网熊猫频道吸引了规模庞大的国际粉丝，Facebook账号粉丝数突破100万。央视网系列原创航拍VR视频《飞越中国　醉美春色》在Facebook、YouTube、VK等海外社交平台播出，Facebook平台总浏览量超过2362万次，独立浏览用户超1765万人，总互动人次超71万人……值得重视的是，我国网络视听机构的精品网剧引起了国际媒体和网络用户的关注，有的卖到了国际知名媒体。比如优酷的《白夜追凶》卖给了奈飞并将在奈飞播出。

伴随中国进入新时代，国际传播模式也进入了转换升级的新阶段。如何转型升级，首先从习近平总书记关于新时代的几个重大论断中寻找方向。习近平总书记关于新时代，强调了“三个意味着”：

中国特色社会主义进入新时代，意味着近代以来久经磨难的中华民族迎来了从站起来、富起来到强起来的伟大飞跃，迎来了实现中华民族伟大复兴的光明前景；意味着科学社会主义在21世纪的中国焕发出强大生机活力，在世界上高高举起了中国特色社会主义伟大旗帜；意味着中国特色社会主义道路、理论、制度、文化不断发展，拓展了发展中国家走向现代化的途径，给世界上那些既希望加快发展又希望保持自身独立性的国家和民族提供了全新选择，为解决人类问题贡献了中国智慧和中国方案。这“三个意味着”就是下一阶段国际传播的主要内容和总纲。新时代的国际传播应紧扣这个历史性主题，强化“新时代”意识，以人类进步的视角讲好中国故事，用中国的视角讲好全球故事，用生动的故事，全面、准确、客观讲述这“三个意味着”的现实进程。

时代进步是国际传播的力量源泉。中国特色社会主义的国际传播已进入加强和创新的历史机遇期。这个新阶段，要顺应时代潮流，着力推动五个升级。一是从传播中华民族传统特色文化向传播新时代中国特色社会主义发展实践升级，传播中国现代化发展方案。二是从传播中国到传播世界升级，引导国际观众通过中国媒体观察世界、思考世界，进一步增强我国的国际影响力、感召力和塑造力，为构建人类命运共同体、促进世界和平与发展做出更大贡献。三是从以传统媒体为主的国际传播向以新兴网络媒体为主的国际传播升级，顺应受众加快向新兴网络媒体迁移的趋势，调整阵地策略，通过数据分析提高国际传播的精准度。四是从新闻和影视娱乐为主的国际传播向以包括制度、经济、社会、价值观、历史人文、军事等内容为主的系统性立体型国际传播升级。针对很多外国人对中国发展道路的惊异和不解，报道中国如何解决不断涌现的问题和挑战。在这方面，CGTN前不久推出的《中国方案》节目已经有了成功的实践，这些经验应该推而广之。五是从国有媒体机构为主的国际传播向国有、民营媒体机构并重协同的国际传播升级，更好地发挥网络视听机构在新时代国际传播中的重要作用。

（作者系广电总局发展研究中心副主任）

第二编

当代影视文化影响力

中国电视剧在美学建构上的断想

黄式宪

电视剧作为一门最年轻并最具大众性的现代艺术，它有没有自己的美学？回答是肯定的。

在新时期中国电视剧近 40 年的征程里，作为东方主体性美学精神的觉醒与建构，浸渗于创作现象里，它究竟呈现为怎样的一种形态与风貌？此题显然甚大。在这里，我拟以断想五章的形式，和大家做一些交流。

中国电视剧在其诞生之初，对于何谓美学的话题，在我国电视业界可能是比较模糊的。这其实是我们施行“改革开放”的新文化语境，通过东西方文化之间不断的碰撞与对话，美学或美学的创新才逐渐提上日程并成为一个自觉的、具有学理和创作实践双重意义的课题。

记得曾亲身参与中国电视剧草创的前辈作者和学者、已故的蔡骧先生曾在 1996 年写道：“电视美学，是一门正在实践中发展的美学；是一门因在实践中不断发现自己而感到狂喜的美学；与此同时，它又是一门在实践中经常自觉或不自觉地为‘成见’束缚、为功利目的扭曲、为自身拥有的能量迷惑、为非理性判断误导、为不能全面地认识自己而苦恼万分的美学。”多少甘苦，话里有话，含纳着中国电视剧拓荒者的沧桑与感怀。

中国电视剧诞生于1958年，较西方大约晚了30年。但是，弹指间60年过去，在经济全球化时代，伴随着中国在政治、经济、文化上的“和平崛起”，中国电视剧无疑是以其清新、刚健的东方美学风骨和多姿多彩的艺术风貌而备受世界瞩目的。

以“文化大革命”划界，其前8年，中国电视剧处于以近乎舞台剧式的直播形式的草创时期，美学意识相对于宣传责任是并不很清晰的；1978年迄今，弹指间我们改革开放的步履已走过40度春与秋，我们电视剧的创作迅速从复苏、复兴而走向艺术的成熟。作为亲历者，我们的文化记忆至今依然是如此的清晰而鲜活。改革开放40年来，我们取得了一条基本的历史经验，那就是：中国电视剧创作始终坚持走解放思想、更新观念、开拓进取、自主创新的道路，迎来了今天这样一个大好的文化局面。没有解放思想，没有艺术上的自主创新，没有在东方美学精神上主体性的崛起，就没有今天中国电视剧产业与创作如此兴盛、发达的局面。

40年来中国电视剧主创者们坚守人文关怀，坚持将现实主义与现代性相衔接，从而彰显了他们在主体美学精神上的觉醒，由此乃创造出40年来中国电视荧屏上一派文化的繁荣与辉煌：美学求索，以现实主义精神重新照亮荧屏；面对大众需求，赋予艺术形象以现实的与历史的穿透力；面对经典，深怀敬畏之心以构建民族美学之风骨；熔铸史诗，呈现人民革命历史的庄严性与宏大气派；典型归来，以性格诗意地揭示丰厚的社会与美学底蕴。

当今，随着中国电视剧产业化阔步前进的态势，在不断拓宽并做大电视剧市场底盘的同时，我们关注百姓、贴近社会、直面人生的现实主义探求也应当是与时俱进的，熔铸史诗这一时代性的大课题，任重而道远。我们电视剧产业的重组，必将与文化品位的重构及在电视剧美学主体性上的提升同步，这正是时代发出的庄严号令，也正是时代赋予我们的构建和谐社会及和谐价值观的神圣使命。

不应当回避的是，自20世纪90年代文化消费主义盛行，迄于21世纪伊始这十七八年间，面对经济全球化的挑战，面对电视剧文化产业的重组，诸如“拒绝深刻”和种种“泛娱乐化”的迹象也日渐明显，甚至出现了某些平庸的与媚俗的低格调的倾向。当文化与资本结盟而进入市场，我们应当坚持在感官与精神之间取得某种平衡。“生存与媚俗”，构成了一个文化的悖论。电视剧作为文化产品的商品属性显然不应当被无限膨胀或无限夸大，更重要的是，它作为文化产品的精神价值则是我们美学探求的核心之所在。

由于时代与生活总是日新月异、变动不居的，这就向创作主体提出了一个内在的、能动性的要求，这就是：既要“沉”于生活、沉得下去，又要善于感应时代的脉搏的震荡和激变，独具慧眼地、敏锐地去发现、捕捉并把握新鲜的时代信息和形象，坚守人文关怀，突出艺术个性，不倦地高扬起一股自主创新的锐气，不断地提升中国电视剧在美学精神上主体性的自觉。

归结到最后，为了应对当下经济全球化的挑战，为了中国电视剧跨界出征并赢得在国际主流市场上的民族话语权，我们需要不断地深入发掘本土民族的文化资源，继续坚持走解放思想、更新观念、开拓进取、自主创新的道路，弘扬我们中华民族美学的主体性及其尊严。事实上，越是弘扬了我们民族美学主体性及其东方美学品味的电视剧，就越是具有世界性和现代性，并且，势将为推进当代世界电视在文化和审美上多边对话的新局面做出我们无愧于时代的贡献。

（作者系北京电影学院教授）

中国影视：大国文化重器

周安华

大国文化具有的悠久、厚重、经典、开放见长，漫长历史和地方差异性的特点，导致其文化的生成、聚合和演变充满丰富的内涵和多彩的样貌，也成为其国家更迭延续而民族生生不息的根本，其文化生命总是富有再生力的缘由。相较于大国文化的地理标识，诸如黄河、长江、泰山、三峡等的孕育意义，相较于大国文化的历史遗存，诸如黄帝陵、故宫、四书五经、李白、杜甫及女娲补天传说等的知识传承价值，中国影视以跨越性、整合性、直观性和主体性，立足于当代，脚踏实地地致力于大国文化的传承、再生和融合传播，以镜头画面这一“世界语”，生动有趣地讲述着中国大地的奇伟、中国典籍的博大精深及中国生活、中国习俗的独特，借助饶有趣味的历史现实故事，甚或植根于民族个性、地方偏好的艺术想象，直接或间接地勾勒出一个东方大国的形象、志趣和情怀。试问还有什么方式，在全球传播的大时代，比影视更直观、更有力呢？在21世纪读图时代、信息社会，网络生活中，一国文化越来越与“眼见为实”“内圣外王”“头悬梁锥刺股”和“酒香不怕巷子深”相去甚远，传播成为一国文化走向世界的起点和基点，甚至是文化生存的起点和基点。而视觉传播，是当代最深刻、最广泛、最透彻、最具张力的传播，也是大国文化延续、重构和世界性弥散的得力助手。于此，中国影视应当在独特的文明史关口，在重要的文化使命面前，利剑出鞘，成为大国文化的重器。

何以如此？

对于一个民族的文化传播而言，它其实不仅是传播，更是立足于当代的选择、建构和润泽，因为大国文化的扩张不是大国自身的喜好，而是人类文明传承、人类根本价值的一种延续，人类进步意识的物象和精神的落实，任何一点不当都将贻害子孙，改变整个人和人类社会的命运。故而，大国文化的传播和重构，是一件极其严肃、面向历史和未来的把握。正是这种严正性、严谨性和严肃性，使得大国文化重器的言说、命名，变得格外凝重。

图书、杂志、报纸等纸媒延续民族文脉，曾经是中国百姓政治、经济和文化生活的主要信息介质，文字代表了概念、文字形象和信息想象，而在当下全球范围，视频和图文深刻改写广大公众信息接收、存储和传输方式的情况下，纸媒的局促、狭窄、僵硬、地方性、阶段性、滞后性变得十分突出，确实不是大国文化合适的主体承载者。来势汹汹的移动互联网潮，把超过7.5亿国人变成了网民，移动客户端也确实让文化的浏览和消费及文化的生产、传播和传递前所未有的方便和轻松。特别是网络利用文化的碎片化、娱乐化和交互性，使文化成为日常生活中可操控的消费品，这使网络空间成为当代文化最喧闹、最活跃也最具产业功能的区域，吸引了大量人群流连忘返。网络媒介在当代科技推动下迅速崛起，并占据一国文化重建和传播的半壁江山，形成对传媒历史和现实的“血洗”，这诚然是事实，但这只是“表象事实”，不是“真理事实”。网络作为新兴媒介，在社会生活中的活跃度和在文化负载中的占有率、有效性，是不对等、不匹配的，因为网络世界是以商业、娱乐、消费为特征，并未以文化重建和扩张为使命，而大量浮面、粗浅和任性的文化传递并不具有品质和高度，现代网络文化产品特别是具有深厚人文积淀的文化产品，构型尚需时日，在当前网络意识形态上，相当多的人甚至认为文化只有物化、商品化，才具有意义，由此导致文化成为金钱的工具。

影视不同，它从来就是现代文化最重要的载体，也是传统文化复现的有力手段。而中国影视在长期的国家发展中受惠甚多，逐渐成为主流意识形态和国家体制最可靠、最响亮、最权威的表达者，既具有深厚的政治、社会、文化积累，也形成一系列科学完备、稳健从容的文化生产、表达和传播理念、路径，其人才队伍的高端集聚，其技术手段的发达先进，其创作水准的高位出色，其美学与艺术的成熟，是纸媒网媒无法望其项背的。这也自然使“大国文化重器”的冠冕非中国影视莫属。

中国影视在过去的30年与国家民族现代化追求、与改革开放的时代共振，以非凡的业绩梳理、汰洗和重构中国文化精神，勾勒民族特性，描摹数千年文明进程，使艰难转型的中国影视传媒以全新姿态屹立于世界影视媒介之林。无论是电视剧《空镜子》《浪漫的事》《闯关东》《父母爱情》，纪录片《故宫》《舌尖上的中国》《大国重器》，还是文化节目《中国成语大会》《中国诗词大会》《朗读者》，都以凝重、温婉的文化文艺性，书写着大国气质和大国风范，建构着一个民族对崇高和德性的向往，彰显着源自传统、历史和现代性追求合一的整体文化魅力。这是何等丰沛的自信。

当中国影视毅然承载“大国文化重器”的光荣，也就意味着中国影视被赋予更加明确和更加庄严的职能，即在大视觉文化层面，代表主流意识形态尝试完成传统文化和现代文化的科学对接，外来文化和本土文化的艺术交融，并且立足于引领性的开创全新意义的文化观念、文化风格、文化模态的当代化、世界级、未来性锻造，这是一国文化的21世纪升级版，也是影响甚至改写国际文化版图的创新版!

为此，中国影视——

要始终以民族乃至于世界文化的精华为本，做人类新文化的提炼、再造和传播者。要始终确立积极、崇高和德性的文化认知，并以其展示大国国家文明、讲述中国人的故事。要在体认文化差异性、多样性的基础上，呈现各国文化的丰富空间和无限可能，要在艺术美学的意义上，寻求本土文化魅力的营建、历史文化价值的深耕，当代文化意趣的发掘，真正达到赏心悦目、心旷神怡、醍醐灌顶的品鉴效果。

为此，今天的中国影视要走“文化影视”之路。

“文化影视”是当代中国新影视的延续和伸展，是影坛原有风格的当代化表征，也是风云际会的中国类型电影实践的新探索。它立足于黄土高原悠长的文脉，立足于北方地平线的壮阔壮丽，而汇聚华夏人生的独特魅力，在现代性的视点上建构着民族电影、区域电影的新气质、新话语、新景观，体现为中国电影强国之梦的新力量。由于其厚重的地缘历史和文化的独特性，由于其迥异于西方的风土人情，由于其曾经灿若星辰的银幕辉煌，“文化影视”几乎注定会在这个充满机遇和挑战的时代崛起，重塑中国电影神话，并以如虹气势打造出一片充满生机与活力的电影新天地。

“文化影视”的命名，体现着一种文化建构的自觉，是中国人地缘自信的反映，以“文化影视”大旗汇聚国内外的资源、人才，集中有序地推进“文化影视”创作，讲好“关中故事”“西南故事”“北方故事”，从深厚的黄河叙事、长江叙事中寻找民族生生不息的光荣和梦想，勾画由传统人变为现代人的艰难生命旅程，从中西文化的纠结碰撞中把握人类历史走向，描画开放的中国、进取的中国的雄姿，“文化影视”毋庸置疑会成为世界电影方阵的佼佼者，成为亚洲新电影转向的样板工程。

同时，“文化影视”的命名，绝不是地域边界的划定或某种风格、影调的框死，更不是一种囿于守成的排他和防御，在改革开放历史中逐渐融入世界的“文化影视”及整个国族电影，应当也必须是自由、流动和聚合的概念，具有真正意义上的开放性、包容性。也就是说，“文化影视”是一种“形散神聚”“大智若愚”的电影形态，它是韧性的华夏艺术，是如泣如诉的情感之歌，是关注人生与命运的山河话语，形式或奔放或细腻或粗粝，这是“文化影视”的根本和个性。除此之外，“文化影视”没有任何规矩，完全就是一个灵动的存在。它能突破任何地域束缚和限制，在各种各样的电影类型、模式中生长，显示出无比生动的镜像美学。换句话说，表现江南悲情往事的，但因有了“大气”的情节节奏，可能会是“文化影视”；记叙东北的家族掌故，因为其豪迈的戏剧性张力，也会成为“文化影视”的扛鼎之作；甚至完全在国外拍摄、演职员主要也是国外的戏，由于它是按照中国文化逻辑演绎的电影，也是“文化影视”！这种开放思维，是“文化影视”的立身之本，也是其发展之源。

其实，国外电影潮流和独特电影形态之蓬勃发展，从来都是广纳海川、无限循环的，欧洲艺术电影从来不强调它的“欧洲性”，塔尔科夫斯基的《镜子》里就出现了诺曼底登陆、中国“文化大革命”的记录场景，成为其深刻的哲学思考和历史叙述很重要的一部分，而基耶夫洛夫斯基的《蓝》《白》《红》，描画芸芸众生的日常生活，散漫、平凡却又洞灼幽微，从日内瓦大学女大学生范伦丁娜的人性恍惚中，我们每个人都会照见我们自己。好莱坞商业电影也是不计成本，全球截取文化资源，搜寻可以讲述的母题、素材和故事(不管它来自哪个国家或哪个民族)，他们以之丰富和扩展自己的商业电影视界，升级自身的商业电影美学，不断激活银幕的吸引力。比如《功夫熊猫》《钢琴师》等，元素借取的直接结果是亚欧各国、不同文化半径观众群的拓宽。显然，“文化影视”作为一个影视文化品牌，就内涵而言，代表了一种优质电影生产，在艺术方式上反映了一种“广采博取”“兼收并蓄”，而在创作理念上体现“人民电影”至美至善的要求。

“文化影视”概念的开放性是基于移动互联网语境下的中国影视差别化、品牌化竞争战略，是符合深度国际化的国产电影创作和生产需要的。“文化影视”的开放自觉，将使囿于黄土高坡、黄土文化的影像生产，真正摆脱地域思维和空间文化传统的束缚，摆脱由于地理位置的偏僻、社会经济发展水平相对滞后、甚或电影观念的某些局限所带来的后发优势不足，而在创作人才、投资融资和市场推广等方面，实现大范围乃至全球半径内的要素择取、优化嫁接。也只有这样，才能最终凝聚、形成国家电影品牌所应具备的强大优质电影量产。

（作者系南京大学教授、亚洲影视与传媒研究中心主任）

中国电影走进新时代

赵葆华

我们的新时代要求建设社会主义文化强国，要坚定文化自信，推动社会主义文化繁荣兴盛。这就要求文化艺术、要求电影用新形象承载新时代精神，助推新时代前行，助推实现伟大的中国梦。

何谓新形象？这是与新时代相呼应相匹配的艺术形象，这个新形象应具有以改革创新意识为核心的时代精神，具有以爱国主义为核心的民族精神，具有拼搏向上的进取精神。这个新形象应该具有为实现中国梦而奋斗的大情怀、大志向、大目标、大境界。这个新形象应称之为具有当代英雄品格的形象。我们的电影应该因讴歌当代英雄形象而令中国银幕具有当代英雄的品格。这是新时代的呼唤，是新时代对中国电影的要求。

中国电影当下处于高歌猛进的时代，处于不断创造文化奇迹不断给世人带来惊喜的时代。回想加入世界贸易组织之初的2001年，那时中国电影年产故事影片才88部，全年电影票房才8.9亿元人民币。到了2016年，中国年产故事影片772部，全国电影票房492亿元人民币，不断创造新高。单是电影《战狼Ⅱ》就不断带来惊喜和奇迹，不断创造票房神话，如今已突破56.7亿元人民币。它证明中国电影市场潜力巨大，中国电影创作与制作也有巨大的潜能。中国成为名副其实的世界电影生产大国。据官方统计，截至目前，中国电影银幕总数已达 4.9 万块，居世界第一。从国产电影的受众关注度、中国电影市场的火热度可以看出，中国电影正处于历史上最好的发展机遇期。国产电影大好形势令人兴奋和欣喜。相比“入世”之初 2001 年的国产电影态势，再看中国电影的今天，这是多么大的历史跨越！

反思中国电影的隐忧

站在新时代反观反思中国电影，我们还应看到隐患和欠缺。中国电影当下的主要矛盾可表述为：人民日益增长的对美好精神生活的需求，同国产电影发展不平衡不充分之间的矛盾。这个矛盾产生于以下现实：中国电影面临外部巨大的挑战和压力。每年要进口 34 部好莱坞大片，这些大片凭着强势出场、弱势出局的理念，凭着大资本、大制作、大明星、大宣传，来势汹汹意欲席卷中国电影市场。好莱坞大片对中国电影的打压像狂潮呼啸而来。好莱坞“大兵压境”，如果中国电影市场多数被好莱坞影片占领，中国文化安全必将受到严重威胁。中国电影守土有责。国产电影在与好莱坞大片殊死对抗中促进了中国电影大发展大崛起。与此同时催生了一种市场生态现象：过分倚重市场效应，以票房成败论英雄。由此又生发了创作观念上的变异：过分倚重娱乐精神，以找乐本事论英雄。创作出现畸形发展，国产电影生态失衡。这种失衡可概括为轻电影、小电影、悦电影大行其道。称其轻，是指时代质量过轻；称其小，是指思想力量过小；称其悦，是指娱乐狂欢一类电影太多。业界一度还有一个误识，认为电影艺术进入了一个小时代、轻时代、微时代，于是快餐文化电影和速食文化电影盛行。误识带来创作上的误区，不少创作者回避深邃，拒绝意蕴，追求浅白，误认为进入了读图时代、读题时代、颜值时代和感官时代，笃定这些才是时尚，如此创作才会受到青年观众欢迎。于是有一批脑残电影和粉丝电影大行其道。我们缺少黄钟大吕之作，缺少振聋发聩之作，缺少经典风范，缺少对所处大时代的充分认知和对责任担当的充分认知。于是娱乐狂欢之作风靡于世，家国情怀之作、人文精神之作不热。

反思我们的银幕形象和银幕品格，一段时间以来，世俗品格过重，英雄品格过轻。在人物塑造上，风行娱乐狂欢重口味，风行自我解嘲、自我调侃、自我矮化、自我轻贱。讲好中国故事，关键点是讲什么人物的故事，传递什么精神。人物的精神境界决定电影核心竞争力的高与下，因为它影响国民的精神境界。

时下，写凡人小事已成为电影创作的常态，然而时下的平民书写，迷恋世俗小民轻慢崇高。电影市场与电影创作界曾一度误认为，高情感强刺激重口味才有高票房。于是重生活粗糙感轻精神境界，重世俗欲望轻精神品格。由于轻精神境界而使人物流于世俗化和粗鄙化，这种人物塑造上的追求仅供娱乐消费。于是堆砌垃圾情绪，展览人性猥琐，乐此不疲地描绘兽行兽欲，热衷于消费颜值，低级下流倾向滋生。

深入生活

感受新时代对银幕形象的诉求

我们不应该降低审美底线，不应该去消费卑琐小人的卑琐之事，而应该在凡人小事中提升出人性的高洁，在写平民的世俗生活中挖掘出他们对美好人生的守望、对生命尊严和幸福愿景的守望。

银幕上迷恋世俗化小民让观众已经看腻了，于是《战狼Ⅱ》横空出世。票房横卷市场，创造国产片中的奇迹和奇观。何以然?《战狼Ⅱ》的主人公冷锋是应运而生的大国英雄形象，他崇高的家国情怀和他一往无前不可战胜的精神性格，酣畅淋漓地体现了时下人们对大国情怀和大国英雄形象的精神需求。这是民族大崛起中的国民精神和国民愿望。冷锋的形象不再是传统意义上的匡扶正义和救危扶难的英雄，而是大国英雄民族英雄。冷锋的形象呼应了我们也要救助世界上处于危难中的弱小民族的国民情怀。《战狼Ⅱ》对应了这种民族精神世界情势，对应了大义大情大格局大境界，自然带来一片热潮。

由是观之，我们应该热情表现中华民族、表现我们的人民在为实现中国梦而奋斗的伟大实践中呈现出来的精神风貌。1600 年前，中国古代文艺评论家刘勰就提出，文艺作品要“写天地之辉光，晓生民之耳目”；宋代张载提倡文艺要“为天地立心，为生民立命，为往圣继绝学，为万世开太平”。文以载道，讴歌为人民利益前行的天地英雄，讴歌英雄品格，是我们中华文学艺术的优秀传统，更是今日电影人的责任感和使命感。中国电影一直有关注现实抒写英雄的优秀传统。20 世纪五六十年代问世的《上甘岭》《董存瑞》《英雄儿女》，曾鼓舞和滋养几代人成长。

创作时代新形象，让我们的银幕具有当代英雄品格，这就要求编剧必须深入生活扎根人民。在全民为实现中国梦而奋斗的火热生活中，编剧才能走近当代英雄，发现当代英雄，强烈感受当代英雄品格。要反对沙龙写作，反对众口杜撰。编剧只有在火热的生活中才能为自己充电，才能找到灵感、找到冲动、找到方向。我们提倡在生活现场创作。

由中影股份有限公司和深圳广电集团等单位出品，由我编剧由刘抒鹛导演的电影《你若安好》就是直接表现这个题旨的。在党的十九大隆重召开的前一天，《你若安好》作为向十九大献礼作品在全国公映。《你若安好》表现重心下移的医疗改革突围之路，书写全科医生新人物。我们一直在践行习近平总书记要扎根生活扎根人民的号召，在北京医院深入生活一年时间，在医疗改革的火热生活中得到启示，得到时代的托付。《你若安好》公映以来感动了不少观众。

表现英雄品格

需要艺术转换

艺术创作的规律是内容为王、表达为先。一部电影的艺术表达成功与否，是观众选择看与不看的先决条件。在这个层面上，好看是硬道理。中央电视台连年推出“感动中国十大人物”，产生巨大的轰动效应。然而，多数人物拍成影片后却感动不了观众。其根本原因在于创作者满足于英模题材本身，照搬生活，照搬人物，而没有做好艺术转换，一度使英模题材电影公信力下降。如何让感动中国的人物故事转换成感动观众的电影？如何让银幕的当代英雄品格具有艺术感染力，具有提升灵魂振奋精神的艺术力量？做好艺术转换是关键。在这个层面上，艺术质量就是艺术生命，做好艺术转换是硬道理，这是银幕形象英雄品格的艺术生命力支撑。

将生活中的当代英雄和当代英雄品格成功地搬上银幕，做好艺术转换首先要有对生活的新发现和深发现。防止满足于题材懒于创造，防止思想平庸浅薄呈现现象罗列。我创作电影剧本《全城高考》时，采访了湖北黄冈的一些模范老师，我在被深深感动之后并没有照搬这些模范老师的模范事迹，而是选择了深度呈现，前景写考生后景写民生，将高考作为试剂——高考既考学生也考老师也考家长也考全社会，从中开掘出全社会奋发向上的主题。剧本被拍成同名电影后荣获华表奖。艺术转换既要追求对生活的新发现，又要追求对艺术的新表达。新表达就要讲究新角度和新结构，角度和结构的精心选择会让影片充满艺术智慧和艺术魅力，也会让常规题材呈现出新意。以一胜十的角度，会将故事讲述得感人至深。我创作的电影剧本《守护童年》，其实是英模题材。原型人物张淑琴创办太阳儿童村，专收留服刑在押犯流落街头的孩子。她的事迹感动了中国也感动了当年的联合国秘书长。我在创作《守护童年》时，没有写张淑琴创办太阳儿童村的过程，而是找到一个独特的艺术角度和艺术结构：一个越狱犯托付一个女警官，帮他找到流落街头的孩子。于是女警官、流浪儿和越狱犯，在路上演绎了一场人生悲欢。影片因独特的角度和结构生发出动人的艺术力量和让人深长思之的思想力量，既呈现人间苦难，更传递人文温暖，走出一条温暖现实主义道路。这部电影经导演和演员精彩呈现颇获盛赞，荣获第28届金鸡奖最佳儿童片奖。

每到重大历史关头，文化都能感国运之变化、立时代之潮头、发时代之先声，为亿万人民、为伟大祖国鼓与呼。在中华民族实现伟大复兴的历史转折关头，表现新时代新人物，用具有当代英雄品格的银幕形象，去鼓舞人民教育人民团结人民引领人民，推动伟大时代一道前行。

（作者系国家电影审查委员会委员、中国电影文学学会名誉副会长）

从世界动漫文化影响力构成浅析提升中国动漫文化影响力的要素

庄雪梅

面对一张白纸，任何梦想和奇迹都能实现，这就是动画艺术和漫画艺术极具创造性和创意性的魅力所在。动漫文化能综合地体现不同历史阶段社会、经济、文化和科学技术的特征，自 1900 年动漫在世界诞生以来，这种集文学、绘画、电影、音乐于一体的独立审美样式的艺术，在世界范围内获得了普遍发展，也成为文化的重要载体，在人们特别是青年生活中占据着重要的位置，在文化传播中发挥着重大作用，世界动漫文化对整个世界文化的影响与贡献也是巨大的。就拿日本动漫举例，它在 20 世纪以来的世界范围内产生了深远的影响，不但渗透在年轻人的学习与生活中，也影响着他们的审美，甚至影响着年青一代的世界观。所以谈到文化影响力，就不能不谈动漫文化的影响力。可是中国的动漫文化影响力指数的世界排名并不靠前，这些年国家和地方政策虽大力扶持本土动漫，限制国外动漫影视作品引进，国内与动漫相关的影视文化等企业也都在奋力追赶，但我们的动漫影视及其他作品和产品还是与美、日、欧洲国家有不小的差距。可以说，世界动漫文化影响力在中国很大，特别是对我们的孩子和年青一代，但我们本土的中国动漫文化的影响力确有待大幅提升。

中国动画与动漫，经历了从诞生、兴盛、衰退到再出发的几个历史发展阶段。世界第一部动画诞生 20 年后，中国第一部动画《大闹画室》也诞生了，与 1928 年闻名世界的米老鼠唐老鸭诞生于同一个年代。1941 年的《铁扇公主》更是因为中国画的绘画，浓郁的水墨意味，鲜明的民族和美术特色，引起巨大轰动，并远播日本、东南亚，在国际上产生了很大的反向。到后来的《骄傲的将军》《大闹天宫》等动画作品则代表了中国动画的最高成就，后来经历"文化大革命"，使得中国动画刚要进入黄金期却跌入了低谷。改革开放后，特别是近十年国家和地方政策大力扶持，动漫企业也雨后春笋般创立起来，但直到目前差距还是很大，可以说中国动漫现在是一个再出发的过程，中国动漫文化影响力与美日等相比还十分微弱。如何缩小差距，提升中国动漫作为一个重要文化载体的影响力，在新的历史时期，在整个国家走向创意引领、创新转型的大环境下，真正突破以往的发展瓶颈，迈入一个新的台阶，为中国文化的传承与创新及传播，在本国及世界形成真正的影响力，这是我们需要持续关注与研究的。由于会议时间原因，我在此简要地从世界动漫文化影响力的构成来分析一下提升中国动漫影响力的要素。

(一)基于思想和价值观的原创性

文化是一个国家的灵魂。党的十九大报告强调："坚持文化自信，推动思想道德和文化建设，文化越来越成为民族凝聚力和创造力的重要源泉，越来越成为综合国力竞争的重要因素。"中国经济转型，同样亟须文化的传承性创新，与其他文化产品一样，要产生影响力 ，就要向人类和世界贡献新的思想，一国文化世界影响力提升的核心要素则是形成真正具有世界先进水平的优秀文化成果，优秀文化成果的首要及最重要的特质和要素构成就是它对人类共同的情感与精神的探索与深刻实践，在实践中不断创新，形成文化产品所承载的新的思想成果，普惠和滋养当下人们的精神生活。作为文化重要载体的动漫文化，同样要具备核心价值观和创新的思想成果，才能潜移默化在动漫作品中，使之成为具有本国独立的、足以影响世界的思想和有灵魂的优秀文化成果，才可能具备更为强大的感召力和影响力。例如，影响力很大的日本动漫在日本本土及世界范围内广泛传播，是因为日本动漫都带有深刻的本民族的精神特质，同时又融入了很多新时代国际化的思维和思想，形成了带有独创性的对于真善美价值观与思想的探索与宣扬，在20世纪以来的世界范围内产生了深远的影响。日本动漫可以说已经渗透到社会各个阶层的思想意识当中，并且形成主流意识。日本很多动漫作品对日本国民产生的影响远远不止是动漫，更多的是一个教育工具，一个引导社会主流阶层不断发展的强大意识，深深影响着年青一代的世界观，日本动漫的广泛影响力对于其他国家甚至有点文化入侵的味道。所以，提升中国动漫文化影响力的首要因素应当是基于思想和价值观的原创性。

(二)基于全民化的针对性

日本动漫是全民化的，同时有着非常强的针对性。日本动漫是按照读者群的年龄和性别进行分类的，可分为儿童动漫(以6～11岁的儿童为主要读者对象的动漫，内容简单易懂，如《哆啦A梦》《樱桃小丸子》等)、少年动漫(以6～18岁的少男为主要读者对象的动漫)、少女动漫、唯美动漫、女性动漫(以超过20岁的女性，尤其是家庭妇女和白领女性为主要读者对象的动漫)、青年动漫(以18～25岁的青年男子为主要读者对象的动漫，有着更多成人化的元素，内容多表现上班族和大学生生活)等。故事内容及表现手法博采欧、美、亚之众长，细腻深入，画风也会根据不同年龄和分类，贴近当下不同年龄层次人们的心理需求，融合本民族和国际化审美，创新十分丰富，并针对性地结合设计生产动漫衍生产品。这些与我们国家大家习惯性把动漫只看作是孩子们的游戏、动漫影视作品对象低幼化、衍生产品低劣化完全不同。

（三）基于消费的产业化

产业化是文化影响力的重要因素，目前全球动漫产业的产值已近5000亿美元，日本的动漫产业已成为日本的第三大支柱产业，迪士尼1年的产值150亿美元，而去年，我国的动漫总收入也不过100亿元人民币(其中相当一部分是外商支付的加工费)。我国动漫产业的产品和商业模式单一、低端、零落，虽经多年努力，产业链仍未真正形成，还无法支撑动漫产品的文化影响力扩大和反哺动漫优秀产品的生产。目前全球播放的动漫作品中有六成以上出自日本，在欧洲这个比例更高，达到八成以上。据三菱研究所的调查，在日本本土，有87%的人喜欢漫画，有84%的人拥有与漫画人物形象相关的物品，动漫文化在日本已经成了人们的一种消费模式，日本动漫产业的年营业额达到230万亿日元，几乎人们生活、学习、工作的方方面面都离不开动漫产品，大人、孩子甚至老人的消费品中都渗透着动漫形象和元素，连工业企业的形象甚至管理当中也经常采用动漫形象和形式，可以说日本动漫文化影响力已经早已不仅仅是影视文化产品的影响，而是基于日常消费的整个产业所带来的深刻而全面的文化影响力。

（四）基于产业发展的教育与人才培养

教育对文化的影响在于传递和筛选、整理和融合、创造和更新。从世界大学动漫专业排名就可以看出，世界排名前三十位的动漫专业都在美国、日本、欧洲的一流大学，这些国家除了一流的艺术大学设立动漫专业外，像哈佛大学、斯坦福大学、剑桥大学、麻省理工大学、牛津大学、东京大学等综合性大学也都设立有动漫专业。中国动漫专业虽然在各个大专院校也广泛设立，但在一流大学设立不多，在世界大学动漫专业排名也相对靠后，而且大多是动漫设计制作，衍生品市场、营销、产业化人才培养十分不足，动画片制作机构与衍生品设计生产营销脱节，人才在基于产业发展的创新意识和创新能力都有待突破。所以，基于动漫产业发展等全方位的创意人才教育和培养，也是未来中国提升动漫文化影响力的重要因素。

动漫既是极具创造和创意空间的艺术与文化，也是极具潜力的优质文化载体，同时具备着广阔的市场空间与前景，无论是动漫研究者还是从业者，提升中国动漫文化在本土及世界的影响力，还任重而道远，需在坚定文化自信的同时，从要素着手，潜心打磨，方能在未来亮剑，生成属于中国动漫的文化影响力。

（作者系央视新科动漫频道总监）

塑造中国影视海外传播的文化影响力

赵　晖

所谓文化影响力是指某一地区或者某一种族的文化在全球其他地区和种群中传播产生的效果。同时，文化影响力也是区域性、个体性文化被认同的过程，这不是“简单的学习符码（codes）的问题。换句话说，文化变迁的社会情境对理解变迁本质是有帮助的”①。美国社会学家安东尼·吉登斯曾为“全球化”下了一个定义：“某个场所发生的事物受到遥远地方发生的事物的制约和影响，或者反过来，某个场所发生的事物对遥远地方发生的事物具有指向意义；以此种关系将远隔地区相互联结，并在全世界范围内不断加强这种关系的过程。”②在经济全球化的背景下，研究影视剧的海外传播文化影响力就在于探究影视作品是如何将负载着文化意义的生活行为方式与话语方式以戏剧化的形式呈现出来，并在传播中完成具有人类普世情感和民族情怀的文化扩散。影视剧作为一种文化形态在不同民族文化群、社会群中进行

① ［美］乔纳森·弗里德曼著，周宪、许钧主编：《文化认同与全球性过程》，46页，北京，商务印书馆，2004。

② 郭庆光：《传播学教程》，112页，北京，中国人民大学出版社，1999。

传播，同时，也在传播过程中不断地接受来自异域文化的批判，形成了“传播—接受—批判—传播”的交互传播模式。

我国影视剧的海外影响力比较微弱，影视剧进口与出口上存在着巨大贸易逆差，在国际市场上所占份额相当微小。我国影视产品在海外传播存在种种问题，处境不容乐观。美国哈佛大学教授约瑟夫·奈所说，相对于政治经济的“硬力量”，文化是一种“软力量”，但它对经济社会的影响力和渗透力却是持续不断的。可见，文化上的“逆差”将降低个体性文化也就是民族文化软实力的传播。

中国影视在国际化传播的过程中，其在内容生产上不应只表现为文化符号的表象性，更应发掘深层次的文化性格。“自我界定是一切文化的活动之一。它有自己的辞藻，有一整套仪式和权威形式及对自身的熟悉。可是，在一个前所未有地被电子通信、贸易、旅游和能极速扩大的环境与地区冲突危机连接在一起的世界里，强调身份认同绝不仅仅是个形式问题。”①在资本与内容博弈的娱乐业生态中，影视产品最核心的竞争力依然是内容，以故事表达人性深度是影视剧叙事的关键，如果故事失去人类价值判断，则必将沦为毫无文化负载的商业消费品，而当游戏化成为影视创作的通用模式，这门艺术也就失去了根本的精神力量。

文化的传播是双赢的过程，只有故事真正抵达人性，叙事则才有力量，从而才会获得真正的文化自信。

一、故事为王 人性为本——跨文化影视传播的根本驱动力

文化的趋同性是影视剧在国际化跨文化传播中遵循的原则，减少文化隔阂、降低文化折扣会更有利于文化的跨地区和跨族群传播。文化的表象性符号倾向求异的审美表述，民族性文化符号的表达满

① [美]爱德华·W.萨义德：《文化与帝国主义》，48页，北京，生活·读书·新知三联书店，2007。

足受众猎奇他域文化的心理。但是，从艺术接受的本质上看，文化消费者最终被打动的还是人性本真中纯粹的本质性情感表达。如印度电影《摔跤吧！爸爸》，虽然里面提到印度家族重男轻女的社会问题，但是故事最打动观众的还是父女之间深厚的亲情和他们彼此对梦想的守望与追求，这足以引起观众的情感共鸣。

文化的传播一旦被接纳，则会成为文化认同的惯性，必然带动“文化瘾”，而这又进一步促进了文化的再度传播。在国际文化传播语境下，我国影视产业没有积累起固定的海外消费群，也没有形成跨文化交流的文化认同感。换言之，我们的影视作品还没有受到国际社会消费者的认可，还属于弱势文化。国产电影难以在海外取得高票房，国产电视剧也很难登陆海外主流频道的黄金时间。分析其原因，影视剧在内容制作上对人性深度的开掘及对人物性格的塑造上与国际经典影视作品相比还有一定差距，我们的影视剧与海外受众的现实生活有隔阂，在文化解读上也会形成障碍。如果“文化产品没有生活性，就不会得到各国观众的同感、认可；文化产品不对生活经历进行升格、创造，就没有世界文化价值，同样也不会得到国际文化市场的认可”①。影视剧作为社会文化生活戏剧化表现得的特殊艺术样式，“只有在认识自己的文化、理解所接触到的多种文化的基础上，才有条件在这个正在形成中的多元文化的世界里确立自己的位置，然后经过自主的适应，和其他文化一起，取长补短，共同建立一个有共同认可的基本秩序和一套各种文化都能和平共处、各抒所长、联手发展的共处守则”②。

20 世纪 90 年代，我国的影视剧开始“出海”，诸如《三国演义》《西游记》《雍正王朝》等电视剧都曾引起海外受众的关注。1999 年，《还珠格格》进入韩国主流播出平台时，引起了不小的轰动。又如，2009 年，新《三国演义》在日本达到 9 万美元 1 集，在中国香港、台湾地区卖到 2 万美元 1 集，海外总体发行超过 3.4 亿人民币。2015

① 孙家正：《2005 中国文化年鉴》，12 页，北京，新华出版社，2007。

② 费孝通：《从反思到文化自觉与交流》，载《读书》，1998(11)。

年3月，76集的《甄嬛传》被改编成每集90分钟的6集，在美国收费视频网站Netflix播出，这是国产电视剧首次在美国主流媒介平台以收费形式播出。之后的《琅琊榜》也被发行到美国、韩国、日本等国。历史题材电视剧蕴含了中国的传统文化，负载了极强的个体性民族文化特征，“文化认同是个体拥有的东西，它是特定种类的社会认同的基础”①。海外市场对中国历史题材影视剧的关注，表现出海外受众对中国历史的好奇与兴趣。这类在海外播出的电视剧，在创作上尚能探寻人性的深度和发掘人物性格内涵。但是，这些“出海”的电视剧播出效果并不理想。比如，韩国的中华TV将《琅琊榜》《伪装者》安排在晚十点档播出；日本银河电视台作为付费频道则是将《琅琊榜》安排在下午1点播出，而追捧这些剧的观众也大都是华人。国剧海外发行所遭遇的尴尬不仅是受众不买单的窘境，同时，发行价格也是极其低廉，单集售价从几百美元到几万美元。电影海外市场也危机重重，无论是《长城》还是《战狼》都因为故事、人物和价值观等方面的原因，遭遇冷落。

究竟何种题材和类型的影视剧会受到北美市场的青睐也是值得研究的。

截止到2017年全球票房最高的电影排名前十位分别是《阿凡达》《泰坦尼克》《星球大战》《侏罗纪公园》《复仇者联盟》《速度与激情7》《复仇者联盟2》《哈利波特2死亡圣杯》《冰雪奇缘》《美女与野兽》。从这些高票房的电影中不难发现，表现人类最本真情感的故事是受欢迎的，爱情、亲情、友情是人物关系的永恒话题，复仇与拯救、背叛与和解、绝望与希望等构成了人性的立体呈现。

截至2017年9月，北美最受欢迎的电视剧分别是《权利的游戏》《怪奇物语》《纸牌屋》《我们这一天》《冰血暴》《风骚律师》《无耻之徒》《W》《王冠》《使女的故事》。这些电视剧单集投资规模相当于一部国产中等投资的电影，而人物设置和故事叙述则尤为注重创新。

① ［美］乔纳森·弗里德曼著，周宪、许钧主编：《文化认同与全球性过程》，49页，北京，商务印书馆，2004。

根据以上数据分析，不难看出，我国影视剧作品想要在短时间内赢得海外市场实属不易。东、西方文化的差异和各自不同的影视剧制作模式都给华语剧走向海外市场带来了屏障。反观印度、伊朗等国，从地缘经济上看，其都不属于强国，也就是说从客观条件上看，这样地区的文化很难形成强势文化。但是，这些国家的影视剧作品在国际上的影响力大大超过我国。问题的关键在于，无论是印度电影还是伊朗电影都能在故事表达和人性表现上下功夫，能一直坚守艺术的审美追求。

我国的影视剧亟待提升内容制作的审美水准，一方面，解决影视创作原创力匮乏的现状，这需要培养青年影视人才力量，以国际化视野进行影视剧创作；另一方面，我国影视产业也可利用现有影视资源，以版权合作的方式走进海外市场。这种模式在全球都有不少成功案例，如 HBO 的《人生苦短》是根据英国同名电视剧改编的，而美剧《无耻之徒》《我欲为人》等也都是根据同名英剧翻拍的。再有，获得艾美奖的美剧《国土安全》，也是购买了以色列电视剧《战俘》的版权。故事永远是影视剧的关键，而人性视角的独特表达则决定了一部作品的成败。

未来的影视剧制作中，我们还可以探索与其他亚洲国家的合作，共同打造具有“东方想象力”的电视剧，以“亚洲品格”的文化价值在全球市场上有所突破。比如，2010 年的中、日合拍电视剧《苍穹之昴》，作为首次打入日本主流媒体黄金档的影视作品，成为 NHK 卫星高清频道开年大戏，收视率击败了 NHK 由日本著名演员福山雅治和广末凉子主演的日本历史剧《龙马传》。

艺术是一种有意味的形式，对影视意象的选择与表现不应止于对文化符号本身的浅尝辄止。国产影视剧对文化意象的表现不应只停留在对民族传统共识性意象的简单表现，更要偏重于对人物与人性的经典呈现和故事叙事方式的创新。有个性、有价值、有审美的影视艺术是值得世界各国观众尊重的。

二、合作共赢　资本出海——探寻影视剧海外营销策略

国产影视剧出海不易并不等于影视无法分享国际市场份额。一些制作机构借助资本收购并购海外影视企业，通过与海外的资金合作，提升中国资本在全球影视业的影响力。

比如，2016年，华人文化入股美国好莱坞的想象娱乐(Imagine Entertainment)。想象娱乐是美国有名的影视制作公司，制作了《美丽心灵》《8英里》《阿波罗13号》《美国黑帮》《达·芬奇密码》《24小时》《24小时：再活一天》《大话王》《烈火雄心》《为人父母》《嘻哈帝国》等影视作品，其中共获60余项影视大奖，包括10次奥斯卡金像奖和40次艾美奖。两位创始人朗·霍华德和布莱恩·葛瑞泽均为好莱坞知名制作人、编剧、导演。

“中国资本”的现象不仅存在于北美影视市场，同时，在韩国，中国资本也占有一席之地。比如，早在2014年，正在IPO阶段的NEW接受了华策影视的入股，华策影视全资孙公司华策香港投资有限公司以3.14亿元人民币获得NEW 13.03%的股权，成为NEW第二大股东。NEW已于2014年12月在韩国KOSDAQ挂牌上市，截至2015年半年报，股票账面价值2.86亿元人民币，亏损2700万元。2015年，华策影视又与NEW合资成立了华策合新文化传播(天津)有限公司，合资公司注册资本4000万元人民币，华策影视出资2000万元人民币，持有其50%的股权，双方共同进行电影、电视剧项目的开发。所以，NEW占股份的韩剧《太阳的后裔》背后最大的资本赢家是华策。

海外资本的合作加快了中国影视业的出海速度，但是，不容置疑的是影视产品国际化营销的根本还在于将中国本土制作的影视产品推广到全球市场，进而以民族化的精神和情怀赢得海外受众的喜欢，这对于塑造我国影视的文化自信与传播影响力至关重要。

国产影视剧的海外营销除了共享国际影视节展的公共平台和加大国家营销的力度以外，还应搭建从影视产业制作初端到末端的资源整合平台，由银行等金融机构提供必要的资金扶持与监管，鼓励整合影视业优质资源，以期实现抱团出海。

同时，文化认同感的提高还有赖于网络社交媒体等平台的病毒传播，整合中国乃至东南亚影视欠发达地区的影视资源，利用多平台、多网络、多媒体提升华语文化的海外自信，培养固定的海外受众，逐渐形成华语剧的文化影响力。

文化产品是极为特殊的消费产品，它的价值不会随着消费次数的增多而递减，反之，则会随着消费群的增多而递增。当消费达到一定积累的时候，文化产品的价值也就由此而生了，文化产品的品牌也就随之确立了。国产影视剧尚需培养海外消费群，一旦华语剧如同美剧一样，拥有了固定的消费者以后，则就会形成文化依赖与认同，形成“各美其美，美人之美，美美与共，天下大同”①的影视市场格局。

三、专业精神 职业意识——提升影视人才培养的核心竞争力

影视产业的发展离不开人才，培养具有国际视野的影视产业人才是促进华语剧走向全球的重要因素。影视文化的影响力也记录着一个民族历史生活、现实境遇被认同的进程，塑造文化软实力的关键就在于对文化人才的培养。

影视产业归根结底是人才的竞争，建立合理科学的人才培养机制尤为必要。这不仅涉及培养影视创作人才，还包括培养经营管理人才。只有具备了专业的影视剧创作人才，影视剧产品的品质才能更进一步；也只有具备了具有跨文化视野的影视产业经营管理类人才，华语剧才更有机会走出海外。影视剧人才的培养不能仅仅依靠

---

① 费孝通：《从反思到文化自觉与交流》，载《读书》，1998(11)。

高校或科研院所，像电视台、视频网站、制作机构也应该加入其中，为人才的培养提供必不可少的专业指导与职业意识培养。

文化自信是一个民族文化不断生长的动力，接受文化差异，找寻文化认同，在文化安全的范畴内塑造影视剧海外传播的影响力是一个艰苦而漫长的工程，绝不可能一蹴而就。影视剧作为特殊的文化产品，有着独特的文化价值与传播价值，这就使影视剧的“出海”不仅承载着资本的趋利性，同时，也承载着文化上的使命感。

（作者系中国传媒大学副教授、博士、硕士生导师）

出海借船到借船出海——从《我们诞生在中国》看中美合拍新趋势

李雅琪

据中国电影合作制片公司统计，2016 年，获准立项的合拍故事片达 89 部，较上年的 80 部增加 9 部，为历年合拍片立项数量的新高。合拍片是指两个或多个国家（地区）的制作单位共同合作拍摄的影片，发行时通常有两个或多个语言的版本。根据《中外合作摄制电影片管理规定》，合拍模式分为三种：第一是“联合摄制”，即由中外双方共同投资（含资金、劳务或实物）、共同摄制、共同分享利益及共同承担风险的摄制形式；第二是“协作摄制”，即外方出资，在中国境内拍摄，中方有偿提供设备、器材、场地、劳务等予以协助的摄制形式；第三是“委托摄制”，即外方委托中方在中国境内代为摄制的摄制形式。在这三种模式中，只有“联合摄制”的版权归中方，并且享受国产片待遇，其他两种的版权不仅归外方，而且如果想在中国上映，会按进口片处理。

好莱坞巨制《我们诞生在中国》在制作上为我们做了“联合摄制”的典范，从一些角度解答了“如何用世界的方式讲述中国故事”的问题。《我们诞生在中国》是由中国陆川导演团队和美国迪士尼合作拍摄的一部跨国合拍片，是中国首部自然动物电影，它用国际化方式向世界展现了神秘东方丰富的自然资源和特有的神奇动物。从合拍片的角度看，该片从影片讲述、团队运作、文化传播都为中国电影的海外传播路径提供了一些思路。

一、爱和生命的东方哲学表达

“在中国这片壮丽的土地上诞生了无数生灵，它们在这里出生，它们在这里成长，它们在这里爱与被爱，它们在这里生生不息，完成自然的轮回。”这是2016年8月上映的动物电影《我们诞生在中国》中的一句台词，这部以诞生在中国的大熊猫、金丝猴、雪豹等动物为主角的电影独树一帜地用中国动物向世界讲述了中国故事。

影片讲述了三个家庭故事：四川竹林深处的大熊猫丫丫、美美母女，他们之间温馨的母女情谊、相聚和离别都充满感人的笑与泪；隐居于雪域高原的神秘生灵雪豹达娃一家，逆境求生、充满艰辛；在神农架密林中攀缘逗趣的金丝猴淘淘，因为家中“二胎”出现而被忽视，选择了流浪之后又回归到家庭。此外，藏羚羊、丹顶鹤等野生动物，这些生长于中国山川河流的动物，一起讲述了一个关于生命的故事，它们之间的悲欢离合、生老病死，也体现出中国人生命信仰的“生生不息”与“生命轮回”，让观众感受到自然界和动物界中存在的东方生命哲学。导演为每种动物找到一个主题，确定一条固定的故事发展线索。比如金丝猴淘淘的故事，最终被演绎成一个叛逆、独立、回归的青春成长过程，它的成长跟当下“二胎”家庭的状况是可以产生共鸣的。大熊猫母女中人为解读的因素会更强烈一些，影片中大熊猫在幼年时期执着于爬树，不停失败又不停挑战，母亲一直在旁关注。在动物界，母亲对子女的爱究竟有多强烈，不一定能以人类的感情来揣度。但是，通过故事性的讲述，观众可以从中发现一些与我们人类息息相通的情感，这就是东方哲学中家庭关系的体现。

究竟该如何讲好中国故事呢？在刚开始接手迪士尼的这次合作时，导演陆川就确定一定要拍故事片，而不是单纯的纪录片，在拍摄过程中，其实也没有具体的故事框架出现，甚至摄影师也不知道自己拍摄的故事是什么。但当进入最后剪辑阶段，以生命轮回和自然力量为主旨的三个故事浮出水面，制片人菲尔·查普曼说：“这些动物，它们中的绝大部分只有在中国才能被拍到。我从来没有经历过如此极端的拍摄，捕捉到现在这样水准的镜头真的非常难，特别是一些人们以前从来没见过的动物的镜头，我们当初甚至都不确定我们是否可以做到。但是当我们观看并编辑所有拍摄到的画面素材时，这些戏剧化的感人故事就开始出现了。”中方制作团队认为如果只是用中国观众习惯和熟悉的方式讲独特的中国故事，在进行全球传播时，就需要加入大量背景解释，因为在不同文化背景下成长的观众对相对陌生的中国故事的解读需要大量的背景信息，但中国的野生动物之美、自然山川之美，既是专属于中国的，外国观众在观赏时也可以得到直观感受，没有接受障碍，这就是所谓的世界语言。选择自然和动物为故事主题，讲述爱和生命的永恒主题，是迪士尼和陆川团队达成的共识，给电影国际化传播创作提供了一种思考。

二、专业团队的“国际化”运作

这部影片由迪士尼影业、SMG 尚世影业和北京环球艺动影业联合制作，其背后是一个强大的跨国团队阵容：BBC 拍摄野生动物的金牌摄影师前来助阵，执导过《寻枪》《可可西里》等电影的中国导演陆川，迪士尼影业《超能陆战队》《魔发奇缘》的制作人、奥斯卡金像奖得主罗伊·康利，在英国拍摄野生动物电影 20 余年的重量级制片人布莱恩·雷斯和菲尔·查普曼，都参与到电影的制作中来。陆川形容这个来自中、美、英、法的国际团队为“所有人都在一条密闭的路上做一件事”，他在接受采访时说道，为什么美国电影工业中迪士尼是佼佼者，它的老板、每一个层级的艺术生产管理者从来没有说要输出文化，他们就研究故事，信仰电影本身。这是一种惊人的合力，换句话说，就是所有专业的人一起组建起专业的电影团队，在这个团队中进行国际化运作。《我们诞生在中国》讲述的是中国大地上的动物们的故事，但它同时又是一个由行业范围内世界顶级水平的电影人共同讲述的“中国故事”。

《我们诞生在中国》集结了多国顶级电影工作者和野生动物专家，2014 年起，他们从东北到江南，自巴蜀至西藏，深入中国卧龙、佛坪、周至、神农架、可可西里、羌塘、三江源、扎龙、向海、盐城等多个自然保护区。摄制团队兵分五路，深入雪豹、大熊猫、金丝猴、藏羚羊和丹顶鹤的栖息地，不投喂，不干涉、引导动物，不改变更不破坏自然环境，镜头记录下来的是动物们真实的生存状态，雪豹的矫健敏捷、大熊猫的憨态可掬、金丝猴的活泼灵动在观众面前纤毫毕现，一年四季中大自然的变化构成一道亮丽的风景，让人一次次感叹其瑰丽神奇。这部不到 80 分钟的电影，拍摄的素材多达 3 万多个镜头。

陆川对这次合作的摄影师团队给予了高度评价，说“BBC 优秀摄影师团队的职业精神令人感动”。美国摄影师谢恩·摩尔是野外摄影领域的高手，他拍下了雪豹达娃的故事。摩尔为迪士尼自然、美国国家地理频道、BBC 和探索频道拍过许多难以捉摸的食肉动物，比如美洲狮、狼。但是他说：“我拍野生动物超过 30 年，还从没有见过雪豹。但我相信，不管在哪儿，野外生活一定有共通之处。”开拍前，他对拍到雪豹信心十足，但很快他就发现自己过于乐观。摩尔团队从北京出发，驾车 8 天到达雪豹密集分布的三江源自然保护区。为了找到雪豹，他们还找来了一位熟悉当地自然环境的僧人帮忙。30 天过去了，他每天蹲守 16 小时以上，仍然一无所获。直到熊猫与金丝猴的故事杀青，前方才传来找到雪豹的消息。从电影中第一次抓镜头的小雪豹开始，摄影师团队慢慢拍摄到更多的素材，逐步找到了雪豹的故事线索。动物电影的拍摄过程充满了偶然，以至于创作团队观看最后成片时，都感觉意料之外。拍摄每一种动物有不同的难处，比如金丝猴的拍摄，因为它们不停地移动，摄影师的拍摄角度大多是逆光或侧逆光，拍出来的毛发都是闪亮的，这就意味着摄影师一定要去找时间、找角度拍摄，而不是固定好机位去观察，其中充满了难以想象的困难。

这次中外合作也为中国电影人提供了学习优秀电影制作和管理的机会。导演陆川在和迪士尼高管合作时，发现这个项目对他个人未来的电影生涯和对其电影公司的运营都产生了极大的影响。陆川要求其电影公司所有高管全部进入这个项目参与项目管理，来学习怎么跟国外同行合作、怎么进行国际化配合，而这些宝贵的经验立马运用到了陆川新片《九层妖塔》的制作中。为了讲好中国故事，运用国外的一线摄影师、英国作曲家、美国迪士尼混音师，加上中方音乐编辑，开启了完全国际化的合作模式，中国电影人与其他国家优秀电影人进行无缝对接，这样的国际合作经验也为陆川的电影制作打开了一条思路。

三、“借船出海”：传播中国文化的一种尝试

在探讨陆川团队和迪士尼自然(Disney nature)的合作可能性时，制作团队预期在共同拍摄纪录片的过程中融入中国元素。在迪士尼方面的专家看来，中国是一个带有神秘色彩的美丽国度，尚有太多精彩的故事没有被全世界所知，而动物形象与迪士尼乐园、迪士尼的整体形象都非常相符。电影的中方制作团队也认为，自然山川和动物是一种世界语言，也是最容易被全世界接受的中国元素。迪士尼影业总裁艾伦·伯格曼表示：“大多数人可能都没有机会去亲自探索中国最原始最神秘最美丽的这一面，迪士尼自然的《我们诞生在中国》将带领观众去中国最偏远最壮美的地方，亲眼见证这些极具吸引力的动物们。”

用世界通行的语言符号体系拍摄电影。《我们诞生在中国》在国

内放映时曾引起很多讨论，如何称呼这部电影，纪录片？自然电影？动物电影？曾引发很多讨论。但是，一旦我们把这部电影放到全世界的语境中，这样的困惑就会被淡化。在西方的电影类型中，Discovery、BBC 等自然类纪录片就是以故事的方式呈现的，以深层的故事架构自然和动物等镜头语言，目的是为了让观众用更轻松的方式观赏和接受影片，以达到预期效果。自然和动物既是中国元素又是世界话语体系，让世界观众都可以顺利接受所讲述的中国故事，这是中方制作人选择用迪士尼拍摄方式来拍摄这部电影的原因之一。中国的文化元素与大熊猫、金丝猴、丹顶鹤等动物的故事和形象十分默契地融合在一起，不生硬，不造作，润物细无声。

这种迪士尼的拍摄方式得到了中西方观众的接受。2016 年是迪士尼动画在国际电影市场上大获全胜的一年，究其原因，我们可以发现迪士尼作品中面对苦难的态度成为“合家欢”影片成功的关键。对于故事如何起承转合、如何控制节奏、如何抒情才能打动人心、抒情度的把握、旁白解说的阐释程度等，迪士尼方面都有着丰富的经验，也取得了巨大的成功。这些被运用于《我们诞生在中国》一片中，这种带着西方经验的拍摄经验在中国市场上是否会取得同样效果？在电影获得 6600 万元人民币票房之后，我们发现，中国观众也同样认可迪士尼在西方获得成功的叙事经验。

2016 年是迪士尼乐园在中国开园的第 1 年，所以《我们诞生在中国》在中国提前上映。之后，这部电影已经被翻译成其他 16 种语言，通过迪士尼的渠道在全世界发行，相信这部影片也一定会把我们的文化传输到全世界。这不仅向世界展示了中国富有魅力的自然瑰宝与源远流长的民族文化，更是中国电影实现“走出去”目标的重要一步。

作为一部纪录电影，6600 多万元人民币票房算是不错的成绩，但是，和这个票房数据相比，整个影片制作的过程，相对成功的经验在于国际化团队的组建及用国际化的方式来拍电影，影片国际化路径的成功得益于好莱坞成熟制作体系对影片生产的作用，能够使此项目相关的所有人专注于讲更好的故事。从未来国际化发展路径上讲，《我们诞生在中国》对中国电影产业，尤其是合拍片市场的启示远大于电影本身的影响力，究竟何为“国际化”道路？笔者认为，就是打破局限，没有“国际化”限制，本着对电影的热爱去做电影。

（作者系北京师范大学艺术与传媒学院博士生）

中国电影在北美的接受：艺术、市场与合拍片——访哥伦比亚大学 Jane Gaines 教授

Jane Gaines　李雅琪

【人物介绍】

Jane Gaines：哥伦比亚大学电影学教授，从事早期电影研究、女性主义研究及文化研究。著有《有争议的文化：形象、声音和制度》《火与欲望：无声时代的混合电影》，两本书均获得美国电影与媒介研究学会 Katherine Singer Kovacs 奖；《历史虚幻：女性电影先锋》及"女性电影先锋数字档案"工作获得美国电影艺术与科学学院奖。

李：让我们从您最初接触中国电影谈起吧。您是从什么开始接触中国电影的？

Gaines：我最开始接触张艺谋导演是从倪震著作《北京电影学院故事——第五代电影前史》(*Memoirs from the Beijing Film Academy: The Genesis of China's Fifth Generation*，作者倪震，Chris Berry 翻译，杜克大学出版社，2003 年)，那时我在课堂上教授《红高粱》(1987 年，1988 年获得德国柏林电影节金熊奖)，我对他具有争议性的创作背景和过程非常感兴趣，他在作品中抨击

了政府，同时看起来又好像支持中国政府，我对这其中复杂的处理方式及他的创作历程非常感兴趣。我连续十年在课堂上讲《红高粱》，美国学生们都很喜欢这部电影，而且理解电影中的视觉化表达，这部电影把他们带入中国奇妙的历史文化中，美国学生无法抗拒奇妙文化背后的强大吸引力，所以我认为张艺谋的作品激发了美国观众对中国的兴趣，使海外受众看到了1989年之前看不到的中国。换句话说，中国与外界隔绝使一些美国人产生了探索的渴望，而张艺谋打开了这扇门。

李：您对张艺谋作品甚至中国电影印象如何？

Gaines：我非常喜欢《我的父亲母亲》(1999)，我在教学中也总是提到电影中母亲跑过一个个山坡追赶父亲的场景。从情景剧研究的角度看，观众属于全知视角，看到两个人越来越远，知道这样的追赶是无用的，但片中人物不知道，女主角从远处跑向摄像机，摄像机并没有跟踪拍摄，而是选择了冷静观察、平行拍摄，远远地、静静地看着发生的一切，镜头就这样跟随着她，看她摔倒、打破了碗，跑得气喘吁吁却没有追上，此时中国传统的悲伤的音乐响起，这是一个强有力的、感人的时刻。在这部表达纯洁爱情的影片中还呈现了美丽的风景，片中的风景很像我曾经居住的北卡罗来纳。我也很喜欢《满城尽带黄金甲》，有人会觉得这部片子太过奇怪，但对我而言这部电影极具中国历史元素，因为我曾经读过女皇传记，这部影片把我带回到那段历史，可以说重构了历史。此外，影片用大量的人和精心布置的壮观场面营造了皇宫的意象，营造出神秘、肃杀的氛围，这是一个隐藏着家族秘密，充满了敌意和阴谋的场域，对我来说这部电影是一场关于王位和宫殿阴谋的视觉盛宴。对于《归来》，我也听到很多批评的声音，因为很多人不了解中国“文化大革命”这段历史，不明白这期间知识分子的特殊境遇，所以不理解父亲被驱赶走的原因，对于美国观众而言也不会理解女孩背叛自己的父亲使之被送走的这份悲哀。女儿为了自己的前途阻止了父母的相见，因此在等待父亲归来时变得更加痛苦，这样的对比形成了完美的悖论。在等待的场景中，雪景运用的非常到位，很好地营造了氛围。在《大红灯笼高高挂》中也出现过雪景，我从来没有见过这么美的中国雪景，像是一幅摄影作品，使观众对中国美丽的雪景产生了难以置信的渴望。张艺谋在《大红灯笼高高挂》中用声音烘托了雪景，我给你看两张中国关于雪景的明信片，这里的雪有一些沉默、死亡的意味，张艺谋用雪烘托静寂的氛围，然后影片戛然而止、令人回味无穷。

李：可以说张艺谋是具有突出影像风格的电影作者吗?

Gaines：我是个不支持“作者理论”的批评家、理论家，因为我认为电影是一部工业作品，比如《归来》的摄影师非常重要、《红高粱》的原著是影片成功的基础，我把电影制作看作是多种贡献的组合。从画画、文学作品、诗歌中评价个体艺术家的价值是非常理想主义，也很西方的，我不知道它是否完全适用于中国，但是很难把一部电影归功于一个人。张艺谋只是电影制作中一个重要环节，可以把导演看作是读解作品的一种方式。从他的电影中可以了解这个导演，我们尽量不去看传记，从 1987 年至今的作品中我们可以看到其创作和风格的变迁。

李：从艺术片到商业片，您认为他的作品成功吗？您是怎么判断一部作品成功与否的?

Gaines：我并不认为票房就意味着成功，虽然从大众传播的角度来说，口碑和人际传播非常重要。但作为一个批判理论家，我从不说一部电影是否成功，而是看它是否是引人注目的，是否有一个较高的水准，是否将观众吸引到一个象征的世界中去，是否进入了电影营造的另一个故事空间，观影后能给观众留下什么样的体验?对观众来说最难得的体验，是观影结束后还徘徊在电影营造的氛围中，产生一些思考和情感共鸣。

李：您怎么评价《长城》这部商业大片？

Gaines：观众会从剧本、明星、CGI（Computer-generated imagery，电脑三维动画合成）制作的角度评论这部电影，我会谈论这些，但我更关注 CGI 在影片中的比重是多少，如果在影片中错误地运用了 CGI 的比重，那么它将成为一部视频游戏，比如《长城》。影片中 CGI 对塑造怪兽形象贡献很大，因为它是虚构形象，而影片的叙事围绕着怪兽。说起叙事，影片存在一个叙事问题，基于我对悬念的定义，悬念指引着观众跟着影片走，如果叙事不完整或者过多，观众都会觉得不够好。如果在叙事上缺少连续性或者缺少矛盾爆发点，观众会有被欺骗的感觉。所以《长城》存在的一个问题就是爆发点来得太晚了，影片一直在关心国王会不会得救，但是观众并不关心国王，我想这不仅是对美国观众，对中国观众而言也是，片中的国王只是一个恐慌的小男孩。在影片中国王受难出现的太晚了，应该在片头出现，预示国家到了濒临灭绝的境地，再进入叙事。所以影片在悬念制造方面有一些欠缺，救援带来的冲击性不够强。另一个问题是，通常在情景剧中，获救的是女性角色，但在影片中，这是一个有趣的反转，女将军作为拯救者的身份，但是为什么她一开始就是一位拯救者的原因没有交代清晰。我想影片可以更好地运用爱情的浪漫元素，让感情成为救援背后的推手，林将军因为爱情的驱使而要完成救援看起来更为合理。在影片的最后，她说为了攻克饕餮付出了她的一生，我想为了爱情要比为为了救全人类要更有说服力。还有一个问题，怪兽象征着什么，为什么变得越来越强大？现在不管是中国还是美国都越来越关注生态问题，我想如果把饕餮当作是气候问题的象征，更加关注生态的话会不会更好？因为影片中并没有交代饕餮为何产生？有趣的是设定饕餮每六十年会变得更强壮，这其实是一个很好的生态指向，随着环境变化他们像细菌一样变得越来越强大，如果不阻止其蔓延会变得超出我们的控制范围，这些都是剧本创作过程中的背景交代问题。

李：除了叙事问题，您觉得人物形象上是否合理？

Gaines：人们总是说好的角色需要一个好的故事，影片的故事没有很好。关于角色，马特·达蒙这个角色是硬汉形象，面对伙伴的不忠及危险的表现不错，在他背后是什么原因驱使他去拯救一个我们不懂的文化？为什么必须是林将军拯救了一切呢？她并没有真正做到这一点，更有趣的是她为什么说英语？对于美国观众来讲有助于理解，这也许是为了迎合跨文化观众所做的工作。但是，Thomas Elsaesser 提出一个理论，较为成功的国际影片，像是《阿凡达》，有多种文化解读的可能，不需要去刻意解释，这正是文化的神秘之处。我想张艺谋在影片中让景甜说英语、运用好莱坞明星马特·达蒙(Matt Damon)都是为了国际化目标。我认为这部片子可以不用马特·达蒙，只要是一个有吸引力的英雄就可以，景甜的人物形象需要更加立体，她必须有情感来解释为什么她爱上了他，为什么一直在训练对付饕餮的本领。此外，影片中没有看到食物、没有工人、农民、厨师等角色，只有士兵，人物形象过于单调。

李：对于如何让海外观众接受中国电影，张艺谋也做出了很多探索。搜索 Box Office Mojo 网站，近些年来外语片票房第一名依然是《卧虎藏龙》，第三名仍然是《英雄》，您认为武侠片在北美为什么成功？

Gaines：关于武侠片，美国观众都知道李小龙。美国观众喜欢看《卧虎藏龙》和《英雄》中优雅的打斗场面，美国类型电影中有很多类似场面，尤其是男性打斗，我们称之为男性情景剧，我想这是北美观众为什么喜欢武侠片的原因之一。此外，从日本的《七武士》开始，很多类型电影中都有武术元素，你会发现武侠片一直在更新，也变得越来越神奇有趣，所以创新在我看来并不是一件很难的事情。

我想说的是武侠类型片只是在已有的基础上针对受众做了一点文化上的转变，比如《英雄》中成功地运用慢镜头、CGI 技术表现“剑切雨滴”，所以在已有的基础上创新是一个很好的发展方式。

李：从“借船出海”到“出海借船”，近几年随着经济文化的深入交流，中美合拍片也发生了很大的变化，您如何看待中美合拍片。

Gaines：我想说，因为这里是资本主义国家，合拍片意味着拓宽资本市场。中国在中美合拍片中是可以收回资本的，英国的第四频道①就是通过票房收回成本的，但是它是公共电视台，能制作很多特别的节目来保证从业界获得收益。现在在美国，如果我们能把商业大片的票房收益投入到支持优秀电影创作上去，将会是很好的良性循环。但是很难，因为美国很害怕社会主义，他们认为政府参与了一切，医疗、垃圾回收、学校教育等各个方面。我想如果中国可以投入更多的资金在电影行业的未来，比如培养年轻的电影导演、更好的编剧和制片人，这将是最有意义的事情。如果《长城》算是成功的中美合拍片的话，那只能说美国的大片越来越糟糕以至于无药可救了。大众文化需要迎合的是更多人的想法，因为更多的人会去看一个适用范围更广的商业大片，不要为了赚钱而赚钱，也不要增加过多的文化隔阂，比如关于中国内战的影片，这是中国人的历史，美国人不会了解也不关心，虽然看起来很吸引人，但是票房一定不会很好。

李：那您认为什么是比较好的中美合拍片？

Gaines：我觉得较为成功的合拍片导演是吴宇森。吴宇森在美国拍的《变脸》就很成功，中国香港和美国合作拍电影，把美国动作片中好的地方学习到，之后做出了很好的影片，这就是好的合拍片，不失香港元素。我想很多人都忘记了香港电影鼎盛时期的样子了，在 20 世纪八九十年代，在电影节或者音像店会看到很多包括吴宇森作品在内的香港动作片，其在美国的流行程度要比你想象得高。相比较而言，加拿大并没有非常迎合大众文化的作品，他们都把演员送到美国，我想是因为加拿大受众本来就少，需要依靠美国，所以加拿大电影市场并不适合投资。而且不应该把加拿大和美国混在一

① 第四频道是英国公共服务电视台，于 1982 年 2 月开始播出。

起说，我们虽然很多年前是一样的，但是后来美国通过革命建立，加拿大没有通过革命，我们的历史是不一样的，我们的语言也是不一样的，他们是双重语言，大多数人说英语，蒙特利尔地区说法语。

美国在合拍片中想要什么？我想应该是观众，尤其是20岁以下的观众，有位香港学者说中国应该适当放开对年轻人的一些限制，让他们看到更多的世界优秀作品。虽然中国的电影院数量在不断增加，但是美国好莱坞更想要观影人群的扩大，而不是赚钱，在中国可能会以为好莱坞以票房来衡量成败，打入中国市场是为了赚钱，但实际上不是，他们期待在中国获得更多的观众，他们想知道中国观众想要什么，美国观众想要什么，这就是为什么好莱坞的影片在美国和中国都能取得成功的原因。但是选择《长城》是好莱坞犯下的错误。

（与谈者系北京师范大学博士生）

第三编

国际化与中国艺术国际影响力

一个天高地阔的文艺大题材

向云驹

自从习近平总书记向世界发出共建“一带一路”的倡议以来，一条伟大的历史道路被现实的实践激活了。古老的丝绸之路留给人们的美好印象和想象，重新唤起了人们对美好未来的憧憬。“一带一路”作为一种国际合作的纽带，得到沿线、沿海众多国家的支持和参与，基础设施建设在亚洲基础设施投资银行（以下简称“亚投行”）的拉动下开启了广阔的合作天地；“一带一路”作为一种文明互惠互利互鉴的推进器，在共建人类命运共同体的理念中重建文明交往交流新共识，促进着人类发展与和平；“一带一路”作为人类交通、畅通、联通、沟通、融通、心通的大平台、大通道、大情怀，从经济繁荣着力，从互补互利努力，从互通互鉴发力，从情洽心通导力，使各国之间经济联系更加紧密，政治互信更加深入，人文交流更加广泛，文明互鉴更加有效，人民友好更加知心。这是一个新时代的美好愿景和伟大实践，是古老的中华文明向世界奉献的崭新的文明绸缎和和平纽带。

无论是陆上丝绸之路还是海上丝绸之路，自古以来东来西往的丝绸之路就是一条文化之路、文艺之路、文明之路。今天的“一带一路”不仅需要文艺参与其事，在中国人民与世界人民和睦相处和民心相通中发挥情感纽带的作用，而且需要文艺走在“一带一路”的时代前沿，在往来中先行，在相识中相知，在贸易中交心，甚至为新的时代和新的历史留下文明的丰碑和文艺的杰作。“一带一路”倡议实施的历史进程是一个伟大时代铺开触角和展开视角的过程，无数的历史细节、事件、人物、故事、情节、波澜、悲欢将出现和活跃在历史舞台上。这是一个创造历史史诗的时代，也是一个需要文艺史诗的时代。文艺要在这一历史进程中，歌颂劳动、爱情，歌颂和平、创造，歌颂文明、友谊，歌颂生活、理想；文艺要在沟通民心中激发美美与共的胸襟，构建人类命运共同体的情感共鸣，弘扬天下大同的社会理想，传播和平、进步、文明、平等、友爱的人类追求。饱含着丰富深刻博大的人类命运共同体的崇高情怀，是中国文艺走向世界、走向经典、走向史诗、走向不朽的重要途径。

“一带一路”的伟大倡议来自古老而悠久的丝绸之路历史及其伟大的文化传统和光辉的文明成就。几千年的丝绸之路文明史是当代中国文艺取之不尽的创作宝藏。伟大的丝绸之路把东方和西方连接在一起，也把埃及文明、希腊文明、两河文明、印度文明、中国文明紧紧地也是久久地联系在一起。这是人类最早的国际化实践和成果，促进了人类文明的交汇和彼此的发现、互惠、借鉴。这条人类互相往来的道路，曾经是丝绸之路，也是玉石之路、香料之路、陶瓷之路、茶叶之路；是伟大的历史不断接力的道路，也是时间最悠久、历史最漫长、空间最广阔的道路。人类从古老的丝绸之路走出封闭，走出困境，走出无知，他们跨越最不可逾越的鸿沟，翻过最险峻的高山，穿过最空旷的沙漠和海洋，走向好奇，走向未知，走向丰富，走向未来。在这条历史大道上，丝绸、茶叶、陶瓷、药物、香料、珊瑚、琥珀、葡萄、石榴、金桃、芝麻、西瓜、纸张、棉花、乐器、玻璃等，纷至沓来；使节、军人、商贾、诗人、匠人、学者、游医、僧侣、传教士、旅人等，你来我往。它是商旅之路，也是外交之路、传教之路、漫游之路、迁徙之路、军旅之路、礼仪之路。佛教、道教、摩尼教、景教、祆教、伊斯兰教、天主教在历史长河中川流不息，乌孙、大月氏、塞人、匈奴、突厥、安息、大食、波斯、罗马、鞑靼，此消彼长，夸父、穆天子、甘英、张骞、法显、玄奘、杜环、郑和、伽叶摩腾、竺法兰、鸠摩罗什、马可·波罗、伊本·白图泰、利玛窦、卫匡国等名垂青史。

根据马可·波罗游记所述中国地理，西方地理学家于1357年绘制出中世纪最有价值的地图，打破了天圆地方的宗教地理观，呼应了哥白尼的日心说。16世纪时，利玛窦向中国人呈现了完整的世界地图，打破了中国是世界中心的幻想，震惊朝野。17世纪时，来华传教士卫匡国返回欧洲出版了《中国上古史》，确认中国有文字记载的历史比《圣经》记述诺亚洪水发生的时间还早600年。这使整个欧洲陷入窘迫，并因此埋下了启蒙思想家历史批判的思想火种。南海一号沉船的出水掀开了海上丝绸之路巨大秘密的一角，黑石号、哥德堡号、中国皇后号、耆英号，无不惊险传奇。"中国太极和印度瑜伽、中国中医和印度阿育吠陀有惊人的相似之处。"德国戏剧家布莱希特观看了梅兰芳的《打渔杀家》后深受启迪，创立了享誉世界的间离戏剧理论。这里曾经风云际会，曾经众神云集，曾经万邦来朝、万国汇聚，曾经万马奔腾、万船竞发，曾经集市喧嚣、城市繁华，曾经金戈铁马，也曾经歌舞升平。历史留给我们无数故事、无数光荣、无数痛楚、无尽思索。丝绸之路最伟大的历史精神和思想智慧是：一个民族必须永葆开放的精神胸襟，必须具有善良的品德和伟大的创造能力，必须在和平中发展、用发展促进和平，必须保持好奇、学习的品格，必须具有坚韧不拔的精神毅力。

历史的辉煌令人骄傲自豪，历史的教训令人警醒自励。这里有多少惊心动魄的历史事件是文艺的宝贵题材、素材，有多少风云人物是文艺典型人物的生动原型。一条从古至今的丝绸之路历史，就是一部中国几千年的文明史，也是一部文明发生、发展的世界史和全球史。欧洲曾经对中国充满了浪漫的想象又有过残酷的掠夺，中国曾经对世界开放又封闭到一无所知，阿拉伯曾经打通东方和西方，也曾经有意阻断双方的来往。历史在各种版图里曾经分分合合，文化曾经在点、线、面、圈、层的不同范围变迁，国际化在不同时代曲折推进和不断深化。这些都是丝绸之路历史向我们当代文艺创作发出的书写的邀请和智慧的挑战。

假如说古代丝绸之路第一次奠定和实现了欧亚大陆的“国际化”，并以它黄金时代般的传奇诱导引发了哥伦布的追寻，开启和实现了航海时代地理大发现的“国际化”；那么，以古老丝绸之路精神为导向的“一带一路”倡议，就必将再一次推进和完善一个有陆路交通、海洋航行、航空航天、网络数字的崭新的“国际化”时代。“一带一路”伟大倡议就是在这样的历史时间和时代空间里拉开实践的帷幕，一场伟大的历史话剧已经登台上演。中国文艺，展开你的思想、想象、才情、艺术的翅膀，打开历史的记忆和现实的感性，书写中华文明对世界历史产生的深刻影响和不朽贡献，书写中外文化使者的行迹和丝绸之路所昭示的文明交流规律和崇高境界，书写中外文化交流中的借鉴、模仿、移植、比较、传播，揭示丝绸之路的精神高度和民心相通的文化广度，书写当代“一带一路”的全面创造创新和文明交流的新篇章，为这个伟大历史的史诗和当代的史诗性创造，创作出伟大的文艺史诗吧！

（作者系中国文学艺术基金会副理事长兼秘书长、中国文艺评论家协会副主席）

活态宫廷演剧——面向国际的中国文化名片

池　浚

我从习近平主席夫妇与特朗普总统夫妇在故宫畅音阁听戏谈起。2017 年 11 月 8 日下午，在秋日和煦的阳光中，紫禁城迎来了尊贵的客人。国家主席习近平和夫人彭丽媛在故宫迎接来华进行国事访问的美国总统特朗普和夫人梅拉尼娅。他们所到的这几个地方都是我们最熟悉的地方——在我们故宫博物院博士后工作站所在地宝蕴楼茶叙，又在我们宫廷戏曲的代表性场所畅音阁大戏楼欣赏京剧表演，还参观了我们故宫研究院研究室隔壁的故宫文物医院。

特朗普总统携夫人首次访华刚下飞机，习近平主席夫妇就在故宫畅音阁招待特朗普夫妇听戏。两国元首夫妇共同观看了彰显民族文化代代传承、生生不息的少儿戏曲《梨园春苗》；武打热闹精彩、孙悟空形象家喻户晓的《美猴王》；扮相华贵、唱腔身段优美、梅兰芳先生曾在 1930 年访美时演出过《贵妃醉酒》三个精彩的京剧节目。演出结束后，两国元首夫妇同参加演出的演员们合影。这张合影后来一度成了特朗普推特的封面。

两国元首听戏的故宫畅音阁有何玄妙

清宫廷演戏的场所，是民间戏台无法媲美的，其规模、结构都属国之上乘。宫廷花费大量金钱建造诸多三层大戏台，三层大戏台场面之大，上场人数之多，非民间舞台可比。

畅音阁为清宫内廷戏楼，全称故宫宁寿宫畅音阁大戏楼，正是专为重大节庆演戏时所用，演出的多是歌舞升平的吉祥神仙戏。畅音阁位于故宫养心殿东侧，始建于明永乐十八年(1420 年)，今天看到的畅音阁建于乾隆三十七年(1772 年)，嘉庆七年(1802 年)和光绪十七年(1891 年)先后进行过修缮，是紫禁城内最大的一座戏台，也是清代乾隆时期所建保存至今的唯一一座三层大戏台。

戏台上层称“福台”，中层称“禄台”，下层称“寿台”。使用三层台的剧目不多，绝大多数只在寿台上表演，福台和禄台则只在一些宗教和神怪戏中才用。

寿台上面有一层隔板，隔板上叫作仙楼，常常是仙人的通道。从仙楼到寿台，有四座木阶梯，叫作搭垛。寿台天花板上有三个天井，用来施放火彩、升降道具等，上演仙女、神仙下凡的戏目时，用辘轳把幕景和演员从上面送下来，造成从天而降的戏剧效果。寿台台板有五个地井，地井内安装有绞盘，平时用木板盖着，盖板可开合，通后台，实际是地下室。可以根据戏剧的内容，把布景和人物从地下托出台面，造成从地下或水中钻出来的戏剧效果。

凡属于群仙神道添筹锡禧，所谓九九大庆这类宗教内容的戏，是使用三层台以及天井、地井最多的戏。《宝塔庄严》里，福台、禄台、寿台、仙楼、天井、地井都有活动，从井中用铁轮绞起五座宝塔，场景极为壮观。《地涌金莲》井中出五朵大莲花，内坐大佛五尊。《昇平宝筏》的戊第十四出“法侣遭魔堕深堑”。

清代宫廷戏曲外交

中国外交历来有个悠久传统，即向外国使节展现戏曲盛典，使之震撼于中国文化之卓越和中华皇帝之德行。乾隆五十八年(1793年)夏天，英国国王乔治三世的特使马嘎尔尼率领庞大的使团，以为乾隆皇帝祝寿为名，以开拓中国市场为目的进入中国。

乾隆皇帝在热河接见了马嘎尔尼，并在自己83岁生日“万寿节”庆典期间请他在承德避暑山庄清音阁大戏楼看戏。马嘎尔尼在日记中描写他所看到的戏：“先由大地氏出所藏宝物示众，其中有龙、有象、有虎、有鹰、有鸵鸟，均属动物；有橡树、有松树，以及一切奇花异草，均属植物。大地氏夸富未已，海洋氏已尽出其宝藏，除船只、岩石、蛤蚧、珊瑚等常见之物外，有鲸鱼、有海狗、有鳄鱼，以及无数奇形之海怪。均系优伶所扮，举动神情，颇能酷肖。”他其实没看懂戏的内容，认为这是一出关于大地与海洋联姻的戏。可这到底是一出什么戏呢?

这是一出名为《四海昇平》的内廷承应戏，借文昌帝君之口叙说暎咭唎仰慕中华，从海路经历数月，从万里之外赴大清朝贺，因得到圣天子的洪福庇佑，胜利到达。众星神前来越海降伏海妖水怪，肃清海道，于是四海昇平。马嘎尔尼完全没有意识到，这出戏专门为他们改编过，其中传达了许多与他们的访问直接有关的信息。

戏开场便说英吉利来朝贡，路途比越南更遥远：“故有暎咭唎国，仰慕皇仁，专心朝贡。其国较之越裳，远隔数倍。或行数载，难抵中华。此番朝贡，自新正月启舶登程，六月已抵京畿矣。”马嘎尔尼一行确实远渡重洋，于7月24日(阴历六月)到达天津大沽口。马嘎尔尼希望热河的庆典结束后能回到北京，留在中国继续谈判。但戏中借文昌君之口说出：“暎咭唎国贡使等，进表赐宴毕，不日赏赉遣还。”早已在计划中安排他们回到北京后，必须立即离开中国。无论是对于当时的清王朝还是英吉利，1793年这次清英之间最重要的早期交往，都算不上是一次成功的外交。采取闭关政策的清王朝浑然不知，世界早已日新月异，“四海”早已不再“昇平”了。

到了光绪年间，有一次慈禧太后请英国公使听京剧大师谭鑫培的戏。谭鑫培唱了一出《乌盆记》，慈禧问公使听懂了没有，公使说戏词没听明白，但从他悲切苍凉的唱腔中，感觉到“一个幽灵在哭泣”。《乌盆记》中的刘世昌，恰为一个鬼魂在哭诉冤情，跨越语言的障碍而使意味直达异邦人之心，可见戏曲表现力、传播力之一斑。

往事不要再提，数风流人物还看今朝。跨越两百多年的今昔完全没有可比性，这里只是说，中国自古以来就有用戏曲艺术来招待外宾的传统习惯。

近代至今戏曲文化国际传播的历程

在近现代中国传统文化对外传播的进程中，京剧曾扮演了先驱角色。著名南派武生演员张桂轩是最早把京剧传播到国外的艺术家之一。早在1893年(光绪十九年)，20岁的张桂轩应旅日华侨的邀请，随一个皮黄、梆子两下锅的戏班赴日本演出。在日本的长崎、大阪、东京、神户等地演出了3年多。随后他们又辗转到朝鲜汉城，俄国海参崴、伯力、双城子及西伯利亚等地演出，演出剧目主要为神话戏和“八大拿”一类武戏。

民国时期，是中国戏曲跨文化传播的一段蓬勃发展时期。京剧艺术大师梅兰芳虽不是最早把京剧带出国门的人，却是中国向外国传播京剧艺术的先驱之一，也是影响力最大的人。一生曾应邀出访十余次，先后访问过日本、美国、苏联、英国、德国、意大利、埃及、印度、朝鲜等国。走出国门后，传播中国文化的理念逐渐从自发变成了自觉。他把中国戏曲艺术的影响力带到了一个新的高度，京剧以其独特的魅力为中国优秀传统文化在海外开辟了一片崭新的天地。

在梅兰芳向世界传播京剧的同时，程砚秋带着探索京剧改革道路、了解西方戏剧状况的使命，自筹资金考察欧洲，用另一种形式让京剧和世界文化进行交流。从1932年至1933年，历时14个多月，先后途经苏联的莫斯科，法国的巴黎、里昂、尼斯，德国的柏林，瑞士的日内瓦，意大利的米兰、罗马。程砚秋考察的范围极为广泛，大凡编剧、导演、表演、音乐、灯光、舞台美术、艺术教育、剧院管理、剧场建筑等，无不涉及。搜集剧本两千余种，图片五千多张，有关书籍七八百种。大至文艺思潮，小到具体技术，尽在关注范围之内，“对东西方戏剧的化妆术、发音术、动作术、表情术的异同点，做了一个比较的观察”。回国领导“中华戏曲专科学校”摈除科班封建式的教育体制。在法国尼斯召开的国际新教育会议上，以中国代表的身份，作了《中国戏曲与和平运动》的专题发言。此发言全文由世界编译馆排印成册。回国后撰文发表《赴欧考察戏曲音乐报告书》，主张借鉴吸收西方的艺术，提出有关的19个问题，其中对导演、表演、音乐、舞美作了重点阐述。时过70余年，重读该报告仍感到思想超前，所提的问题至今仍须努力解决。

中华人民共和国成立后，京剧依然继续承担着对外传播的重要任务，并取得了卓越的成效。20世纪50年代以后，中国进入了外交繁荣的局面，陆续与以美国和日本为代表的数个国家建立了外交关系，这股“建交之风”也从政治领域吹到了文化领域。特别是中华人民共和国成立后，中国开始派遣京剧团赴世界各地访问演出。1951年，张云溪、张春华等七人参加在德国柏林举办的第三世界青年与学生和平友谊联欢节，演出京剧《三岔口》《武松打虎》《水帘洞》《红桃山》四出武戏，这也是京剧首次以国家名义被派往国外演出。中国京剧院从1955年建院之初梅兰芳、李少春、叶盛兰、杜近芳等率团或随团访问西欧、日本起，一直担负着重要的对外文化交流任务，先后出访50多个国家和地区，足迹遍及五大洲，赢得了良好的国际声誉。

从各院团自1955年至近年来出国交流演出的剧目来看，中国京剧的经典剧目，如《闹天宫》《闹龙宫》《闹地府》《秋江》《小放牛》《拾玉镯》《嫦娥奔月》《天女散花》《春郊试马》《虹桥赠珠》《杨门女将》《白蛇传》《野猪林》《雁荡山》等也都纷纷登上了国际舞台。这一时期，京剧主要是作为文化外交手段，在世界戏剧舞台上大放光彩。

随着对外开放政策的实行，新一代京剧艺术家的足迹开始遍布世界各地。中国京剧院、北京京剧院，上海京剧院等著名京剧团体和一些地方京剧院团也相继加入海外传播的行列。1989 年 3 月 4 日，中国京剧和日本歌舞伎演员同台首演大型神话剧《龙王》，1400 多个座位，座无虚席。近 30 年来，京剧也慢慢从最初外国观众眼中的“非主流”开始进入主流视野中。

进入 21 世纪，京剧“走出去”呈现出一种更自觉、更多渠道的态势。途径主要有以下三种：一是国家公派出访任务，如参加在国外举办的文化年、文化节活动等；二是由中国人民对外友好协会等机构代理与国外演出机构进行合作；三是由剧院直接与境外演出机构洽谈的商业性演出，甚至采取“政府、文化机构、企业、媒体”共同参与的四位一体合作模式。

2010 年 6 月，中国京剧表演艺术家梅葆玖、日本歌舞伎名家坂东玉三郎和日本能乐大师关根祥六领衔的中国上海国际艺术节“世博中日戏剧大师汇演”在上海兰心大戏院举办，剧目包括坂东玉三郎主演的中文版歌舞伎《杨贵妃》，梅葆玖主演的京剧《贵妃醉酒》，关根祥六主演的能乐《杨贵妃》等。歌舞伎、京剧、能乐同台共演《杨贵妃》，以中日合作传统戏剧的形式向世界展现亚洲传统戏剧的独特魅力，从中既可直观中日思维方式及审美习惯的异同，也显现出东方戏剧艺术交流的丰富成果。

2014 年梅兰芳诞辰双甲子——120 周年之际，北京京剧院组织了名为“双甲之约”的巡演活动，沿着梅兰芳的足迹，重走梅兰芳之路，在美国、日本、俄罗斯等国家进行海外巡演，连接起历史与未来之间跨越百年的桥梁，与梅兰芳当年的盛况遥相呼应。

当代宫廷戏曲如何向世界展示中国文化

在现今的“全媒体时代”和日益频繁的跨文化交流中，要讲好“中国故事”。戏曲作为立体的国学，讲述的是中国故事，呈现的是中国美，表达的是中国心，成为中华文化的承载者和传播者，是中国向世界展示的一张文化名片。把戏曲作为一扇门，推开门就能通向中国文化，步入中华文明的殿堂。戏曲的传播已不停留在戏曲艺术本身的文化特色上，而是让更多的外国人通过戏曲了解到中华民族文化的魅力。不少外国友人正是透过对戏曲的认识，读懂中华民族的精神，寻到中国韵味之根，从而爱上中国。

故宫戏曲文物的文化价值先于文献价值，其作为戏曲文化组成部分的价值先于文物个体价值。保存下了“物质”的戏曲文物，并不等于完全传承了“非物质”的戏曲文化。如果我们单单以“物”的眼光看待故宫戏曲文物，就忽略了它们更为主要的价值。就像其他非物质文化遗产项目一样，戏曲这类文化遗产之所以是“非物质”的，就是由于它无法仅仅通过物化的剧本、服装道具等形态保存。所有物化的文献、文物，原本是活态的戏曲演出艺术的有机组成部分，我们要首先还原它们最初的基本属性，才能谈到对它们的本质研究。那些需要在长期的表演实践中逐渐积累起来的“非物质”的手法与心法，才是戏曲魅力的核心内涵。否则，即使有再多的文物存世，也不能算是一种仍然存活的艺术。

习近平总书记强调，要让收藏在博物馆里的文物、陈列在广阔大地上的遗产、书写在古籍里的文字都活起来。在故宫博物院院长单霁翔眼中，故宫的一切都是有故事和生命的，故宫不是沉睡的古老建筑，而是一个鲜活跳动着的生命体。原本就以立体、形象、活态、互动见长的宫廷戏曲演出，是帝后生活的重要组成部分，也是海内外人士非常关心和关注的领域。激活历史生命力，盘活宫廷剧目，恢复活态演出，日本宫廷雅乐、西安仿唐乐舞及北海仿膳的成功已经给出了鲜活的范例。只有这样，才能让文物“活起来”，让文化“走出去”。

故宫博物院单霁翔院长说：“我们将逐步在畅音阁恢复宫廷戏曲剧目演出，让文物真正‘活’起来。”把观众更多的视线引导到舞台上，通过演员穿着和使用各类宫廷式样的戏曲文物复制品，让通常陈列在展柜里的文物动起来。让各种机关在戏曲演出中使用上，实现动态的宫廷原状展览。让戏曲文物蕴含的文化价值复活，融入当代人们的生活，使人们更为形象地了解中华文明的历史传承，使其能够“活在当下”。

（作者系中国文学艺术基金会副理事长兼秘书长、中国文艺评论家协会副主席）

论费孝通文化观的当下意义

色 音

一、文化自觉与非物质文化遗产保护实践

费孝通先生从 20 世纪末到 21 世纪初的近十年的学术研究中非常关注和重视经济全球化过程中的文化自觉、传统文化保护及人文资源的保护和合理开发等问题。他于 1997 年在北京大学社会学人类学研究所主办的"第二届社会文化人类学高级研讨班"上提出了"文化自觉"的概念。他认为"文化自觉是指生活在一定文化中的人对其文化有'自知之明'，明白它的来历、形成过程、所具有的特色和它的发展趋向，不带任何'文化回归'的意思，不是要'复旧'，同时也不主张'全盘西化'或'全盘他化'。自知之明是为了加强对文化转型的自主能力，取得适应新环境、新时代对文化选择的自主地位。文化自觉是一个艰苦的过程，首先要认识自己的文化，理解接触到的多种文化，才有条件在这个正在形成中的多元文化世界里确立自己的位置，经过自主的适应，和其他文化一起，取长补短，建立一个共同认可的基本秩序和一套与各种文化能和平共处、各赎所长、联手发

展的共处条件。”①文化自觉包含丰富的内容，正如费孝通所说的做到真正的文化自觉并不是一件容易的事。文化自觉的首要因素是“自知之明”，除了“自知之明”外，文化自觉还要求要有民族责任心，在看到本民族与异民族文化相区别的同时，能够认识并坚持本民族的优秀文化。

费孝通先生指出“文化自觉”是当今世界共同的时代要求，并不是哪一个个人的主观空想。他认为“文化自觉，简单地说，就是每个文明中的人对自己的文明进行反省，做到有‘自知之明’。这样，人们就会更理智一些，从而摆脱各种无意义的冲动和盲目的举动”。费孝通文化自觉的理念首先对我国非物质文化遗产保护和人文资源的开发提供了理论依据。

“非物质文化遗产”或称“无形文化遗产”，相对于“物质文化遗产”或“有形文化遗产”而言。根据联合国教科文组织2003年10月通过的《保护非物质文化遗产公约》的定义，非物质文化遗产是“指被各群体、团体，有时为个人视为其文化遗产的各种实践、表演、表现形式、知识和技能及其有关的工具、实物、工艺品和文化场所。各个群体和团体随着其所处环境、与自然界的相互关系和历史条件的变化不断使这种代代相传的非物质文化遗产得到创新，同时使他们自己具有一种认同感和历史感，从而促进了文化多样性和人类的创造力”。具体地说，非物质文化遗产包括各种类型的民族传统和民间知识，它包括五个方面：(1)口头传说和表述，包括作为非物质文化遗产媒介的语言；(2)表演艺术，包括音乐、舞蹈、戏剧、曲艺等；(3)社会风俗、礼仪、节庆；(4)有关自然界和宇宙的知识和实践；(5)传统的手工艺技能。② 尽管非物质文化遗产的保存和保护事业被纳入联合国教科文组织的工作框架之内，但由于非物质文化遗产的评价、认定标准较模糊，所以各国在具体实施过程中难免遇到各种

---

① 费孝通：《对文化的历史性和社会性的思考》，载《思想战线》，2004(2)。

② 联合国教科文组织：《保护非物质文化遗产公约》第一章“总则”第2条，2003年10月17日。

实际困难。

在非物质文化遗产的保护方面，国外的一些经验和措施值得我们学习和借鉴。世界范围内对文化遗产的保护方式，可分为指定(Designate)制度、登录(Register/List)制度、指定制度＋登录制度三种形式，欧美等国多采用登录制度或指定制度＋登录制度。

在日本，称文化遗产为“文化财”。主管部门是文部省下属的文化厅，下设文化财保护部传统文化课以及文化政策部。早在明治四年(1871年)根据当时日本社会急剧西化的状况制定了《古器旧物保存法》。

日本的文化遗产总体上可以分为国家指定文化遗产、县指定文化遗产和市町指定文化遗产。这三大类文化遗产的指定、选定、登录都是由日本文化厅长官来完成的。

根据日本的《文化遗产保护法》，由表及里国家指定的文化遗产主要包括：有形文化遗产；无形文化遗产；民俗文化遗产；纪念物和传统建筑群体。

(1) 有形文化遗产主要包括建筑物、绘画、工艺品、雕刻、书法、典籍、古代文书、考古资料和历史资料等，其中，除去建筑物，被总称为工艺美术品。由于日本的建筑物多为木造，加之古老建筑物的房顶一般都是用茅草铺就的，所以在对这些文化遗产的保护方面，防火是极为重要的。同时这些建筑物的维修经费也主要由国家负担。

(2) 无形文化遗产是对传统戏剧、音乐、工艺技术等文化遗产的一个总称。这一无形文化遗产的范围并不仅限于上述内容，还包括对这些遗产进行传承的表演艺术家和工艺美术家们。此外，对埋藏于地下的文化遗产进行保存和修复时所需的具有传统工艺技能的人员，也算在此无形文化遗产的范畴之内。

(3) 民俗文化遗产主要包括与衣食住、职业、信仰、岁时年节等有关的风俗习惯和民间传统艺能。同时也包括能体现出日本国民的生活样式的服装、生活器具和民居等。对民俗文化中的有形和无形文化遗产，国家在有选择的基础上，提供研究资金，并由专门人员对上述种种民俗事项进行较为全面的调查、搜集和整理。

(4) 纪念物和传统建筑群体主要包括贝冢(即古人用吃剩的贝壳所堆积起来的遗迹)、古墓、都市遗迹、城堡遗迹、旧宅等遗迹，还包括在历史及学术上都有较高价值的地方，如庭园、桥梁、峡谷、海滨、山岳等名胜古迹①。

世界的文化遗产因着它不可再生的特性，就更显得弥足珍贵，更需要我们去很好的认识和尊重，这不是单方面的工作，而是需要国家、团体乃至个人都必须紧密配合、整体协调的一项工作。日本对文化遗产的保存和珍视的态度很值得我们深思借鉴。下面我们对日本第二次世界大战前、期间及战后的国家文化政策的历史演变进行较详细的介绍。

在第二次世界大战前和期间的日本，由国家实施的文化管理政策是限制国民自由的艺术、文化活动外，还阻挠民众自发的文化活动。到了战后，日本吸取了战前文化政策教训，使人们容易联想到的“文化政策”再也不出现，取而代之的是“文化行政”。“文化行政”一词的本意是国家对艺术、文化的援助。可是，数十年过去了，还没有坚持所说那样稳定的政策。即便是现在，日本文化政策的方向性也非常模糊。现在，文化政策坚持“内容不参与”的原则，1980 年以来积极建设、普及文化设施的同时，20 世纪 90 年代始“文化政策”一词也被人们广泛应用。投入巨大经费的文化设施的经营和规划城镇为核心的宗旨，将文化当作地方自治体政策的重要环节的意见很强烈。将日本文化政策分为战前、战后和现在三个阶段。

1990 年创设“艺术文化振兴会”和社团法人“企业艺术文化援助协会”，为日本艺术、文化政策方面开创了新局面。这时在国家和地方自治体呼吁的保护和支持艺术、文化时使用了文化政策。艺术文化振兴基金是比舞台艺术团体更加迫切的支援体制。1996 年始“艺术计划的 21 世纪”被 2002 年的“艺术计划的新世纪”代替后，更是整修充

① 陶雪迎：《日本文化遗产的保护措施及现状》，见陶立璠：《亚细亚民俗研究》第二辑，146 页，北京，民族出版社，1999。

实的支援体制。

全国文化设施的普及也告一段落，从建设多功能场馆转向建立专门的场馆和剧场。相继创建正式的舞台艺术设施过程中，在日本原歌剧剧场的国立剧场是在 1997 年落成的。另外，这时开始在地方，作为城镇建设的一部分，地方自治体的文化成了政策的核心。

2002 年日本制定了“文化艺术振兴基本法”，在法律中首次明确了文化政策的对象和文化的相关权利。从该项法律来看，在日本已制定了援助艺术有关的法律体系。日本文化政策方面迎来了从保护文化遗产为中心向以艺术、文化振兴政策为中心的大转换期。与文化有关的个别法律有：(1)作为保存和活用文化资产的法律有文化遗产保护法、著作权法等；(2)与彰显有关的法律有文化勋章令、文化功劳者年金法等；(3)与振兴文化相关的法律有国立剧场、新国立剧场设置运营的和艺术文化振兴基金对艺术、文化的支援规定，以及日本艺术文化振兴会的设置的日本艺术文化振兴会法；(4)其他的有宗教法人法、兴业场法、特定非常营利活动促进法等。

在这些法规中，文化遗产保护法和著作权法是最为重要的。在文化遗产保护法规定了如何将文化遗产保存和活用及为了提高公民文化的水平而投入的同时为世界文化的进一步发展做贡献。将文化遗产分为有形文化遗产(建筑、绘画、雕刻、工艺品、书画、典籍、古书等)和无形文化遗产(戏剧、音乐、工艺技术等)。①

在韩国，文化遗产也被称作“文化财”。韩国文化体育部文化财管理局下设有形文化财课和无形文化财课，分别负责管理有形文化财和无形文化财的调查、认定、保护等事务②。韩国《文化财保护法》于 1962 年 1 月问世，当时由 7 章 73 条和补则 3 条构成。这是韩国第一个有关文化财保护的综合性立法文件，它明确阐述了保护文化财的目的和意义，规定依法设立文化财委委员会，由该委员会负

① [日]大木裕子：《文化政策とアートマネジメント》，西日本法规出版，4～12页，2004。

② 色音：《略谈民族文化遗产保护的紧迫性》，载《中国都市人类学通讯》，2000(3)。

责对文化财的保存管理及其使用事项的调查审议工作。自《文化财保护法》颁布以后，韩国有关部门不断地根据实践过程中出现的新情况、新问题，予以修正完善，至1973年即进行了6次修订。1982年，《文化财保护法》又做了一次全面的修订，主要内容有：(1)健全和完善文化财保护管理体系；(2)进一步明确“文化财”的定义；(3)将无形文化财的继承制度化；(4)强调对外国文化财也应加强保护；(5)支持和培养文化财保护团体；(6)改善行政管理制度。1982年以后至1999年5月，对《文化财保护法》部分条款又做了10次修正。韩国《文化财保护法》将文化财划分为四大类：(1)有形文化财；(2)无形文化财；(3)纪念物；(4)民俗文化财。日、韩两国对文化遗产的分类和保护措施，尤其是有形文化遗产和无形文化遗产的分类以及保护措施，对于我国的文化遗产保护工作具有不少值得借鉴之处。但借鉴不等于生搬硬套，文化遗产保护并无固定模式可循，因为每个国家、地区和民族的国力国情、历史传统及文化特征各不相同。如韩国的《文化财保护法》受日本的影响较大，几个重要的法律文件都明显地受到日本1950年颁布的《文化财保护法》的影响。尽管如此韩国《文化财保护法》中导入了“人间国宝”等富有民族特点的条项。我们今后的文化遗产保护工作中也应该在借鉴和参考国外先进经验的同时，于具体实践中不断摸索和寻找适合中国国情和文化传统的保护方法和对策。

在日、韩等国的文化遗产保护工作中，尤其是在文化遗产的调查、研究、审查、认定及收集、保存等一系列的工作进程中，文化人类学者和民俗学者发挥了非常重要的作用。在他们的倡导、呼吁、建议和参与下，日本和韩国都把“无形文化财”列入重要文化遗产的保护范围内，并制定了相关的保护法规和保存措施。这些专家还对各自国家的文化遗产的调查、认定和抢救，以及人类学博物馆的筹建等，做出了很大的贡献。

非物质文化遗产具有传承性、集体性、变异性、地域性等特征。从其传承性来看，各类活态人文遗产既是历史的产物，也是现实存在的文化，是一种传统和现代相交融的文化连续体。作为集体智慧的产物，活态人文遗产在其代代相承的历史继承过程中必然要发生某些变异或者被加进去一些新的内容。这种变异既包括时间上的纵向历史传承变异，也包括空间上的地域传承变异。所以，同一种活态人文遗产往往在不同的地区呈现出不同的地域特色和表现形式。

从事文化遗产保护工作的行政官员和包括文化人类学者在内的有关专家在不断探索传承和保护非物质文化遗产的有效方法和合理途径。其中建立生态博物馆的方式逐渐被各国所广泛接受。近几年，全球都在议论环境问题，谈起人与地域生活环境，首先会想到新型博物馆——生态博物馆。所谓生态博物馆，简而言之，就是博物馆的社区化。这一概念比较新，20 世纪 60 年代产生于法国，是地域文化与中央集权思想对抗的过程中诞生的一个新理念。现在法国境内有这样的生态博物馆 40 家，挪威、加拿大也普遍存在。由于生态博物馆具有传统博物馆所缺乏的特质，并顺应了当代人类生态环境保护意识日益觉醒和高涨的潮流，顺应了当代要求文化遗产权和文化遗产的诠释权应回归原地和原住民的呼声，顺应了人类要求协调和持续发展的愿望，因而其理论一经问世，便迅速在欧洲、拉丁美洲和北美洲等许多国家和地区传播开来，迄今为止全世界已建成了 300 多座生态博物馆。

在亚洲，日本较早接受了生态博物馆的理念和做法。这一理念于 1974 年被介绍到日本，并在地域文化建设活动中得到应用。生态博物馆严格地讲是通过博物馆，把生活在一定地域内人们的各种民俗活动和文化生态整体面貌展现出来。我国从 20 世纪 90 年代才接受了生态博物馆的理念和做法。1995 年年初，在中国博物馆学会常务理事、中国博物馆学会会刊主编苏东海研究员的倡议、联络、推动之下，贵州省文化厅根据国内外专家意见，批准了在贵州省建立生态博物馆的前期工作计划，并成立了课题组。这一计划一开始便得到有关人士的支持，并被挪威政府列入《中挪 1995—1997 文化交流项目》之中。课题组经过调查研究，参照国际生态博物馆的基本理论，并结合贵州省的具体情况，进行比较选择，最后决定把一支以长牛角头饰为象征的苗族分布区——六盘水市六枝特区梭嘎苗族彝族回族乡确定为“中国第一座生态博物馆”的建立地。[①] 从此，生态博物馆成为我国保护民族文化的有效模式且数量逐渐增多。仅以贵州为例，自第一个生态博物馆建立之后，省政府又确定了包括4个生态博物馆在内的15个“重点保护与发展”的民族村镇。这种民族村镇，就是一个个民族文化的空间载体和宝库。同样，将伴随西部开发以培育“增长极”结合实施“点-轴-面开发”的基本方式和途径进行运作。有学者认为，一种“民族村镇的保护建设=地方经济的持续发展=西部开发‘增长极’的一个组成部分”的观念，逐渐在贵州省形成共识。[②]

然而，文化遗产的保存和发展是一个较复杂的对立统一体，做到既要保护也要发展并不容易。尽管国际社会和新闻媒体等不断强调保护和发展并重，但实际的运行过程中受到“发展至上主义”的影响或在某种经济利益的驱动下往往出现轻视保护、重视开发的偏向。保护和开发孰轻孰重？怎样克服保护和开发、保存和发展的尖锐矛盾，处理好二者的关系问题仍然是摆在我们面前的重要课题。

当今世界随着经济全球化进程，传统文化变迁的深度、广度、速度都超过了以往的历史，剧烈的变迁容易引起文化失调，进而给人们的生活带来困扰，产生文化震动。文化震动是由于现代社会的骤然巨大变化对人们心理的强烈影响，这种影响甚至能够使人们在前所未有的社会压力面前无所适从，产生心理上的震颤，社会学家和人类学家把这种由于内在的文化积累或外在的文化移入引起的急剧的变迁对人的心理的影响叫作文化震动。

民族文化生态环境随着现代社会经济文化的转型及经济全球化而急剧改变。城市化进程的加快和人们生产生活方式的改变，使民族民间文化及其赖以生存的环境发生根本性的变化。一些民族民间文化后继乏人，面临失传的危险，一批传统技艺濒临灭绝。社会文

---

① 尹绍亭：《民族文化生态村——一个生态人类学的课题》，转引自林超民主编：《民族学通报》(第一辑)，3页，昆明，云南大学出版社，2001。

② 黄才贵：《民族村镇保护与贵州旅游业的发展》，载《贵州民族研究》，2002(1)。

化变迁的巨大冲击，让民族民间文化保护有了措手不及之感。

我认为费孝通先生提出的“文化自觉论”观念不仅有其重要的学术价值，对我国的非物质文化遗产保护实践更有其深刻的现实意义。文化自觉是费孝通先生学术思想反思的思想结晶，是当今世界文化转型的时代要求；费孝通先生对“文化自觉”的界定和概括包含了什么是文化自觉、文化自觉涉及的范围和内容、进行文化自觉的目的和意义、实现文化自觉的途径步骤，以及文化自觉所追求的人类社会理想的目标等。费孝通先生认为，非物质文化遗产把过去的传统文化带给现代人，所以现代人应该要有高度的文化自觉意识，自觉地传承和保护祖先留给我们的珍贵文化遗产。在现代社会中非物质文化遗产起到的作用至关重要，它是形成地域共同体及文化自觉的关键所在，保护和利用各地各民族非物质文化遗产的意义就在于此。费孝通文化自觉论的学术思想为我们的非物质文化遗产传承保护工作提供了理论支撑和学理依据。

费孝通先生晚年的学术研究中非常关注和重视经济全球化过程中的文化自觉、传统文化保护、人文资源的保护和合理开发及多元文化共生等问题。他认为文化自觉是一个艰巨的过程，首先要认识自己的文化、理解所接触的多种文化，才有条件在这个正在形成中的多元文化的世界里确立自己的位置。经过自主的适应，和其他文化一起，取长补短，共同建立一个有共同认可的基本秩序和一套与各种文化能和平共处、各抒所长、联手发展的共处原则。费孝通先生生命的最后十年，最主要的学术贡献可能就是提出文化自觉问题和多种文化和平相处的文化伦理问题。在民族学的背景下，他提出了“中华文化多元一体”学说，这个学说对处于弱势的少数民族文化怀着极大的肯定和尊重。当经济全球化的浪潮越来越近时，为了表述得更加简便，费孝通将他的“全球文化多元一体”思想提炼成16个字“各美其美，美人之美，美美与共，天下大同”①。

---

① 费孝通著，方李莉编：《全球化与文化自觉——费孝通晚年文选》，5页，北京，外语教学与研究出版社，2013。

在费孝通先生提出的“文化自觉论”学术思想的影响下，我国加强了对少数民族文化遗产的挖掘和保护工作。结合第三次全国文物普查和非物质文化遗产普查，开展了少数民族文化遗产调查登记工作，对濒危少数民族重要文化遗产进行了抢救性保护，对少数民族和民族地区非物质文化遗产保护予以重点倾斜，推进了少数民族非物质文化遗产申报联合国教科文组织“人类非物质文化遗产代表作名录”和国家级非物质文化遗产名录，加大了对列入名录的非物质文化遗产项目的保护力度。

二、人文资源概念的提出及其现实意义

西部大开发于2000年开始启动后费孝通先生提出了“人文资源”概念。温家宝同志在国务院西部开发工作会议上指出，西部大开发是一个长期的重大战略，将贯串于中国推进现代化建设的全过程。会议后，国务院出台了《关于进一步推进西部大开发的若干意见》，决定进一步推进西部大开发，并提出了十项重点和相关政策措施。这份文件是对西部大开发政策的发展和深化，它不仅是对以前政策方针进行延伸，而且对在开发工作中存在的问题有针对性地做出政策调整。如何避免文化丧失的危险、发展和丰富我国文化的多样性，是在西部开发过程中应当更多考虑的问题。在这样的社会经济发展背景下费孝通先生提出了有关西部“人文资源”开发的构想。

对费孝通先生晚年提出的一些学术观点进行归纳分析后，我们确实可以总结出一套比较完整而系统的“文化自觉论”思想体系。而且他的视野并没有停留在这一思想体系的理论层面上，还延伸到西部人文资源的保护和利用等实践层面。

2000年国家提出了西部大开发的号召，这时，费孝通先生首先意识到在西部大开发的过程中，不同民族文化的接触与碰撞在所难免，解析不同民族文化的变迁历史，寻找文化沟通、交流的有效途径，并从中找到各民族文化共同发展进步的新生之路，应是西部开

发中所要研究的重大问题之一。在我国的西部，不仅有许多珍贵的自然资源，还有许多珍贵的人文资源。我们的许多优秀的传统文化就蕴藏在这些人文资源之中。因此，在西部开发中，一定要注意保护好西部的人文资源。在西部大开发的大战略背景下，费孝通先生提出了“人文资源”概念。他认为：“人文资源是人类从最早的文明开始一点一点地积累、不断地延续和建造起来的。它是人类的历史、人类的文化、人类的艺术，是我们老祖宗留给我们的财富。人文资源虽然包括很广，但概括起来可以这么说：人类通过文化的创造，留下来的、可以供人类继续发展的文化基础，就叫人文资源。”①

资源问题既是全球性的课题也是全人类的课题。所谓资源，事物本身能成为资源的很少，通过人类的“资源化”才能成为某种资源。资源化就是指资源的形成，反过来说，也就是曾经是资源的东西，也有可能不再是资源。资源人类学认为人类的生存及生活是在象征系统和生态系统的基础上形成的，并将资源分配在这两个领域之中。日本人类学家设定八种大的资源范畴，将其表示成长方体的形状，分别是：文化资源、知识资源、小商品或是小生产物资源、货币资源、自然资源的加工、职业资源、空间资源、身体资源等八种资源。这些资源又可以被划到比较大的象征系统和生态系统等两大系列中。在“资源范畴的长方体”中，上面的表示象征系统，下面的表示生态系统。因此，从象征系统和生态系统中分别被选出的四种资源范畴，共表示成八种资源范畴。两大系列之间的大的关系，可以被考虑成作为整体的生态系统中是资源材料的供给和整体的象征系统中是意义的授予。当然，这八种资源范畴还可以进行进一步的细分。因此每一项都是从内容方面拥有十分的扩展空间的范畴。

资源范畴的长方体图很好地表示着八种资源范畴之间的关系，我们对此试着考虑一下。连接着长方体各顶点间的箭头，表示着基本的规定性。也就是说，从箭头的这一头到另一头，表示着赋予意义的作用及包含与被包含的关系。实际上，各资源之间的关系，并

---

① 费孝通、方李莉：《关于西部人文资源研究的对话》，载《民族艺术》，2001(1)。

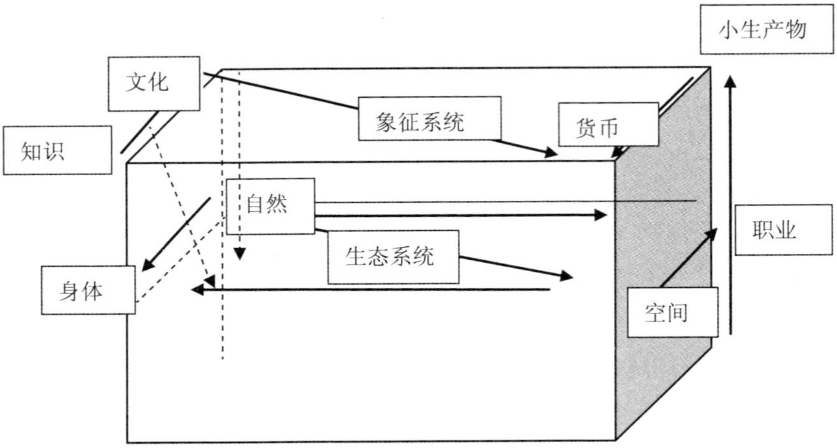

资源范畴的长方体图

不是简单的，根据不同的看法可以是更加复杂多样的，通过这种简单的图，我们很容易看出八种资源范畴处于相互紧密联系及相互关联的关系中。

如果依据上述资源分类框架，费孝通先生晚年提出的人文资源概念相当于文化资源范畴。一般来说人文概念和文化概念是内涵和外延上都可以叠合的。《现代汉语词典》对“人文”条目的解释为“指人类社会的各种文化现象”，也就是说所谓的人文，就是泛指人类的文化。而《汉语外来词词典》则认为“人文主义”一词来源于日语的“人文主義”。那么，日本的辞书中是如何解释“人文”条目的呢？下面介绍一下几部辞书中的“人文”条目。

对“人文”一词的含义，日本辞书中有如下几种解释。

1.《大辞泉》(松村明主编，小学馆，1995 年 12 月版)

人文：(1)人类文化。(2)关于人的事情以及人伦等。(3)人文学科：政治、经济、社会、历史、艺术、语言等研究人类文化的学问总称，狭义上主要指关于历史、哲学、语言等学科。

2.《广辞苑》(新村出编，岩波书店，1998 年 11 月版)

人文：(1)人世的出世之道、人伦秩序。(2)人类文化。(3)人文科学的略称。

3.《大辞林》(松村明编，三省堂，1995年1月版)

人文：(1)人所创造的文物、文明、人类文化。(2)关于人的事情、人事。(3)人写的东西、文章。

4.《明镜国语辞典》(北原保雄编，大修馆书店，2002年12月版)

人文：(1)人所创造的文物、文明、人类文化。(2)人文科学的略称。

日本传统的资源观认为，“资源”主要是指自然资源和人力资源。

对“资源”一词的含义，日本辞书中有如下几种解释。

1.《广辞苑》(新村出编，岩波书店，1983年12月版)

资源：作为生产活动基础的物质、水利、劳动力等的总称，如“资源调查”“人力资源”。

2.《国语辞典一言泉》(林大主编，小学馆，1986年12月版)

资源：当作产业的材料、原料来看待的地下矿物、山林、水产物、水力等。转义：可以为某种目的而利用的物资和人才，如“地下资源”“人力资源”等。

近十年来也出现了观光资源、文化资源等提法。

3.《广辞苑》(新村出编，岩波书店，1998年11月版)

资源：从自然界获取的对生产活动有用的要素。广义上指成为产业基础的东西和支撑产业的东西，如“地下资源调查”“水资源”“海洋资源”“人力资源”“观光资源”等。

“文化资源”这一术语，是由“文化”和“资源”这两个词的组合而创造出来的。“文化”和“资源”都是比较常用的词，但是，由它们组合而形成的“文化资源”概念在20世纪上半叶之前却并不常用。

从20世纪70年代前半期开始，日本一直把地方有形文化财和无形文化财视作重要的人文资源或文化资源来看待。最近几年，部分学者还创立了一门独立的学科——文化资源学，并在东京大学设立了文化资源学专攻(专业)。据东京大学文化资源学专攻的网站介绍，所谓的文化资源是指为了解某一时代社会和文化所必要的贵重资料的总称，我们把它叫作文化资料体。文化资料体包括建筑物、都市景观或传统技艺、祭祀仪式等有形和无形的东西。将文化资料体活用并资源化后可以成为文化资源。2000年的春季，于东京大学新成立了文化资源学研究所。此研究所只针对硕士以上的研究所课程，并不包括大学本科学士阶段的课程。该研究所是由文化经营学、形态数据学、文字数据学三个专攻所构成的，而文字数据学更细分成文书学、文献学两种专门领域。

在日本，文物古迹、古典园林、文学艺术、宗教文化、城乡风貌、民俗风情等都被当作人文资源。日本的经验证明，文化遗产可以作为一种旅游资源和文化创新的资源对社会发展起到积极的推动作用，让大众参观欣赏文化遗产是其实现价值增值和传承的重要途径。文化遗产作为一种特殊的资源可以适当地合理开发，但在开发利用上，一定要从区域文化的整体特征来认识文化遗产的价值和品位，并和区域经济的整体发展结合起来。

从20世纪70年代前半期开始，大阪、兵库、琦玉县等地的地方自治体负责人发起了“行政的文化化”活动，从此就有了推进地方文化的行为。这样的地方文化活动是在艺术文化、文化财保护、终身学习等领域进行的。此前，以教育委员会为核心作为社会教育的一环而开展文化财保护的地方自治体，后来也积极地参与了振兴文化的活动。振兴地方文化政策方面，保存该地区独特文化的同时，还有必要创造新的文化内容。文化遗产一经活用就可以成为文化资源。各地方有形文化财和无形文化财的活用，创造独具特色的地方文化来吸引很多观光旅游者，是日本搞活地方经济、振兴地方文化的重要措施。

人文资源是人类社会有史以来所创造的物质文明和精神文明成果的总和，是人类的文化积累和文化创造，它不是今天才出现在我们的生活中，而是自古就有的。但将其作为资源来认识，却是今天才有的。所谓资源是为一定的社会活动服务的，离开社会活动的目的，资源毫无意义，甚至可以说，也就没有了资源的存在。从这个意义上讲，资源并非完全客观的存在，当某种存在物没有同一定社会活动目标联系在一起的时候，它是远离人类活动的自在之物，并非我们所论述的资源。也就是说，人类一代一代流传下来的文化遗产，只是静态的存在于我们的生活中或在博物馆里，与我们的现实生活没有联系，其仅仅只能称之为遗产，却不能称之为资源，只有当它们与我们的现实生活和社会活动及社会的发展目标联系在一起后，才能被称之为资源。①

费孝通先生认为，人对各种资源的认识是逐步的，现在我们对自然资源已经了解了不少，逐步地明白了有天然气、石油、太阳能、核能等，这也是一步一步的自觉。对人文的资源也是一样，要有意识地去理解，去知道，去逐步明白，要把我们以前不知道的资源逐步挖掘出来，要知道我们自己究竟有多少财产，这是第一步。

众所周知，西部民族地区在自然地理、历史与人文方面均不同于东部地区，西部12个省、自治区、直辖市约占总国土面积的2/3，均处于我国地势阶梯的一级和二级，位于中国的内陆，也是欧亚大陆的内陆，与濒临大海的东部形成鲜明对照。由于自然环境和资源类型的不同，不同的民族创造了多元经济文化类型。经济文化类型是居住在相似的生态环境之下，并操持相同生计方式的各民族在历史上形成的具有共同经济和文化特点的综合体②。西部悠久的历史、人文传统和复杂的自然地理环境造就了西部地区多元经济文化类型。西部地区以多元民族文化为突出特点。

由于多方面的原因，我国西部地区经济相对不发达，但是西部的文化，特别是少数民族文化却丰富多彩。民族文化是各民族在社会历史发展过程中创造和发展起来的具有本民族特色的文化，它在当前进行的西部大开发中将发挥十分重要的作用。充分认识民族文化在西部大开发中的价值，有利于发展民族文化，繁荣民族文化，促进民族地区各项事业的发展。费孝通先生提出的人文资源开发思想为我们处理好传统文化的保护和开发的关系指明了方向，找出了可能的路径。

---

① 方李莉：《从遗产到资源：西部人文资源研究报告》，8页，北京，学苑出版社，2010。

② 林耀华：《民族学通论》，86页，北京，中央民族大学出版社，1997。

三、费孝通先生的文化观对新时期中国特色社会主义文化建设的启迪

习近平总书记提出“一带一路”(即“丝绸之路经济带”和共建“21世纪海上丝绸之路”)的倡议，顺应了世界多元文化发展的时代潮流。“一带一路”沿线包括68个国家①，每个国家和民族都有自己的特点和长处。自秦汉以来的两千多年，丝绸之路开辟出横贯东西方商贸流通、人员往来、文化交融的重要通道，对中国和沿线各国的经济社会发展产生了深远影响，长久以来，已经凝聚成一种丝绸之路精神。丝绸之路精神的实质是开拓精神、互利精神、包容精神、和平发展精神。

费孝通先生晚年提出的文化自觉、人文资源的保护和合理开发，以及“各美其美，美人之美，美美与共，天下大同”的多元文化共生思想，仍将成为以“和平、发展、合作、共赢”为目标的“一带一路”实施和实践的理论基石和思想源泉。

当今，经济全球化潮流不可逆转，“和平与发展”仍是时代主题，“合作与共赢”仍是世界大趋势，“和平、发展、合作、共赢”仍是处理中国与世界关系的重大原则。我们国家在与“一带一路”沿线国家合作交流的过程中，坚持中华文明追崇的“多元共存”“和而不同”“协和万邦”等优秀传统内质，走和平发展之路，为实现中华民族伟大复兴中国梦营造良好国际环境。如果我们能够超越国家环境和民族环境的局部战略利益，站在全球文明的角度来建设“丝绸之路”，将有可能对东西方文化交流和文明对话产生“美美与共，天下大同”的重大影响。

费孝通先生主张的“美美与共”和包容精神必将引领“一带一路”

---

① 中国现代国际关系研究院：《“一带一路”读本》，6页，北京，时事出版社，2015。

建设走向成功之路。丝绸之路是横跨中西、连接欧亚的贸易交通线，在历史上对促进欧亚非各国和中国的友好往来起过重要作用。各国在交流中坚持相互包容，尊重不同民族、不同宗教信仰国家的文化形态，为促进人类文明的进步与发展提供了生动的范例。

2017年10月18日，中国共产党第十九次全国人民代表大会在北京人民大会堂隆重开幕。习近平总书记在作十九大报告时说“文化自信是一个国家、一个民族发展中更基本、更深沉、更持久的力量”。我国是多民族、多宗教的国家，每个民族的文化自信是整个中华民族文化自信的重要组成部分。习近平总书记在十九大报告中特别强调文化自信的重要性，这对发展少数民族文化艺术事业具有直接的促进作用。每个少数民族对自己的传统文化充满自信才能更好地保护各自的民族文化、更自觉地传承和发展自己的民族文化。习近平总书记在十九大报告中还强调“推动中华优秀传统文化创造性转化、创新性发展”，这对每个少数民族文化的发展指明了方向。费孝通先生的文化观对于新时期中国特色社会主义文化建设仍然具有启迪意义。

（作者系中国社会科学院研究员）

传统文化研究与科学视野

李瑞卿

一、传统文化中的科学因素

众所周知宗白华先生在其著作中认为中国绘画是散点透视，不同于西方文艺复兴以来形成的焦点透视，后者是建立在几何学、光学、解剖学基础上的。其实，在中国的传统绘画理论中的透视也并非那样随性，而是具有一定的科学因素。如苏轼《书吴道子画后》中直接引入“自然之数”“逆来顺往”的观念：“诗至于杜子美，文至于韩退之，书至于颜鲁公，画至于吴道子，而古今之变，天下之能事毕矣。道子画人物，如以灯取影，逆来顺往，旁见侧出，横斜平直，各相乘除，得自然之数，不差毫末，出新意于法度之中，寄妙理于豪放之外，所谓游刃余地，运斤成风，盖古今一人而已。”

吴道子采取了新的观照方式，研理摹形不拘旧法，于生动豪放的笔触中得自然之理。苏轼发现了这一点，并给予深刻的理论概括，苏轼所说的“以灯取影”“旁见侧出”，就是指对物象进行立体的观察和表现——深得物理且能精妙入神。苏轼认为，道子画人物“以灯取影”，区别于原原本本的模拟，是“旁见侧出”的，而之所以有此艺术效果的原因就在于“逆来顺往”，这是对画家视角变化、勘测光影过程的哲理性概括。吴道子画法中的透视既不是西方绘画中的定点透视，也不是用“散点透视”一词可以笼统而言的。画家先“逆”求寻求到情理本质、物理本质，然后又“顺”势交错变化，自由地挥洒笔墨，而那些笔画如横、斜、平、直，错综变化，不出阴阳之道，总得自然之数，在自然之数中超越到入神的艺术境界。这一过程中，笔法纵横与画家的勘测物理、至于性命是统一在一起的，用笔的自然法度与画家的情性自由是统一在一起的。

《国朝院画录》中有一段文字论及焦秉贞的画法与天文、数理之关系：“康熙己巳春，偶临董其昌《池上篇》，命钦天监五官焦秉贞取其诗中画意。古人尝赞画者，曰落笔成蝇，曰寸人豆马，曰画家四圣，曰虎头三绝，往往不已。焦秉贞素按七政之躔度五形之远近，所以危峰叠嶂中，分咫尺之万里，岂止于手握双笔，故书而记之。臣敬谨按：海西法善于绘影，剖析分寸，以量度阴阳向背，斜正长短，就其影之所著，而设色分浓淡明暗焉。故远视人畜、花木、屋宇皆植立而形圆，以至照有天光，蒸为云气，穷深极远，均灿布于寸缣尺褚之中。秉贞职守灵台，深明测算，会悟有得，取西法而变通之。圣祖之奖其丹青，正以奖其数理也。”

供职钦天监的焦秉贞以天文历法中的数理入画，同时又取西法而变通，以数理为中西会同点。天文历法中的测算与数学、几何、光学不尽相同，“职守灵台，深明测算”是对焦秉贞本职的准确概括。钦天监官员一方面观察天象，一方面进行测算，不仅计算天象运动的轨迹，测量季节、时令等时间，而且占验上天通过天象显示的吉凶。天文即是天象，属于占验之学，历法即是推步，是对日月星辰的运行进行计算，天文和历法是密切不分的。历法计算的基础就是星象的运动轨迹，星象的运动又与人文有关。焦氏所谓“以七政之躔度五形之远近”就是以天文推步方法来确立事物间距、本身大小及其象征意义，因为推步与星象的测算关乎自然物理，也与人文有关。画像是实录，也是象征，既忠实于实物，也渗透意蕴，那么，天文与推步引入画学也是可能的。

庄子在讲他的道时，道的内涵有一部分是指向科学与技术的，他认为道是可得的。许多故事都说明了这一点，如佝偻承蜩、吕梁丈人蹈水、庖丁解牛等故事中，庄子强调在具体的一项活动中获得其内在的规律，并为我所用，由技进乎道。获得道的手段，达到道通为一，进入逍遥游，是离不开逻辑分析和科学探究的。庖丁由技进乎道的过程就是科学地认识牛的机体经络的过程，而其中的“十九年”则意味深长，它象征着庖丁对阴阳的完美协调，因为十九年正好是七闰，闰月就是要处理太阳与月亮运动而进行设置的，也正是有这样的科学方法形成协理阴阳的基础。换句话说，庄子哲学并不局限于玄谈遐想，而且，其影响颇为深远。我们应当正视这一点。

中国古代的认知论中有一点值得重视。认知语言学从建立在精神肉体分离基础上、重视大脑皮层抽象推理功能的离身认知研究(disembodied cognition)，到 20 世纪 80 年代转向了重视身体物理属性与心智相关性的具身认知研究(embodied cognition)，也即重视身体在语言认知中的重要作用。这种重视身体的认知与审美在实质上颇具一致性，这是值得我们去探索的领域。特别提及的是，具身认知与中国古代早期的审美精神有着高度一致。“近取诸身，远取诸物”(《易传·系辞下》)，中国古人重视自身的体察与实行，表现出极强的理性主义气质。比如《诗经》中抒发感情总是要伴随着动作描写，从身上、身边来比类，而不去寻找漫衍无边、遥不可及的对象，从而保证了感知的真挚性与原发性。《诗经》中有着诸多即物感应的作品，比如《谷风》《芣苢》《卷耳》，它们的记述、抒情均是伴随着身体的具体行动滋生出来的，有本有原，真实不虚。这是中国文化中弥足珍贵、濒临失传的精神文化遗产。

二、传统文化研究要遵循唯物史观且要有一定的价值判断

《德意志意识形态》中有这样的论述：“这种历史观和唯心主义历

史观不同，它不是在每个时代中寻找某种范畴，而是始终站在现实历史的基础上，不是从观念出发来解释实践，而是从物质实践出发来解释各种观念形态，由此也就得出下述结论：意识的一切形式和产物不是可以通过精神的批判来消灭的，不是可以通过把它们消融在‘自我意识’中或化为‘怪影’‘幽灵’‘怪想’等来消灭的，而只有通过实际地推翻这一切唯心主义谬论所由产生的现实的社会关系，才能把它们消灭；历史的动力以及宗教、哲学和任何其他理论的动力是革命，而不是批判。”①

上述深刻而精要的著名论断，对于我们进行文化反思、文学批评具有指导作用。首先，我们要从物质现实与中国现实出发来讨论传统文化。马克思的论断足以把我们从唯心论中解放出来，重新寻找真知之路。因而在研究中应当摆脱抽象的、形而上学的观念，深入到社会关系、历史发端、文化肌理处做切实的思考。比如论及前后七子的复古问题，作为研究者，就不能抽象地将其看作一个文化问题或美学问题，而是要深入研究复古派与唐宋派、性灵派在理论上的对峙所依赖的物质基础、阶级基础及与之相关的思潮脉络。李梦阳的世界观、方法论，以及他所体现的儒家思想，是根植于历史与现实的土壤的。如果仅限在文学或美学领域里讨论其复古，品味其格调就是不全面的，甚至是不负责任的。李梦阳背后的一切经济、政治、文化力量促使他形成自己的思想体系，这是一种历史的力量；同样，与其流派角力的“唐宋派”“公安三袁”也应被历史地评价，我们要看到冰山之下潜在的内容。

其次，处理好马克思主义的世界观与传统价值观念的关系。当我们遭遇到文化内涵丰富的中国传统价值观念时，如何评价则是一个难题。一方面，需要将传统价值观念的文化品格、内在理论呈现出来；另一方面，也需要基于“人的现实生存需要”来创造性地对它进行评价或阐释。比如“情性”这个概念，从《礼记・乐记》中就承认

① [德]卡尔・马克思、弗・恩格斯：《德意志意识形态》，见《马克思恩格斯选集》第1卷，172页，北京，人民出版社，2012。

人具有某种本性，它是静的，是感物而动的。《乐记》说：“人生而静，天之性也；感于物而动，性之欲也。物至知知，然后好恶行焉。好恶无节于内，知诱外，不能反躬，天理灭矣。”意思是说，人生而静是天性，回到此种本性才是不违天理的；到刘勰也讲吟咏情性，“盖风雅之兴，志思蓄愤，而吟咏情性，以讽其上，此为情而造文也”(《文心雕龙·情采》)。虽然注意外物所感发的丰富情感，但他还是要坚守“性情”的本质；陶渊明诗歌中表达的也是回归到情性的问题。对于这样的一种特殊文化，我们需要呈现、解读，既要重视它的历史文化含量，又要重视产生它的物质基础、生产方式，也要对它进行历史的评价。章太炎先生也批驳了秦汉之际儒家五种人性论，他说：“儒者言性者有五家：无善无不善，是告子也。善，是孟子也。恶，是孙卿也。善恶相混，是扬子也。善恶以人异，殊上中下，是漆雕开、世硕、公孙尼、王充也。”①章氏提出了自己的人性论，与之相应，他在文学上强调“本情性，限辞语”②，这个“情性”固然有着强烈的个性色彩和复杂的文化内涵，但依然停留在旧哲学中。按照马克思主义的观点，人性不是抽象的，它体现着历史过程，我们需要在马克思主义的人性观的视域中辨析中国文艺思想史上的种种人性论及审美情感论，并能给予时代性的审视和评价。

最后，要从历史过程的整体性来思考问题。意识是无法脱离实践过程的，逻辑是统一于历史过程的。当我们探索文学艺术规律及其范畴、概念时，就不能沉浸于孤立与唯心的学术象牙塔中。我们不仅要深入其内在肌理，条分缕析，探索知识体系的逻辑与架构，以及体系中的概念与范畴，而且更需要将它们放置在历史过程中来做出历史的观照。中国古代文艺思想史研究中，对于一些理论概念，应当尽量将其置于中国文化体系与理论逻辑之中来阐释，避免笼统地、经验性地解读，而克服泛文化的解读的重要法宝，就是不仅要

---

① 章太炎撰，庞俊、郭诚永疏证：《国故论衡疏证(上)》，792页，北京，中华书局，2011。

② 同上书，593页。

精细地刻画理论的肌理与逻辑，更要将其纳入历史过程中，创造更为深刻的、现实的理论成果。长期以来我们面对言意关系、文道关系、天人合一等理论与范畴时，往往纠结于话语的转换，试图从西方理论中找到一个相应的或者可以通约中西古今的说法，事实上，触及其理论的逻辑与历史的实质更为重要。以论及“天人合一”为例，我们应当彻底放弃所谓话语转换，应当排斥朴素的个人体验与随性的解释，应当承认“天人合一”在不同的思想家和不同时代有着其独有的逻辑与理路。这种独特性的形成是理论链条内的递进与深入，更是社会历史在意识领域内的反应，对于这一理论的真正理解不应当沉陷在纯粹的思辨、体验中，而要进入历史逻辑中，将其当作一个历史的过程来看待。

（作者系北京第二外国语大学教授、文学院副院长）

新时代做好我国海外留学人员群体中华文化传承与传播工作的价值思辨与路径选择[①]

李诠林

进入21世纪以来，随着经济全球化进程的加速，中国出国留学人数迅速增加，与21世纪初相比，2012年出国留学总人数增长了近10倍。已回国或仍在海外的近300万中国留学人员，在各个领域发挥着重要作用，为推动中国经济社会的发展，实现科技进步、科教兴国和人才强国战略做出了积极的贡献。我国加入WTO后，高等教育市场进入了自由竞争时代，教育服务业的开放成为必然趋势，许多政治、经济效益借助教育的直接接触得以实现，但与之俱来的自由、对等、开放的精神，以及更加频繁的国际交流，在教育理念和体制上也对我国的海外留学生工作造成了较大的冲击。在这种形势下，创新我国的海外留学生工作，已成当务之急。

---

① 国家社会科学基金项目(编号：12BZW104)；福建省新世纪优秀人才支持计划项目(编号：JA13078S)。

一、新时代做好海外留学人员群体的中华文化传承和传播工作的价值与意义

提升国家软实力的国家要求和国家“走出去”战略的实施，以及国家关于高等教育“大力推进文化传承与创新”的要求，为我国的留学事业发展提出了新的目标。完成传统使命的同时，承担起新使命，把中国传统文化和当代中国的发展介绍给世界，是我国海外留学人员中华文化传承与传播事业发展面临的挑战。

通过出国留学人才群体的成长历程、时代特征及相关数据的研究，可以看出，中国出国留学活动已经进入一个“繁荣发展期”，相关的留学政策也与之相应地面临着一个新的调整期。海外留学人员中高级知识分子相对集中，做好海外留学人员的中华文化传承和传播工作，对巩固和壮大最广泛的爱国统一战线具有重要意义。

做好海外留学人员的中华文化传承和传播工作，是统战工作全面、协调、可持续发展的重要保障。加强与海外留学人员联系合作，对于推进国家改革、发展和稳定，对于构建和谐社会，具有重要意义。

做好海外留学人员的中华文化传承和传播工作，是创新统战理论政策研究的要求。新形势下统战工作的实际要求我们必须重视整合资源，着眼时代发展全局，立足海外留学人员的学习工作实践，围绕国家中心工作，结合新形势下的新情况和新问题，加强统战理论和政策的研究工作和创新，为决策咨询服务。只有坚持马克思主义的指导地位，对涉及价值观问题的领域进行引导，注意把关，才能保住底线，确保正确的政治方向。

二、海外留学人员群体中华文化传承与传播过程中存在的问题

海外留学人员团体及海外华侨华人是有着传承与传播中华文化的意愿与要求的，以其为媒介开展中华文化的传承与传播活动也具备基本的条件，并已有成功的先例可循。但总体来看，目前海外留学人员群体中的中华文化传承与传播工作也存在着如下问题。

第一，中华文化的传承与传播没有长效化的机制。许多留学人员多以短期参访活动为主轴，在参访期间也大多走马观花，对于交流对象的政经、文化背景因碍于时间限制不能深入探索，未能增进国际了解与文化认识，当然也就无法将参访国文化与本国文化进行比较，进行批判或自省，自然也就无法深入广泛地传承与传播中华文化。

第二，没有专门负责的机构，行政效能不突出。目前我国负责在海外管理海外留学人员团体的是各驻外使领馆的教育组或教育参赞，但中华文化的传承与传播已远远超出了教育的范畴。

第三，误解中华文化的内涵，文化传播工作局限于语言学习层面。许多海外留学人员和海外华侨华人大多把传承与传播中华文化片面理解为学习汉语，未能深入认知、了解中华文化的深层内涵，这种误解造成了中华文化传承与传播的浅表化、概念化。推动中华传统文化的传承与传播必须具备语文、信息科技运用能力，多元文化观及批判思考能力等关键条件。共通的语文是沟通的基础，也是搜集、解读、研判资料的工具，而信息运用能力则能使人有效地搜集资料。根据泰费尔(Tajfel，1971)的社会认同理论(Social Identity Theory)，人们会透过自我分类(self-categorization)将个人归类于群体，并通过社会比较对自己所属的群体产生认同与偏好，而对其他群体产生偏见。所以，仅有共通的语文是不够的，对于交流对象所呈现的信息，必须考虑其特有的文化、教育等背景因素。这就要求

我国海外留学人员既要学习和推广汉语，同时也必须从自身的实际条件出发，多方位地传承和传播中华传统文化。

经济全球化的世界发展趋势，及其带来的文化多样化使我国海外留学生教育管理面临许多新的情况，全面、科学地分析这些新情况和新问题，才能在新形势下的国家软实力的竞争中争取主动，占取先机。

三、组织实施海外留学人员中华文化传承与传播工作的路径

因应社会变迁与需求，海外留学生工作发展的方向，除了顾及学术交流、科学研究以外，通过各种方式来推动海外留学人员对中华文化的传承与传播，也应成为留学生管理政策的重点。

（一）指导思想和总体战略

1. 指导思想

以习近平中国特色社会主义思想为指导，全面贯彻党的教育方针和教育管理理念，坚持改革创新精神，深化体制机制改革，确立中华文化传承和传播在留学生工作中的重要地位，推动留学事业内涵式发展，民主协商，依法管理，主动服务国家发展战略，主动服务国家经济社会发展。

2. 总体目标

在“十三五”规划期内把海外留学人员团体和相关机构建设成为增强国家软实力，提升国家影响力的重要载体。

3. 工作理念

重视留学人员统战工作，落实“广泛团结，热情服务，积极引导，发挥作用”的留学人员统战工作基本方针政策，注意研究和反映留学人员建议、意见，培养和举荐海外留学人员中的代表人士。加强与海外教育界华侨华人的联系，增强海外台港澳同胞的祖国观念和民族意识；贯彻“和平统一、一国两制”的基本方针，关心和开展

对台湾在海外就读学生的工作，促进两岸关系和平发展。

(二)工作思路和具体措施

第一，坚持满足国家需求，服务国家发展的特色发展战略，抓住“中国文化走出去”和“公共外交与区域问题”的战略重点，推动整体建设。打造国际化建设平台，提升文化传播的国际水准。紧抓发展契机，以实施哲学社会科学繁荣计划(2011—2020年)为着力点，突出优势，彰显特色，促进留学人员归国服务精神和创新能力的全面提升。整合国内外专家学者的力量，大力开展公共外交研究、中国文化“走出去”的路径研究。

第二，牢固确立人才培养的中心地位，结合国家发展战略与社会需求，不断探索教育教学与社会实践的有机结合，注重中华文化修养和跨文化交流的方法创新，为国家培养复合型、复语型、高层次、具有良好思想品质的国际化人才。抓紧制定适应国际规则和国际交流、符合国家发展战略的留学人才战略，为我国海外留学事业的自身定位和制定发展目标提供重要依据。全面启动“海外留学人才中华传统文化培养计划”，加强思想素质、意志品质、理想信念、爱国主义教育和国防教育，主动占领网络思想政治教育阵地。努力形成各方力量共同参与的“大宣教”格局，通过社会实践、校园文化、教会团体活动等多种渠道加强中华传统文化教育。深入开展心理健康教育和个别心理危机的干预。输出和翻译一批中国传统文化经典丛书，加强人文与艺术教育，提高海外留学人员的中华人文艺术素养和综合素质。

第三，优化管理队伍结构，提升管理者中华文化素养。建设一支博雅通达、兼具国学素养和国际视野的高水平海外留学人员管理队伍，在人才培养、科学研究、社会服务、文化传承和创新水平上达到新的高度。加强对管理人才的组织保障和条件保障，经过五至十年的努力，使具有较高中华文化素养的管理人才覆盖所有国家和地区的海外留学人员，布局更加合理，规模适当扩大，成效更为显著。加强与海外留学人员有关的统战队伍建设。要重视对相关统战干部的培养、教育和使用；统战干部要加强文化理论、留学政策的学习，努力提高统战工作水平。

第四，设立专门的海外留学生管理机构，建立海外留学人员综合服务中心，实现海外留学人员的相关事务办理和文化、教育交流等的一体化办公。加强对学校、个人的访学计划、访学评估和中华文化传播工作的追踪。尝试与海外高水平科研机构合作建立中华传统文化国际比较研究中心，构建以国家级项目和标志性成果为核心的文化传承与传播平台，在相关学术领域中开展前沿问题研究，掌握学术话语权，提升中华文化表达力。可尝试拓宽孔子学院的功能，将其建设成为具有汉学教学和留学生管理双重功能的办事机构。

第五，提高孔子学院建设质量，发挥海外建设基地作用。加快科研成果转化，加大中国文化经典译介、孔子学院汉语教材等出版力度，同时，积极推动传统艺术的教学研究与传播实践，为增强中国文化软实力和中华文化国际影响力做出积极贡献。健全孔子学院制度建设、队伍建设和教材建设，完善国际汉语教育人才培养和就业机制，在五年内把孔子学院扩展至国际上所有与中国有外交关系的国家和地区。把孔子学院建设为国际交流合作的重要平台，成为践行“把世界介绍给中国”和“把中国介绍给世界”使命的重要窗口。

第六，发挥留学生团体在国际化人才培养、外国语言文化研究、文化传承与传播等方面的优势，做好与国家和地方政府部门的对接工作，提升中国的国际影响力和竞争力。要及时宣传报道海外留学生团体的重要会议活动，适当增加对海外留学团体负责人及其代表人士发言内容的报道。加大对海外留学人士的宣传力度，在宣传报道中应按规定注明其海外留学团体职务或身份。

第七，激励海外留学人员承担社会责任，发挥思想库和智囊团作用，主动服务中国的文化产业发展，打造特色服务和高端服务品牌，在跨文化交流、外语培训、提升中国国家软实力的影响力和话语权的活动中扮演重要角色，发挥独特优势，全面提升海外留学人员服务国家社会的影响力和辐射力。在这方面，马来西亚华人对传承中华文化的坚持值得海外留学人员学习和借鉴。华人从中国移居到马来西亚，经过长期努力和坚持，将包含传统文化、风俗信仰和人文精神在内的中华文化注入日常生活，成为当地多元文化的一部分。马来西亚华人文化的内容形形色色，涉及传统节日、方言、华文教育、宗教、表演艺术、饮食等方方面面，充满活力，得到了很好的实践与传承。20 世纪 50 年代至 90 年代，马来西亚与香港两地的文化人、作家与学者的相互往来和交流，他们的游移行动和心灵状态，也参与建构和影响了当地文学、文化的发展。马来西亚的华人文化为固有文化注入了新的养分，也丰富并创新了自身。这些创新的文化，如二十四节令鼓、高桩舞狮和文琴很快传播到国外，并获得认可。马来西亚华人文化对中华传统文化多层面的传承及文化上的创新值得海外留学人员在开展中华文化传承与传播工作时借鉴。①

第八，发挥海外华文媒体的重要作用。20 世纪 90 年代以来，世界上的华文媒体(包括平面媒体和电视、网络等新媒体)全方位发展，逐渐具有了多样化、系统化的产业形态。尽管在目前的世界媒体中，英语仍处于主流地位，但在“中国热”及其随之而来的“汉语热”的大趋势下，海外华文媒体日益发挥着多重的功能和作用，成为中国人民联系世界各国人民的重要桥梁，对传播中华文化负有特殊使命，并在帮助崛起中的中国提升整体民族素质方面，与中国国内传媒一道发挥重要的合力作用。华文媒体是华人居住地多元文化的重要组成部分，也应属中华文明的重要组成部分。总之，海外华文媒体将在承担以上角色的过程中展现独特的魅力，正面临着前所未有的良好发展机遇。可以鼓励海外华人留学生参与这些华文媒体的工作。

第九，加强海外留学生宣传工作。要把海外留学生宣传工作纳入宣传部门的年度工作计划，积极宣传海外留学生爱国活动，扩大海外留学生爱国活动的社会影响。可以在“文化强国”的时代背景下，

---

① 李其荣、李兰珺、栗晋梅：《合作与共赢：华侨华人与中国的交流与互动——第七届海外人才与中国发展国际学术研讨会述评》，载《华人研究国际学报》，2012，第四卷第一期。

通过研讨会、座谈会等多种形式，探讨海外华人留学生对中华文化的认识、传承和传播，宣传海外华人留学生在传播与弘扬中华文明、增强海外华侨华人社会的凝聚力和影响力、维护中华民族国际形象，以及推动社会主义文化大发展大繁荣方面的重要意义。

第十，在技术层面，可以在国内建置海外留学生文化学习和生活服务综合网站，建置共同合作课程，通过网络科技进行远距离教学，共享信息，海外留学人员可以在线讨论、互通有无，既可学习和传播中华文化知识，又可开展联谊，发布生活信息，提供生活服务和帮助，乃至进行跨国经济技术合作。

第十一，随着我国国力的增强，留学人员回国或跨国服务的数量将大幅度增加，要做好暖人心的工作，使其安心为祖国服务，为提高中国的国家竞争力贡献智慧。要继续坚持"支持留学，鼓励回国，来去自由"的留学政策，采取切实措施，吸引海外优秀专家学者以各种方式为国服务，可以柔性引进的方式鼓励他们创办高新技术企业和科研机构。

第十二，发挥中国大陆在中国语言文化等学科的深厚积淀和教育费用较为低廉等优势，吸引海外留学生对中华传统文化的关注，培养其对传承与传播中华传统文化的兴趣。适应新时代中国与世界各国和地区经济、文化、科技、教育等方面的交流，在传承与传播中华传统文化的同时，开拓国际教育市场，加强招收华侨华人子女来华留学的力度。

(二)保障措施

1. 体制改革

体制改革与创新是改革发展的重要内容，是国家海外留学人员管理实现战略转型和战略升级的根本动力。要以体制机制改革为重点，创新人才培养机制、人才选拔体制、管理体制，改革公派留学选拔考试和访学质量评价制度，改革管理内容、方法、手段，循序建设现代管理制度，为国家海外留学人员管理事业持续健康发展提供坚实保障。

(1)解放思想，与时俱进，创新海外留学人员管理制度。完善体制和政策，完善相关法律法规；完善海外留学人员管理事务公开制度，探索建立董事会制度；建立科学的考核评价和激励机制，完善督导制度和监督问责机制；树立科学人才观，建立以岗位职责为基础，以德才能绩为量化标准的综合性、科学化、社会化的人才评价发现机制；健全社会支持和监督海外留学人员发展的长效机制，不断扩大社会资源对海外留学人员中华传统文化传承和传播事业的投入；探索与地方、行业、企业密切合作共建的模式，发挥国内海外留学生管理机构的作用。

(2)明确责任，注重实效，做好改革试点项目。以勇于创新的探索精神，组织和实施海外留学人员中华传统文化传承和传播试点项目。成立专项领导小组和工作小组，明确各相关部门责任，加强研究、周密部署、检查指导、督促实施，做到统筹规划、循序开展、试点先行、灵活调整。注重试点项目落实推动的实际效果，发挥试点项目对其他海外留学人员的示范作用。

(3)探索促进海外留学人员成长发展的多种评价方式，改进人才评价选拔机制。根据培养目标和人才理念，建立包含中华传统文化传承和传播在内的科学、多样的评价标准，建立代表绝大多数留学人员利益的中华传统文化传承和传播质量评价体系。各级党委政府要注意从海外留学归国人员中德才兼备的优秀代表人士中选拔领导干部，并形成与其他统战团体、民主党派代表人士选拔相对等的干部选拔和任用机制。

2. 经费保障

经费保障是“十三五”期间海外留学人员中华传统文化传承和传播事业发展不可或缺的环节，要优化资金支出结构，依法理财，合理安排，提高资金使用效益。

(1)为开展海外留学人员有关的统战工作提供物力、财力支持。海外留学人员统战工作经费列入国家、地方经费预算，切实为爱国爱家乡、传承与传播中华文化的海外留学团体开展工作提供方便，为海外留学人员的有益活动提供必要的物质和资金支持。

(2)优化经费投入结构。确保基本需要经费由国家财政支出的同时，以项目制形式积极争取基建项目、科研项目、文化科技创新项目和文化产业专项资金等重大项目，获得国家教育经费和外交经费投入和支持，并加快推进与地方政府和企事业单位、社会团体共建步伐，持续扩大共建项目规模和融资规模。实施品牌战略，形成具有海外留学人员管理机构和海外留学团体特色的产业模式，实现经济效益和社会效益的并重和双赢。

(3)完善经费管理和使用机制。严格遵守国家财政资金管理法规和有关财经纪律。加强财务会计制度建设，提高经费使用和资产管理专业化水平。结合国家审计制度，加强经费使用监督，加大重大项目建设和经费使用的公开化力度，确保经费使用规范、透明、安全、高效。加强国有资产管理，建立健全国有资产配置、使用、处置管理制度，防止国有资产流失和浪费，提高使用效率。

(三)组织实施

第一，加强组织领导。加强规划实施的领导，把贯彻落实海外留学人员中华传统文化传承和传播事业规划作为外交部门和教育部门及统战部门年度考核的重要内容。建立专责机构，提升行政效能和服务效率。建立健全规划实施的中期考核和年度考评制度，完善监督机制和问责制度。

第二，加强对规划实施的监督检查。对规划提出的总体目标、工作思路和具体措施进行分解，明确主责职能部门和机构。建立海外留学人员中华文化传承与传播工作规划年度总结与汇报制度，除组织对规划实施的中期评估和跟踪监测外，还要定期发布工作开展的基础数据分析报告和事业发展报告，及时向社会公布规划实施的进展状况，主动接受海外留学人员、海外留学团体、留学生家长、资金支持者、媒体和留学回国人员代表人士等参与规划实施的监督。将社会各界对规划的意见和建议作为规划调整的重要依据。

第三，加强对海外留学人员中华文化传承与传播工作及其规划实施的宣传。充分发挥广播电视、报刊、互联网、手机短信等新闻媒体的作用，及时报道海外留学人员中华传统文化传承和传播事业发展的新精神、新举措，广泛宣传海外留学人员中华传统文化传承和传播事业规划的思路、举措、方案及实施情况，凝聚人心，汇聚智慧，努力营造有利于海外留学人员中华传统文化传承和传播事业改革发展的良好舆论氛围。

“十三五”期间是我国发展海外留学人员中华传统文化传承和传播事业的重要战略机遇期。坚持服务国家对外开放大局，是这项事业的根本目标。面对国内外新形势，我国的海外留学生管理工作必须抓住机遇，加快发展，深化改革，提高服务水平，为增强我国的国家文化软实力的发展，进而增强国家整体影响力做出切实有效的贡献。我们要以继往开来、开拓创新的精神，制定、实施发展海外留学人员中华传统文化传承和传播事业的五年规划，并根据国家经济社会发展的需求，适时进行规划内容的调整，推动海外留学人员中华传统文化传承和传播事业在新的历史起点上的跨越式发展。

（作者系福建师范大学教授）

格式与格式学：“汉学—国学—华学”与“西化—并置—化西”——五论汉学、国学、华学[①]

钱　爽　张耀南

以中华为研究对象加以考察，可谓是“中华之学”。针对并围绕这样一种“中华之学”，迄今为止在学界一共形成了三门所谓的“学问”：一曰“汉学”；二曰“国学”；三曰“华学”。但是，这三门“学问”究竟是否成立，在学界至今仍颇具争议，歧义丛生。

在“汉学”中，存在着一个界定性的问题。且不论“汉学”这一名尚可以指称源于汉代的、在清代被称为“实学”的经史、训诂、考据之学，其本身的界定就很模糊。它到底是专门强调以中华（特别是中华历史、语言、哲学、文学、艺术、宗教、考古、社会、经济、政治、法律、科技等人文和社会科学及自然科学领域）为研究对象，还是要着重突出其研究主题是西洋人？若是前者，则产生

① 本文为北京市社会科学基金重点项目“中西哲学比较研究史论”（项目号15ZXA005）、国家社科基金一般项目“中华比较哲学史论”（项目号16BZX035）、2014年中宣部文化名家暨“四个一批”人才项目“化西文献编纂及研究”（中宣办发[2015]49号）的阶段性研究成果。

了一个新问题，即“汉学”与“国学”(乃至“华学”)又有何区别？它们其实都是以中华作为研究对象的。徒增指称同一实的三个异名，岂不多此一举？

事实上，“汉学”与“国学”总体上还是有所区别的，它们更应该是近义词而非同义词。[①] 若是后者，则也产生了一个新问题，即无论把“汉学”这一名还原为西文的 Sinology 或 Chinese Studies，并考察这两个西文的原语，“好像外国人自己并没有这样的说法”[②]，即规定 Sinology 或 Chinese Studies“一定是要由他们来研究，中国人不能或不必研究的”[③]；同时，还附带引申出了一个修辞学(而非语用学)的小问题，即“汉学”“海外汉学”与“国内汉学”之辨：

> “海外汉学”是中国独有的学术领域，外国没有的。外国人研究“汉学”，不研究“海外汉学”。既然有“海外汉学”，似乎也应该有“海内汉学”或“国内汉学”。……可是，偏偏没有“国内汉学”；不但没有，连“汉学”我们都没有。“汉学”是外国人从事的学术，这门学科本来就是海外的，所以，当“海外”和“汉学”两个词组合在一起，构成“海外汉学”(overseas Sinology)时，从修辞上说就犯了同义反复(tautology)的毛病。[④]

在“国学”中，则存在着一个合法性的问题。不少中国高等院校借“国学热”浪潮，纷纷设立所谓的“国学院”或“国学研究中心”等，并以国学专业作为独立的学科招生授业。但“国学”本身究竟能不能成为一级学科，“国学”是否可以拥有“国学学位”，对此也是各执所见，而莫衷一是。陈来等前沿领军学者明确认为“国学确确实实是一

① 姚小平：《国学与汉学》，载《中华读书报》，2010-08-18。
② 同上。
③ 同上。
④ 同上。

个学科"①；中国高等院校创设的第一所严格意义上的国学专门教育研究单位——中国人民大学国学院，甚至提出了把国学作为一级学科后具体的"国学学位"的设立：

> 将国学作为一级学科，下设：经学、子学、国史、国文、国艺、小学、中国少数民族与边疆地区文化研究7个二级学科。

但反对者也提出了相应的质疑。例如针对人大国学院的上述举措，反对的声音就表示：

> 国学一级学科下设的7个二级学科基本上都与文、史、哲相关的二级学科交叉、重复。如：经学与哲学中的中国哲学、与历史学中的历史文献学；子学与哲学中的中国哲学；国史与历史学中的中国古代史；国艺与艺术学中的音乐学、美术学；小学与中国语言文学中的汉语言文学、与历史学中的历史文献学；中国少数民族与边疆地区文化研究与民族学中的中国少数民族史、与历史学中的历史地理学。由于国学一级学科下设的7个二级学科，几乎全与文、史、哲等相对应的二级学科交叉、重叠，这就势必会影响到设立"国学"一级学科的学科独立性问题。②

持反对意见的学者进而认为，如果把国学与文、史、哲等并列为一级学科，就是从逻辑上忽略了种属关系，这不是提高而是降低了国学的地位：

---

① 金大伟、魏忠强、谭芳、张文华录音整理：《国学是一门学科——陈来、黄朴民等论国学》，载《光明日报》，2009-10-12。

② 王泉根：《学科级别与"国学学位问题"——试评〈学科专业目录〉》，载《学术界》，2007(6)。

> 具体到……国学作为学科，我认为都是不能成立的，也许为了一时之需或者说在过渡时期它们有其存在的价值，但是从究竟意义上来讲，最终还是要归到历史学、哲学、宗教学等具体学科之中去的。尽管中国学术本身有其特殊的地方，但我依然认为，目前按照现代学术划分后的中国学术的某一领域与它所属学科之间的关系更密切。①

更有学者直接明确反对把国学纳入一级学科名录。② 当然，也有学者持中立的态度，批判简单用西洋分科模式评价国学的综合模式，而主张既保留西洋的分科模式，同时又应当发展国学的综合模式，力图调和上述两方的对立观点：

> “国学”学科形态既难与文、史、哲平列，也非文、史、哲简单相加，它是“义理、考据、辞章”的综合，是“材料、方法、学术史”的贯通和统一。……这正好证明国学具有很强的综合性特点，它是一个完整的文化学术体系而非众多学科的集合。国学有自己的学科形态定位，不能够也不必要用西学尺度来衡量或改造她。国学应在注重文史哲学术分析的基础上打通学科界限，达到互动、互证、互补的融通。③

在“华学”中，也存在着一个区别性的问题。“华学”这一名在学界最早由饶宗颐先生提出，饶氏甚至于1994年始创办并主编了名为《华学》的大型国际学术刊物。有学者专门对饶氏的华学观做过专门

---

① 李雪涛、何乏笔：《“汉学”与“国学”(下)——李雪涛、何乏笔对谈》，载《中华读书报》，2011-08-03。

② 如张分田分别从“独尊儒术的‘国学’不适用于现代”“区隔中西的‘国学’存在重大偏弊”“含义混乱的‘国学’无法界定学科”和“夸大功能的‘国学’不能使之太热”这四个方面表达了其明确且直接的反对意见。参见张分田：《“国学”不宜用于命名一级学科》，载《天津社会科学》，2010(3)。

③ 万献初：《论“国学”的学科形态与学科建设》，载《长江学术》，2007(4)。

研究，从而得出了这样的结论：

> 从饶宗颐先生的夫子自道，笔者几乎可以肯定一般人心目中所谓"国学"，即饶师心目中的知己功夫、反求诸己的传统中国文化之学，但他认为这是研究中华文明屹立于大地之上从未间断的一个文化综合体的学问，所以他称之为华学。笔者相信饶师不会反对华学即国学这一说法。①

这样一来，"华学即国学"岂不是说饶氏所谓的"华学"，其实与"国学"无异，唯名不同而已。这样就又回到了类似前文所述的"汉学"与"国学"在理解上存在异名同实之嫌。"华学"只是创了一个新名，即把原来具有"中国之学"意义的"国学"改变为具有"中华之学"意义的"华学"。称谓虽变，但其实质还是没有改变。如何把"华学"与"国学"(乃至"汉学")区别开来，依然是一个具有困扰性的问题。饶氏"华学"一名的提出，不但没有厘清这个问题，反而使问题更加复杂化。

上述争论歧义之所以迭出，乃是因为学界把汉学、国学与华学视为独立的学科门类来加以对待。而化西宗却认为，汉学、国学与华学，并非三种不同的独立学科门类，实乃三款不同的中西比较研究的格式。以格式之视角观此三学，则三学既可以相互区别开来，又有新的意涵和新的审视与发现，还可以避免上述无谓的争论歧义。

一、汉学何为

传统意义上的"汉学"是"东方主义"(Orientalism)或"东方学"(Oriental Studies)的一个重要组成部分，它可以说从东西方初次相

---

① 郑炜明：《论饶宗颐先生的华学观》，见林伦伦主编：《饶宗颐研究(第1辑)》，108页，广州，暨南大学出版社，2011。

遇时就开始萌芽并发展了。

但汉学真正作为专业得以正式建立，其标志则是1814年12月11日法国法兰西学院正式任命雷慕莎(Jean Pierre Abel Rémusat)为“汉、鞑靼、满语言文学教授”。张西平称此为“专业汉学”诞生的标志。而在此之前的萌芽发展期内，张氏又先后划分出了“游记汉学”(以马可·波罗为代表)和“传教士汉学”(以欧陆天主教耶稣会士和英美新教传教士为代表)两个阶段。

因此，以张氏的观点来看，西洋的汉学演变历程可以分为“游记汉学”“传教士汉学”和“专业汉学”三个阶段。① 而张氏还特别指出：

> 传教士汉学是其学术和思想发展道路上最重要的一个阶段。它不仅与“游记汉学”相承接，而且它奠基了西方的专业汉学，为西方专业汉学准备了基本的材料和文献，其研究的方法也直接影响了专业汉学。甚至在西方专业汉学发展的初期，它长期与专业汉学并存。②

所以，汉学的真正创立，应当是在“传教士汉学”阶段。③ 而后以法国为肇始，逐渐在欧西各国建立、开展并扩散开来。④

(一)Sinology 与 Chinese Studies

阎纯德认为，“在世界汉学发展史上，就基本形态而言，汉学分为‘传统汉学’和‘现代汉学’。传统汉学以法国为中心，现代汉学则兴显于美国，而在西方其他国家葆有传统汉学的同时，现代汉学也

---

① 张西平：《西方汉学的奠基人罗明坚》，载《国际汉学》，2012(2)。

② 张西平：《传教士汉学的重要著作》，载《读书》，2004(11)。

③ 张西平亦持有这样的观点。可参见张西平：《西方汉学的奠基人罗明坚》，载《国际汉学》，2012(2)。

④ 当然，如果把日本宋学作为日本汉学的独立形态，日本传统汉学应当形成于14—15世纪。但化西宗乃是以中西比较研究之格式来谈汉学的，那时的日本汉学尚未涉及中西比较研究的格式之辨，故代表性并不鲜明。

相对地繁荣起来"①。

一般而言，所谓的"传统汉学"，西文曰"Sinology"；所谓的"现代汉学"，西文曰"Chinese Studies"。这可以说是汉学内部两种不同的形态。这样的一种形态转变，是以20世纪为转折点、分水岭的。尤其是在第二次世界大战后，对中华之学的研究中心逐渐由欧洲转向美国，这也就使得汉学在此时完成了一个由传统汉学到现代汉学的"华丽转身"。

那么，Sinology与Chinese Studies的区别究竟何在？首先，据阎氏的上述说法，便可以得出第一个明显的区别，那就是研究地域的区别。尽管Sinology和Chinese Studies的研究地域都集中于欧西，但具体还是有微妙的区别：前者的研究地域集中于欧洲，后者的研究地域则主要集中于美国。

第二个区别也是最为重要的区别，就是研究领域的区别。阎氏就表示：

> 传统汉学(Sinology)和现代汉学(Chinese Studies)的差异在于，前者是以文献研究和古典研究为中心，它们包括哲学、宗教、历史、文学、语言等，而以美国为中心的现代汉学(中国学)则是以现实为中心、以实用为原则，其兴趣根本不在那些负载着丰富的古典文化资源的"古典文献"，而重视正在演进、发展着的信息资源。②

可见，传统汉学可谓是"超然型"的形态，是钻故纸堆的纯粹学问，深入细微、高深而又有极强的专业性，人文学科的色彩较重；而现代汉学则带有明显的现实相关性，社会科学的色彩十分浓厚。

但事实证明并非如此，这样的区别划分并不能完全准确地成立，因为它无法解释由上述这两个区别而分别对应产生的两个问题。

---

① 阎纯德：《从"传统"到"现代"：汉学形态的历史演进》，载《文史哲》，2004(5)。

② 同上。

第一，现代汉学(Chinese Studies)的研究所在地除了美国之外，以澳大利亚为例，澳大利亚国立大学、墨尔本大学、悉尼大学、新南威尔士大学、麦考瑞大学等高等院校也发展出了 Chinese Studies。如果说澳大利亚尚属年轻的"新大陆"，那么属于老牌欧洲国家的英国，其实也有许多 Chinese Studies 的存在，如资历较老的牛津大学、剑桥大学、曼彻斯特大学、爱丁堡大学，资历较年轻的如伦敦大学亚非学院等，都专门设置了 Chinese Studies 这一专业。

除英国外，诸如德国(如科隆大学)和瑞士(如日内瓦大学)等其他老牌欧洲国家也设立了这样的专业。不仅如此，非欧西地区也出现了 Chinese Studies，如新加坡国立大学中文系专门设有 Chinese Studies 的研究方向。当然，这种不限于美国的地域扩散，很有可能也是因为美国的 Chinese Studies 在全球范围内的扩展所致，但基于现状的事实，则不得不承认 Chinese Studies 已经不完全集中于美国了。

第二，现代汉学(Chinese Studies)并非只"以现实为中心、以实用为原则"，也并非"兴趣根本不在那些负载着丰富的古典文化资源的'古典文献'"。相反，不少在设置有 Chinese Studies 专业的高等院校从事学术研究的学者也围绕文献研究和古典研究，以中华哲学、宗教、历史、文学、语言等作为其研究方向和研究兴趣。如夏威夷大学中国研究中心的安乐哲(Roger T. Ames)、爱丁堡大学的耿幽静(Joachim Gentz)、新加坡国立大学的劳悦强、新南威尔士大学的赖蕴慧(Karyn Lai)、麦考瑞大学的陈慧(Shirley Chan)、悉尼大学的柯艾思(Esther Klein)等。

以上两个问题的现实存在，就连阎氏本人最后也不得不承认无法回避：

> 诚然，当下的美国的汉学家也有采用欧洲传统汉学研究方法和模式从事研究的；同样，在欧洲，也有相当多的汉学家踏入了美国汉学家研究的路径。这就是 21 世纪汉学存在的情景。但是，就汉学发展的趋势而言，在 21 世纪，其研究内容和方式

已经出现了融通这两种形态的汉学。这种状况既出现在欧洲的汉学世界，也出现在美国的中国学研究之中，就是说在世界各国的汉学研究中，都兼有以上两种汉学形态。①

因此，基于上述的这些问题，可以再进一步看出，事实上把 Sinology 翻译成"传统汉学"、把 Chinese Studies 翻译成"现代汉学"这样两个颇具"传统"与"现代"的代际性之名，也是不恰当的②。

(二)化西宗的汉学观：代表"以西化中"之"西化"格式

在化西宗看来，以研究地域和研究领域来划分、区别 Sinology 与 Chinese Studies 是不准确的，应当以中西比较研究的格式来加以划分、区别。化西宗认为，无论是 Sinology，还是 Chinese Studies，都是一种汉学的格式学，也就是"以西化(释)中(华)"的"西化"格式之学问。

西班牙学者鲁伊斯(Raul Ramirez—Ruiz)明确表示：

研究者进入欧洲汉学，第一印象就如同靠近了欧洲的历史：这是一种持续的融合，有着各自历史的国家和他们各自出类拔萃的、超越自己民族性的任务之融合。自然的趋势就是一个国

① 阎纯德：《从"传统"到"现代"：汉学形态的历史演进》，载《文史哲》，2004(5)。

② 一般把 Chinese Studies 翻译成"中国研究"或"中国学"，Sinology 通常译为"汉学"，但两种对应的译名其实互相替换使用亦无不可，这不过是一个学术称谓的习惯而已。李学勤表示："'汉学'，英语是 Sinology，意思是对中国历史文化和语言文学等方面的研究。在国内学术界，'汉学'一词主要是指外国人对中国历史文化等的研究。有些学者主张把 Sinology 改译为'中国学'，不过'汉学'一词沿用已久，在国外普遍流行，谈外国人这方面的研究，用'汉学'较为方便。"见李学勤：《序》，引自李学勤：《国际汉学漫步(上册)》，1～2 页，石家庄，河北教育出版社，1997。阎纯德也专门强调："这里要特别强调的是，第一个将 Sinology 译成'汉学'的，不管是外国人还是中国人……如果当初将 Sinology 译成'中国学'，其实也很恰如其分。"见阎纯德：《莫随意给"汉学"更名换姓》，载《中国社会科学报》，2010-09-28。另有关 Sinology 与 Chinese Studies 的译名与称谓的争论和讨论，还可以参见陈君静：《大洋彼岸的回声：美国中国史研究历史考察》，1～2 页，北京，中国社会科学出版社，2003。化西宗更倾向于总以"汉学"称谓 Sinology 和 Chinese Studies，因为这并非涉及一个翻译的译名对应问题，而是涉及一个格式的问题。

家接一个国家地来研究汉学。不过当你回顾整个“欧洲汉学”，你会看到欧洲汉学中更重要的并不是国家、民族国家，而是它背后的“欧洲”观念。通常，这个观念以其背后的帝国形式表达出来。因此，欧洲汉学史是帝国和人物史，更是产生这些帝国的观念史。这些帝国被一些真正的“天才”的任务连接在一起，这些天才来到遥远的中国，学会十几种语言，并服务于他们的“观念”。我认为，“欧洲汉学”是扩张主义者的精神和欧洲(或西方)的普世性的一个例子。①

鲁氏认为“欧洲汉学”最重要的是“欧洲”观念，他甚至最后从“欧洲”扩充至“西方”，其意在表明所谓“汉学”或“西方汉学”，最重要的乃是“西方”的观念。这实际上就是汉学以西方为普世格式的西方中心论思维，也就是化西宗认为的“以西化(释)中(华)”的“西化”格式，这与所谓的“东方主义”观念何其相似!

学者萨义德(Edward W. Said)在其专著《东方主义》(*Orientalism*, 1978)中就揭示了西洋根据自己的意愿，“创造”出一个异己的东方“他者”，并将这种人为杜撰的“真实”强加于东方的过程，鲁氏所谓的“服务于他们的‘观念’”就是如此。萨氏指出，这种东方学或东方主义实际上就是西洋中心主义的产物，迎合了帝国主义(或者说殖民主义)的扩张需要，因此作为东方主义或东方学的重要组成部分的汉学，自然也受到了这一“西化”格式的深刻影响。斯洛文尼亚汉学者罗亚娜(Jana S. Rošker)就指出：

汉学作为一门学科，建立在有关东方主义讨论的语境之中。东方主义奠定并影响了对并非源自所谓西洋传统的文化进行研究时所采取的殖民主义路径。这就是为什么在汉学中对东方主义诸成分的批判也就是对知识与权威这对经典关系所具有的暴

① [西班牙]劳尔·鲁伊斯(Raul Ramirez－Ruiz)：《欧洲汉学更重要的是“欧洲”观念》，王燕、刘莉译，载《社会科学报》，2012-09-06。

力性进行批判的原因所在。在此框架中，任何一种比较都不可避免地成为一种诠释，这些诠释都建立在这样一种价值体系的基础之上：其内容由物质进步的意识形态所决定；其方法乃是欧西形式逻辑。①

的确，例如高本汉(Klas Bernhard Johannes Karlgren)运用西洋语音学理论研究中华古代音韵，从而摒弃了中华传统语言学研究的路径；李约瑟(Joseph Terence Montgomery Needham)运用西洋科技思想整理中华科技历史，从而开创了中华科学技术史这一新学科；费正清(John King Fairbank)运用西洋社会科学研究方法研究中华近代社会，形成了美国中华史具有强烈"西洋中心主义"色彩的研究模式，其后来的主要代表有费正清与赖肖尔(Edwin O. Reischauer)的"冲击—反应"模式("Impact-Response" Model)和列文森(Joseph R. Levenson)、芮玛丽(Matt Wright)与费维恺(Albert Feuerwerker)的"传统—近代"模式("Tradition-Modernity" Model)，都是采用西洋二元对立的二分法观点来分析中华近代史的。汉学的这种"西化"格式，是以西洋人的价值观来认识中华、解读中华、重构中华的比较研究格式，成为西洋评判中华的基本框架和话语模式。

这种格式为当代国内大多数、各学科的学者所采用，张西平认为这种"受启于汉学家"的转变乃是中华学术界方法论上的"范式转换"②。而在化西宗看来，可以准确地说，这种"范式转换"就是最终使中华学者转向甚至倒向了"西化"的格式转换。

而在化西宗的理解下，Sinology 和 Chinese Studies 是"汉学"这一款"以西化(释)中(华)"的"西化"格式下的两种表现形式。在前文的陈述中，可以发现现代汉学(Chinese Studies)在研究地域上已经从美国扩展至曾经属于传统汉学(Sinology)的研究地域——欧洲，乃至

① Jana S. Rošker, *Searching for the Way-Theory of Knowledge in Pre－Modern and Modern China*, Hong Kong, Chinese University Press, 2008, p. xiii.

② 张西平：《汉学研究三题》，载《中华读书报》，2002-06-27。

非欧西的地域；而且在研究领域上，现代汉学(Chinese Studies)也已经不仅研究与现实相关的、实用的社会科学领域，而且也已涉及传统汉学(Sinology)所研究的领域。

但反过来，传统汉学(Sinology)在研究地域上似乎并未从其原有的研究地域——欧洲扩展至美国或其他地区，很难发现除欧洲老牌的高等院校外，在非欧洲的地域里还有所谓的 Sinology 的专业设置；而且传统汉学(Sinology)也并非只“以文献研究和古典研究为中心”对中华哲学、宗教、历史、文学、语言等方面进行研究，也有“以现实为中心、以实用为原则”的“重视正在演进、发展着的信息资源”的方面，也具有现代汉学(Chinese Studies)的色彩，如瑞士的苏黎世大学汉学系，但这相比于现代汉学(Chinese Studies)所具有的传统汉学(Sinology)色彩而言，是极为少数的。事实上，传统汉学(Sinology)通常来说还是以文献研究和古典研究为中心，对中华哲学、宗教、历史、文学、语言等方面进行研究，最具代表性的便是比利时荷语天主教鲁汶大学汉学系。

由此观之，Sinology 涉及中华之学的领域较狭窄，而 Chinese Studies 涉及中华之学的领域较宽泛。加之在化西宗看来它们在中西比较研究中都是属于“以西化(释)中(华)”的“西化”格式这一款之下，所以，Sinology 可以说是局部的“以西化(释)中(华)”的“西化”格式，Chinese Studies 可以说是全盘的“以西化(释)中(华)”的“西化”格式。

二、国学何为

一般来说，国学于中华而言专指中华本土所固有之全部学术。“国学”一名并非本来就有，而是始于晚清，乃是晚清西学东渐之风潮下作为区别于西学而由中华学者所创制之概念。“国学”针对“西学”提出，与“西学”成对立、对比之态势。“国学”之“国”，乃指民族国家(nation state)意义下之“中国”，而非天下意义下之“中国”，以试图与西洋民族国家之学——西学——相并而立。

（一）"国故学"与"国粹学"

关于"国学"，曾有过"国故学"与"国粹学"的论辩。胡适曾有过经典之论述：

> 中国的一切过去的文化历史，都是我们的"国故"。研究这一切过去的历史文化的学问就是"国故学"，简称为"国学"。"国故"这个名称最为妥当，因为它是一个中立的名词，不含褒贬的意义。"国故"包含"国粹"，但它又包含"国渣"。我们若不了解"国渣"，如何懂得"国粹"？所以我们现在要扩充国学的领域，包括上下三四千年的过去文化，打破一切的门户成见，拿历史的眼光来统整一切。认清了"国故学"的使命是整理中国一切文化历史，便可以把一切狭陋的门户之见都扫空了。①

胡适对于"国学"与"国故学"和"国粹学"的观点，化西宗是绝不能赞同的，反驳的理由如下。

首先，"国学"不只是研究中国的一切过去的文化历史，张岱年就表示"不但今日以前的中国学术是国学，当代中国的学术思想也属于国学的范围"②。因此，"国学"不是"死"的，而是"活"的。"国学"在研究对象上可以有新、旧之别，在研究方法上也可以有新、旧之别。胡氏只看到了研究对象上的旧的一面。

其次，"国故学"并非等于"国学"，即并非所有研究中国的一切过去的文化历史的学问都可以称作"国学"，前文所述的"汉学"中也有这样一部分，但"汉学"与"国学"是有着明确区别界限的。因此对于"国学""国故学"，不仅要看清研究对象，还要厘清研究主体和研究方法，切莫如胡氏一样一刀切、一锅端。

最后，依胡氏之意，既然"国故学"等于"国学"，而"国故"中又

① 胡适：《〈国学季刊〉发刊宣言》，见《胡适文存(第三卷)》，10页，北京，北京大学出版社，1998。

② 张岱年：《说"国学"》，载《中华国学》创刊号，1989。

包含有“国粹”和“国渣”，那么“国学”也必然有“国粹学”与“国渣学”之分了。在化西宗看来，既然称之为“学”，必然已经涤其渣而存其粹，胡氏此言实属多此一举；而且，化西宗认为，“粹”并非是在内容上相对于“渣”而言的，实乃格式上的“粹”，下文即要展开论述。

(二)化西宗的国学观：代表“以中释中”之“并置”格式

化西宗认为，“国学”是一门格式学，实乃比较研究格式中的“以中(华)释中(华)”的“并置”格式之学问这一款，因为它的出现，是力图与西学争取并尊、并立的地位，以彰显自身所独具的特色。张耀南就表示：

> “国学”当然就是“中学”，就是“中国的学问”，就是“中国思想家的思维方式”。欧洲有所谓“欧学”，如欧洲哲学、欧洲文学、欧洲史学，美国有所谓“美学”，如美国哲学、美国文学、美国史学，中国当然可以有所谓“中学”。欧、美同属“西学”范畴，“西学”虽分欧陆与英美两大系，但这两大系的根本思维方式，并没有明显的不同，换言之，它们之间只有“术”不同而没有“道”不同。“中学”与“西学”之间则不然，“中学”与“西学”的根本思维方式就是不同的，它们之间不仅“术”有不同，而且“道”亦有不同。……学有中西之别，“国学”之作为“学”，不只是指中国哲学、中国文学、中国史学等具体的学问，更是指，而且根本上是指渗透在这些具体学问之中的“有别于西方思维的中国思维”。“国学”之作为“学”，就是“西学”中所没有或匮乏的“中国思维”。①

而“国故学”与“国粹学”，其实又是这一款“国学”的“并置”格式之下的两种不同形态。

“国故”之“故”，化西宗认为并非“中华故有”(而非“固有”)之意，

---

① 张耀南：《论“国学”之作为“学”》，载《北京行政学院学报》，2007(1)。

因为中华所故有的也可以是先前学界所认为的"国粹"的东西。其"故"在于格式之"故"，即指以中华本土之格式研究中华本土之学。言其"故"是因为其在西洋眼光看来具有前现代的传统性，这是超出西洋所谓"现代性"(modernity)格式之外的。因此，在化西宗看来，"国故学"实又可以称为"土国学"。

"国粹"之"粹"，化西宗认为并非民族自尊态度上所持"中华古代正统高雅优越"之意，因为中华古代正统高雅优越的也可以是先前学界所认为的"国故"的东西。其"粹"在于格式之"粹"，即指以西洋之格式研究中华本土之学。言其"粹"是因为其在西洋眼光看来具有西洋所具备的现代性。因此，在化西宗看来，"国粹学"实又可以称为"洋国学"。

所谓的"国故学"和"国粹学"，"很大程度上反映了近代产生于资本主义工业社会的欧美汉学即'洋国学'和基于中国本土的思想传统即'土国学'之间在方法论上的不同。'洋国学'提倡运用自然科学的方法。……'土国学'更注重中国文化传统内部鲜活的、具有时代性的精神内容，强调'日用'和发扬"①。

化西宗特别需要指出的，是其中作为"洋国学"的"国粹学"，它其实是欲发明中华本土之学也具有西洋现代性的因素，这与前文所述的"汉学"的"西化"格式十分相近，但实际上有所不同，却极易混淆。"国粹学"骨子里承认中华之学有现代性因素这一前提，只是需要用西洋格式加以发掘；"汉学"的"西化"格式则在前提上就并不认为中华之学有现代性因素，而是以用西洋格式对其加以改造、消化为目的的。但值得注意并谨慎的是，"国粹学"稍有不慎，便会时时、处处诉求于西洋格式，最终囿于其中而不能自拔，这时候"国粹学"的"国学"也就实际上成了"西化"了的国学，实则与"汉学"无异。

---

① 刘堃：《近代国学的"洋"与"土"》，载《人民日报》，2008-01-08。

三、华学何为

前文已述，“华学”一词率先由饶宗颐先生提出。在饶氏眼中，他“主张外国人研究中国东西，一定要用中文发表。以前要在英文杂志上发的才被认可，这道理讲不通”，“现在能写中文的华学研究者已经有好几个了，但是能写得好的并不多——用中文发表的才有中国文化的味道”。

有感于此，饶氏认为“国学”这个名词存在误导性，因为每个国家都有自己的“国学”，“国学”无法作为中国文化的独有称谓。同时，西方的汉学家往往带着西方人的观点来看中国文化，使用“汉学”更不准确。加之清代出现过“汉学”“宋学”的研究，如果用“汉学”指代中国传统文化，容易与清儒的“汉学”相混淆。因此，饶氏不主张用“汉学”和“国学”，而主张用“华学”来指代中华传统文化。

其实，饶氏的初衷是化西宗所认可并赞同的，但若专取名以指代中华传统文化，则“国学”一名并无不可，只是须专门强调此所谓“国”乃“中国”自身。若为避免这样的多义误解及冗赘说明，以晚清已有的“中学”一名指代亦未尝不是个好的选择，大可不必专造“华学”一名指代之。饶氏专造“华学”一名，只作指代中华传统文化之用，未免有大材小用之遗憾。

在化西宗看来，“华学”一名，应当具有更为深刻的意蕴内涵。

(一)饶宗颐的华学观

饶氏在1994年2月为其创办并主编的《华学》这份大型国际学术刊物撰写发刊辞时明确表示：

> 中华文明是屹立于大地上的一个从未间断的文化综合体，尽管历尽沧桑，经过无数纷扰、割据、分与合相寻的历史波折，却始终保持她的连续性，……中国何以能够维持七八千年的绵

延不断的历史文化，光这一点，已是耐人寻味而不容易解答的课题。

从洋务运动以来，国人对自己的传统文化已失去信心。外来的冲击，使得许多知识分子不惜放弃本位文化，向外追逐驰骛，久已深深动摇了国本。"知彼"的工作还没有做好，"知己"的功夫却甘自抛掷。现在是反求诸己、回头是岸的时候了。

……

我们所欲揭橥的华学趋向，有下列三个方面：一是纵的时间方面，探讨历史上重要的突出事件，寻求它的产生、衔接的先后层次，加以疏通整理；二是横的空间方面，注意不同地区的文化单元，考察其交流、传播、互相挹注的历史事实；三是在事物的交叉错综方面，找寻出它们的条理——因果关系。我一向所采用的史学方法，是重视"三点"，即掌握焦点、抓紧重点、发挥特点，尤其特别用力于关联性一层。因为唯有这样做，才能够说明问题而取得较深入的理解。……我在史学是主张关联主义的，……我愿意提出这一不成熟的方法论点，来向大家求教。①

饶氏的华学观是明确反对"西化"格式的，这一点毫无疑问。郑炜明对饶氏的华学观做过专门研究，可以说是饶氏华学观研究的第一人兼专家。他认为饶氏上述表述"讲了华学的范畴"②，就是专门指作为一个文化综合体而言的中华传统文化之学。饶氏在其中使用了"'知己'的功夫""反求诸己""回头是岸"这样的字眼，意在表明饶氏并不太赞成用比较的方法去研究中华传统文化，研究自身的文化不应当也不需要受到他人的影响，而是要通过"知己"的功夫去"反求

---

① 饶宗颐：《发刊辞》，转引自饶宗颐：《华学(第一期)》，广州，中山大学出版社，1995。

② 郑炜明：《论饶宗颐先生的华学观》，转引自林伦伦：《饶宗颐研究(第1辑)》，108页，广州，暨南大学出版社，2011。

诸己”，用自己的格式“格”自己的文化。

此外，饶氏在上述表述中“也谈及他所主张的方法论：史学上的关联主义”①。他的这种“文化的关联性研究”采用了“纵、横和交叉错综等切入角度和坐标”②，让人感觉颇有比较研究的形态。但如若我们考虑到刚才所谈的饶氏华学之范畴，再考虑到他对比较研究方法的反对，就可以得知这种“文化的关联性研究”只是“文化综合体”内部的关联性研究，而非文化综合体之间的关联性研究，而且还是以史学为中心的内部关联性研究。比较研究，恰恰应当需要后者。

(二)化西宗的华学观：代表“以中化西”之“化西”格式

饶氏认为采用比较的方法来研究中华传统文化容易受他人的影响，但化西宗却认为，采用比较的方法并不必然只有受他人的影响，还可以影响他人。这种主动与被动影响的关键，便是持有什么样的比较研究格式。如若持有的是“西化”的比较研究格式，必然沦受作为“他人”的西洋文化之影响。然而，比较研究格式岂独有“西化”这一家、一种、一款？

根据先前化西宗的汉学观和国学观，饶氏的华学观在化西宗看来很容易退回到“国学”的“并置”格式上去，甚至从本质上说就是“国学”的“并置”格式本身(尤其是其中的“国故学”)，与之无异，只是换了一种称谓、名号或说法罢了，实质上并无新的突破。无怪乎郑炜明会得出前文所说的“华学即国学”这样的说法。因此，化西宗认为，饶氏华学观的范畴小了，方法论也窄了。

以化西宗观之，华学之作为“学”，乃是比较研究的一款格式学，即“以中(华)化(释)西”的“化西”格式之学问。这种格式学在范畴上是接收比较研究的，而且是需要在“国学”的“并置”格式之上再向前迈进一大步，用研究中华之学所得之格式学问消化西洋之学。

因此，这种格式学的方法论不能只停留于仅仅以史学为中心的

---

① 郑炜明：《论饶宗颐先生的华学观》，转引自林伦伦：《饶宗颐研究(第1辑)》，108页，广州，暨南大学出版社，2011。

② 同上。

“文化综合体”的内部关联性研究，而是要寻找到这一“文化综合体”内部全方位的“中华共识”，并用此全方位的“中华共识”来“格”所谓的“西洋共识”，实现“全盘化西”。饶氏提倡先求“知己”、后求“知彼”(甚至可以说是重“知己”而轻“知彼”)的工作，但化西宗更提倡“知己”与“知彼”要同时兼重，运用“知己”(“并置”)的格式去“知彼”(“化西”)。

此外，化西宗提倡的“华学”中的“华”，既有“中华”之意，又与“消化”的“化”发音相近，因此也有“以中华消化某某”(即简曰“华化”)之意。若在中西比较研究格式中，先前所讲的“化西”就有了“化”的主体，现在所讲的“华化”就有了“化”的对象，加上全方位的“中华共识”，总的来说就是“以(中)华(全盘)化西”，“华学”也就是“以(中)华(全盘)化西之学”，一语双关。华学，这就是化西宗提倡的中西比较研究格式。

四、余论：我们现在需要的是“全盘化西”

考察晚明以降四百余年“中西哲学比较研究”，我们发现这门学问已经来到“全盘化西”之“拐点”上：止步于“以西化中”已经没有出路，止步于“中西并置”已经没有出路，止步于构建“普世哲学”已经没有出路；只有“全盘化西”，才是中华哲学之唯一出路。

所谓“化西”，就是“吃掉”西学，“消化”西学；所谓“全盘化西”，就是“全方位地吃掉”西学，“全方位地消化”西学。我们祖先在五千年的长史中，已经创造出一套完整的“格式系统”，我们就可以拿这个“格式系统”去吃掉西方、消化西方，最终把“西方哲学”变成“中华哲学”的一部分，产出“新中华哲学”。就像我们曾经拿这个“格式系统”吃掉佛学、消化佛学，最终产出“禅宗”一样。中国当代学人，要拿出“禅师”的勇气与气魄来。我们曾经用八个世纪的时间“全盘化佛”，晚明以降中西哲学之较量，已历四个世纪，再用四百年，我们还是能够用中华“格式系统”吃掉、消化“西方哲学”，开启中华文明新时代。

四百余年来“中西哲学比较研究”之根本失误，就在以“中学原料说”取代了“西学原料说”，以“中学食物说”取代了“西学食物说”，就在以“西学西理”吃掉、消化“中学中理”。一方面批判所谓“西方话语霸权”，另一方面又在做“全盘西化”的帮办，岂不是南辕北辙。要获得“话语权”，就必须把自己变成口腔胃肠；自愿居于“原料”与“食物”之地位，要想掌握“话语权”，乃是痴心妄想。“全盘西化”的目标，是人为刀俎，我为鱼肉，人为口腔胃肠，我为原料食物；“全盘化西”的目标则相反，是我为刀俎，人为鱼肉，我为口腔胃肠，人为原料食物。

“普世哲学”之构想，是“中西并置”格式的一个变种。这个构想，可说是中国学者的独创：就是认为“中国哲学”与“西方哲学”等，都是殊相，在它们之上或之后还有一个共相，名叫“哲学”。这个“哲学”，著者称之为“普世哲学”。之所以著者视其为“中西并置”格式的一个变种，是因为此种构想并未超出“中西并置”格式，只是在“中西并置”之上加了一顶帽子而已。

这个格式的始作俑者是谁，著者目前还无法考定。但有一个人我们必须提出来，这个人就是大哲学家金岳霖。金氏在和张东荪讨论“逻辑”问题时，就曾提出过一个“普世逻辑”的构想，就是认定在各种不同的逻辑系统背后，存在着一个普遍、永真而又唯一的“本来的逻辑”。这个“本来的逻辑”就是著者所谓“普世逻辑”。金氏曾撰《简论不相容的逻辑系统》(1934)、《不相容的逻辑系统》(1934)等文，间接批驳张东荪提出的“中国无形式逻辑与因果关系的思维”之观点。更撰二万余言之长篇专文《论不同的逻辑》(1941)，直接批驳张东荪《不同的逻辑并论中国理学》(1939—1940，刊于《燕京学报》第26期)一文中坚持的类似观点。

金氏的观点综合起来，大致有四条：(1)逻辑是唯一的；(2)逻辑命题是永真的；(3)逻辑命题对事实毫无表示，但逻辑命题也有积极性；(4)逻辑就是必然的理。这些观点指向一个共同目标：“西式逻辑”就是“普世逻辑”，“形式逻辑”就是“普世逻辑”，无中外之别，无古今之别，全球人类都必在这个逻辑支配之下，"根本没有不同的逻辑"。[①] 张东荪的观点则是：中国哲学强调乾、坤、巽、离、坎、兑、震、艮等在宇宙上各有定位，但并不认为它们之间及它们与宇宙整体之间有什么"属种关系"或"实体—属性关系"。中国哲学没有"种"(genus)与所属的"类"(species)之别，不把"属性"(attributes)中的"重要者"(essentials)特别标举出来，不注重分类上之"差德"，因而发展不出西式逻辑中至为关键的"定义"，也发展不出西方所谓"近代科学"，如动物学、植物学等"叙述科学"。[②] 总之张东荪是认为存在中西两种逻辑或名学：中式名学的基础是"相关律"，故他称中国名学为"相关律名学"(correlation-logic)或"两元相关律名学"(logic of correlative duality)；西式名学的基础是"同一律"(law of identity)，故他称西方名学为"同一律名学"(identity-logic)。[③] "同一律名学"之根本是"主谓式句辞"，"相关律名学"之根本是"反主谓式句辞"。

金岳霖的构想是以西式逻辑为"普世逻辑"，为"本来的逻辑"，可以"通吃"中西哲学；以西式逻辑为释读中国哲学的唯一"秘匙"。张东荪的构想则是"反普世逻辑"，认为西式逻辑只能是"特殊的"，不可能是"普世的"；在西式逻辑之外，存在着一种具有同等价值的中式逻辑；只存在各种不同的逻辑系统，根本不存在一个普遍、永真而又唯一的"本来的逻辑"。

金氏这个"普世逻辑"的构想，是不是中国学者"普世哲学"之"开山"，目前还无法判定。但有一点可以肯定，就是在金氏之后，构建"普世哲学"成为中国学者从事"中西哲学比较研究"的一种"高端思维"，影响极为深远。如2003年前后中国学界掀起的"中国哲学的合法性"之讨论，所取得的"最高成果"就是构建"普世哲学"。

陈来撰《关于"中国哲学"的若干问题》(2003)，反对"西方文化中

---

① 金岳霖：《简论不相容的逻辑系统》，转引自《金岳霖学术论文选》，554页，北京，中国社会科学出版社，1990。

② 张东荪：《知识与文化》，100页，上海，商务印书馆，1946。

③ 张东荪：《思想言语与文化》，载《社会学界》，1938(10)。

心主义”，但反对的办法是在中西两种哲学之上，构建一个所谓“广义的哲学”：“所以，非西方的哲学家的重要工作之一，就是发展起一种广义的‘哲学’观念，在世界范围内推广，解构在‘哲学’这一概念理解上的西方中心立场，才能真正促进跨文化的哲学对话，发展21世纪的人类哲学智慧。如果未来的哲学理解，仍然受制于欧洲传统或更狭小的‘英美分析’传统，而哲学的人文智慧和价值导向无法体现，那么21世纪人类的前途将不会比20世纪更好。”①陈先生作为中国哲学大师，竟然把中国哲学的希望寄托在构建“广义的哲学”上，以为这样做了就可以打退“西方中心论”。殊不知除了各种不同的哲学以外，根本不存在一个“普遍、永真而又唯一的‘本来的哲学’，也根本构建不出这种哲学。

王中江撰《“范式”“深度视点”与中国哲学“研究典范”》(2003)同样承认“普世哲学”的合理性：“按照张岱年先生的处理方式，‘哲学’术语源于西方，但‘哲学’不等于‘西方哲学’，因为他把‘哲学’视为一个‘共名’，在此之下，西方哲学、中国哲学和印度哲学都是它的一个‘属’。”②文章对此种“普世哲学”的构想持赞同态度：“虽然我们可以从不同方面批评胡适、冯友兰、侯外庐、张岱年等人的中国哲学研究工作，但我们相信他们在中国哲学研究中都建立了不同的‘典范性’。……比起他们来我们实际上显得极其无力，甚至是无能。”③张岱年构建“普世哲学”的“典范”，似乎是无法超越的了。

无独有偶，彭国翔撰《合法性、视域与主体性——当前中国哲学研究的反省与前瞻》(2003)，同样倡导“普世哲学”。具体做法是以“理一分殊”之法，将“哲学”视为“理一”，将中、西、印等哲学系统视为“分殊”，并谓：“只要在‘理一分殊’的‘哲学’观念下来看待作为世界哲学传统之一的‘中国哲学’即可，无须过多地执着、纠缠于‘中

① 陈来：《关于“中国哲学”的若干问题》，载《新华文摘》，2004(1)。

② 王中江：《“范式”“深度视点”与中国哲学“研究典范”》，载《新华文摘》，2004(1)。

③ 同上。

国哲学的合法性’问题本身。”①并总结说：“事实上，中国的哲学家或中国哲学的研究者，从老一代的张岱年、牟宗三到当今较年青一代的陈来等人，恐怕都是这种‘哲学观’，只不过在论及该问题时各自具体的表述有话语的差别而已。”②

这就是2003年前后“中国哲学的合法性”之讨论所取得的“最高成果”，很大程度上也是金岳霖、张岱年以降“中西哲学比较研究”所取得的“最高成果”。我们能对这个成果满意吗？我们能对这个“典范”满意吗？我们能对这个“格式”满意吗？

站在西方哲学家的角度，他们是不满意的，因为中国人没有权力把“西方哲学”降为“殊相”，降为“分殊”；站在中华哲学家的角度，我们也是不满意的，因为我们还没有起步就自居于“殊相”之地位、“分殊”之地位，等同于“自我弃权”。中华哲学自愿降为“殊”，自然没有问题，西方人自然高兴。

但问题在于，西方哲学家心中的“普世哲学”并不是这个所谓“广义哲学”，而就是“西方哲学”本身。他们以为唯有“西方哲学”才有“普世哲学”之资格，“西方哲学”完全没有必要与“中国哲学”联手成为“普世哲学”。你中国人自降为“殊”以求得与西方的联手，但西方不会理睬，结果只能是：“普世哲学”之构想乃是中华学人的一厢情愿，根本是没有出路的。

因为西方哲学自居于“共相”之地位，已超过四百年，不可能自愿降为“殊相”；西方哲学自居于“理一”之地位，已超过四百年，不可能自愿降为“分殊”。中华哲学之出路只有一条：把西方哲学从“共相”“理一”的地位上拉下来，自己站到那个地位上去。而获得这个地位的唯一途径，就是“以中化西”“全盘化西”。

我们可以把晚明以降之“中西哲学比较研究”分为五期：明末清初为第一期，“以西化中”“中西并置”“以中化西”三大格式均衡发展；

---

① 彭国翔：《合法性、视域与主体性——当前中国哲学研究的反省与前瞻》，载《新华文摘》，2004(1)。

② 同上。

清末民初为第二期，“以西化中”“中西并置”“以中化西”三大格式历时态均衡发展；五四时期前后为第三期，“以西化中”格式一家独大；庚辰(2000)前后为第四期，“中西并置”格式一家独大，并发展出“普世哲学”之变种；戊子(2008)前后为第五期，“以中化西”格式开始逐渐受到重视，但还没有成为主流格式。

于是第五期的“中西哲学比较研究”，就来到了“以中化西”“全盘化西”之“拐点”上；走完这个“拐点”，正是中华哲学的希望所在。没有这个“拐弯”，就没有“中华文化”的真正“复兴”；没有“中华文化”的真正“复兴”，所谓“中华民族的伟大复兴”，终将成为笑柄。

“中西哲学比较研究”不是一项“证明中华哲学劣于西方哲学的事业”，也不是一项“证明中华哲学等于西方哲学的事业”，更不是一项“构建普世哲学的事业”，而是一项“证明中华哲学优于西方哲学的事业”。没有这个立场，中华文化将永远只是西洋文化的“二奶”与跟班；没有这个立场，就不可能有“中华哲学的新开展”，就不可能有中华民族的真正未来。

“中西哲学比较研究”现在已被逼到“格式转换”之“拐点”上：摆脱“以西化中”格式，摆脱“中西并置”格式，摆脱“普世哲学”格式，彻底转换到“以中化西”“援西入中”之格式上来，彻底转换到“全盘化西”之格式上来，彻底实现“马克思主义哲学中国化”“西方哲学中国化”及“中国哲学中国化”。

跨过这道关隘，展现在“中华文明”面前的，也许就是一马平川。我们曾经用了八个世纪消化佛学。晚明以降中西哲学之较量，已历四个世纪，再用四百年，我们还是能够用中华“格式系统”，消化“西方哲学”，开启中华文明新时代。我们有这样的能力，我们缺少的只是气魄与信心。

（张耀南，北京航空航天大学人文与社会科学高等研究院教授；钱爽，比利时根特大学艺术与哲学学院南亚与东亚语言文化系博士研究生）

中国影像文化全球影响力生成的换位思考——基于中国大陆送展奥斯卡影片文化表达失败的案例反思

石　嵩

一

《滚蛋吧！肿瘤君》机缘巧合地搭上了代表中国大陆冲击奥斯卡最佳外语片奖的末班车。一提到这部影片，浮现在国内观众脑海的应该是——励志抗癌、夸张幽默、笑中有泪、引人深思——这样几个关键词。如此的感受就如影片联合出品人张维重第一次读到漫画版《肿瘤君》时的感受一般："它的确打动了我内心最脆弱的地方，我也就此相信它有能力去打动别人内心同样的地方……我被感动了，我认为这样的感动会延伸到大量有相似经历的普通观众。"[①]而本片编剧袁媛基于这种原初的感动，对原有故事题材进行加工改编，润色故事

① 袁媛、张维重等：《〈滚蛋吧！肿瘤君〉编剧谈》，载《当代电影》，2015(9)。

人物，将喜剧元素穿插进悲剧的故事情节中，尽可能使观众在悲喜交加的状态中实现丰满立体的观影体验，她指出，“大部分人一看到这种绝症题材、内容的影片，包括我在内都会往主旋律、悲情剧那些固有思维上理解，用自己固有的模式来给这部影片解析一个整体感受，这样悲剧元素就不难在影片中呈现。看过这部影片的观众，会发现里面有一些喜剧元素，那这种模式本身就很特别，容易吸引观众”[①]。具有话题性的IP素材，网络积聚的较高人气指数，编剧的成功剧本改编，再加上男女影星吴彦祖和白百何的强大粉丝号召力和他们的倾情演绎，使这部影片成为暑期档票房与口碑双赢的一部国产影片，甚至有学者认为《滚蛋吧！肿瘤君》是“小妞电影的新扩展”[②]；颠覆了之前繁缛俗套的青春片类型，感受到了“还有一种青春不仅清新，而且刚健；还有一种生命观，叫向死而生”[③]。

《滚蛋吧！肿瘤君》国内票房喜人，媒体舆论点赞，又得好运相助参选奥斯卡。这一切的顺风顺水，能否助推影片冲击奥斯卡的进程一帆风顺呢？回答这一问题，不能想当然地认为墙内芬芳四溢墙外也会万里飘香，而是要将影片置于大的世界电影的范畴去讨论，尤其是要将它置于英语世界、北美文化圈的接受视域之中换位思考。毕竟“影像表达通常比较多义，方向往往是可以被利用的，在一个国家的人们看来是正面的影像，可能在另一个国家人们的眼里就有一定的负面性。也正因为影像语言不像文字那样需要翻译，因此国际影像理解偏差很大”[④]。且先不论影片的艺术品质高下，拍摄手法如何，单论影片中所承载的特色文化符号及对当前中国社会生活的呈现方式，就携带了许多中西文化差异的基因，严重者将会导致跨文化交际休克，并直接影响影片主题表达的效果，引起西方观众的误读误解，甚至对影片中北京形象乃至中国形象的建构产生负面作用。

① 袁媛、张维重等：《〈滚蛋吧！肿瘤君〉编剧谈》，载《当代电影》，2015(9)。
② 原文泰：《〈滚蛋吧！肿瘤君〉：小妞电影的新拓展》，载《当代电影》，2015(9)。
③ 齐伟：《从〈滚蛋吧！肿瘤君〉看到坚强乐观的自己》，载《中国艺术报》，2015-08-17。
④ 刘宏：《跨文化传播中的想象》，载《青年记者》，2015(7)。

二

在影片起始，导演试图通过一系列搞笑动作与夸张表情，展现“脑大条”女主角熊顿的出场。熊顿妙语如珠的29岁宣言，青年英杰如数家珍——电话发明者贝尔、好莱坞大导演斯皮尔伯格、苹果公司创始人乔布斯、知名作家村上春树。影片开篇两分钟所树立的励志标杆，全都来自英美强国及脱亚入欧的日本，可见以熊顿为代表的都市青年一代对英美及强邻日本的顶礼膜拜之心。高楼林立的背景墙，实在让人难以辨识是在纽约还是北京，直到中国特色的汽车喇叭轰鸣、京味十足的咒骂声音响起，不由拉近了中国观众与影片的亲密程度，镜头呈现的是中国，是北京，是我们熟悉的环境。虽然外国观众无法在京味咒骂中感受到异国特色，但是“活够啦?!”(Do you have a death wish?!)的蹩脚翻译，足够雷倒众生；还有熊顿在面对轰鸣喇叭与无端咒骂时的唯唯诺诺，则更会令西方观众大开眼界。一个在物质上突飞猛进，在精神上崇尚欧美的中国，却在最基本的对人尊重方面相形见绌。

也许西方文化影响已深入我们的肌理，西方文化符号充斥全片，竟也起承转合串联起了整个故事。但是，西方元素在东方语境中的变异性转换与差异性运用却或许也会引起西方观众的瞠目结舌。首先，西式婚礼教堂的装点已地道十足，赚足了中国女性观众的垂涎三尺。此时，熊顿意外闯入的桥段，起到了吸引观众注意力的效果。但是，一杯杯红酒的豪爽暴饮与酒后吐真言的恶黑处女座又使西方观众领略了中国式红酒的啤酒喝法与中国式经验的星座解读。此后，影片中间部分的餐厅恶搞劈腿男桥段设置在了洋气十足的西式餐厅Lune之中，白人服务员的殷勤服务，提琴乐队的惟妙演奏，高档红酒的恣意消费，饭后甜点的绝美回味……一切都在标识并展现着完全西化的中国新贵白领阶层的日常生活；可是她们的新贵形象在一次次用力碰杯与肆无忌惮的大声聊天中被消解并进而变得负面。在影片的尾声，熊顿的葬礼依然体现了强烈的西方文化影响。红红的十字架表达了极强的基督教宗教背景，这是基督受难与复活的象征，葬礼一幕巧妙地呼应了影片开头的教堂婚礼，似乎昭示着熊顿精神的轮回与不朽，但同时也展现了基督教文明取代中国传统文明在生死、婚嫁等人生重大问题上起到的越发关键的作用。

影片中的其他角色设置，也体现了编剧及主创团队的煞费苦心。通过塑造女主角熊顿的几位闺蜜，试图展现当下都市年轻人的症候特点，从而拉近与中国观众尤其是青年一代观影团体的距离。编剧袁媛就曾在访谈中指出，“我们就必须放大她们的特点，在某些方面突出一些，这样才能足够吸引人，所以对熊顿的三位好友形象，我们会做艺术上的加工”①。看过影片的中国观众都会有直观感受，这样的加工放大应该是成功的，足够吸引人的。影片中，熊顿的闺蜜老郑与同屋艾米沿用了原作的真名，着力凸显了老郑的男性气质，貌似呼应了都市中越来越多的“女汉子”形象；而艾米则代表了典型的外企小白领形象，在日企打工的她，迷恋美剧和韩剧，面对日本老板穷凶极恶的日语训斥，她只能忍气吞声。此外，男闺蜜小夏作为一个全新设计出来的角色丰富了影片的人物构成，并观照了中国社会越来越多的暖男闺蜜娘娘腔形象。应该说，每位闺蜜都个性鲜明，特点突出，人群表征明显，容易与中国观众形成共鸣。但是，当把这些特点鲜明的闺蜜形象置于全球接受的视野，呈现在国际观众面前时，或许将是另类效果。例如，面对日本老板用日语进行的无端咒骂，中国员工在强言训斥前哑口无言，似乎体现了汉语的势微与羸弱，同时暗示了中国人依旧在日本人的压制之下。而在熊顿的想象里冰天雪地与梁医生亲密接触的这场戏中，完全戏拟模仿了韩剧《来自星星的你》的桥段，这或许又会被解读为不解风情的中国人，表达浪漫却需要用他国语言(韩语)来完成。由此，汉语沦为了无法言表自己的话语，中国人的形象变成了女汉子、娘娘腔、受气包……

---

① 袁媛、张维重等：《〈滚蛋吧！肿瘤君〉编剧谈》，载《当代电影》，2015(9)。

相信熊顿父母形象的塑造会感动到不少北漂、上漂、广漂们。借助他们的家长身份，通过他们的对白，影片对中国当前社会问题进行了反讽似的批判。例如，29岁的熊顿在生日当天遭遇劈腿，强忍痛苦与父母通电话请安。这场戏，相信会博得中国观众的共鸣与眼泪。因为，在中国人心中，父母面前我们永远是长不大的孩子。父亲盼独生女儿回归家乡，因为家乡的工作更加安逸、空气更加清新。而在影片中部，当艾米给他打电话，通知熊顿的病情时，父亲的那一句振臂疾呼“放了我女儿!”令中国观众难以忘怀。这些台词与表演设计，时而触动我们的心扉，时而又让我们轰然一笑。但是，当这样的父亲角色呈现在世界观众面前时，展现出的中国社会却有可能被解读为独生子女政策负面效应、雾霾严重环境污染、人与人之间信任缺失、犯罪率高等负面形象的综合。影片中，母亲角色戏份不多，但同样令人印象深刻。无论是生日叮嘱，还是病榻祝福，母亲反复提醒熊顿：“不要乱吃东西、少吃蛋糕、吃糖不好……”中国观众看到的是慈母恩情，语重心长；而外国观众看到的却可能是中国食品安全问题严重，中国的年青一代很难真正成熟独立等。

儿童毛豆，作为影片中的一个过渡角色，起到了铺垫与穿插影片线索的作用，自然生动的演绎让人难忘，这样一个角色的设置同时呼应了全社会关于关注贫困病患儿童的诉求。但是，作为一部去参加奥斯卡角逐的影片，面对西方世界的审视，毛豆的形象塑造并不成功，尤其体现在他总是手握玩具大刀、挥舞戏耍，与小夏的玩耍方式也主要以模拟对打的形式呈现。我们认为的习以为常，恰恰可以被西方解读为中国社会从儿童阶段就开始对人们教育灌输的全民皆兵、尚武好斗。此外，再联系片中熊顿的病中梦幻情节，总是充满枪战或是厮杀场景，而与熊顿在梦中激战的病魔也基本以金发蓝眼的白人男子作为主角，这些就不难让人联系解读为“洋鬼子”心态根深蒂固的潜藏在中国人心中，甚至潜移默化地成为一种集体无意识的表现。因此，就不难使西方人得出自己依然是中国的假想敌人的推论，自然会对影片充满警惕甚至敌意。

三

“在国际传播中，偏见常常是和想象联系在一起的。”[①]当我们指责抱怨中国电影在“走出去”的过程中受到了太多的来自西方的不公正待遇，被太多的误读、误解的时候，本文想要做到的，即以参加奥斯卡最佳外语片角逐的《滚蛋吧！肿瘤君》为例，从文化差异的角度提供一种可能的西方理解方式，毕竟这部影片在国际传播的不经意间，给西方提供了太广阔的想象维度与阐释可能。而美国奥斯卡这个电影奖项是一个区域概念、意识形态非常强烈的奖项。东西方文化土壤大相径庭，如果不站在对方的角度审视自身影片中所存在的差异性文化符号，可能就会导致意料之外的后果，甚至呈现出一个与自己想要表达的天壤之别的差异形象。“距离越远的传播往往导致越丰富的想象，这些传播显然是建立在陌生的基础上，换句话说，越是缺乏了解的事物，通常越是需要我们使用想象力去理解。特别是当这种区别由异质构成，它们分属于不同的文化区域时，情况就更是如此。”[②]《滚蛋吧！肿瘤君》里所携带的北京“女汉子”、暖男“娘娘腔”、外企“受气包”等人物形象，在中国语境中，拉近了中国观众与影片的距离，实现了观影共鸣；但是，这些极致的人物形象漂洋过海来到北美大陆就可能被西方观众想象为一个阴盛阳衰、民族羸弱的族群构成。此外，“美国是多种族杂居的多元集合体，民族概念并不清晰，一直需要得到民族身份认知、认同，而这种认知、认同主要是通过构建实现的，即通过对异域空间的想象与理解来实现对自身民族身份的界定”[③]。而影片中所塑造的病童形象却不时地手持大刀，战斗欲望强烈；熊顿梦境里的病魔敌人又以金发蓝眼的白人

① 刘宏：《跨文化传播中的想象》，载《青年记者》，2015(7)。

② 同上。

③ 李莹：《美国电影中被“他者化”的中国形象的演变》，载《青年记者》，2015(7)。

为想象参照，这就难免不使奥斯卡主办方美国人敏感产生警惕甚至敌意了。在跨文化传播过程中，如果多多换位思考，许多问题似乎可以迎刃而解。假想，如果奥斯卡最佳影片奖颁给一部基于东方人（中国人）形象为恶魔想象的影片，我们又会作何感受呢?!

（作者系中央民族大学副教授）

中美合拍片《长城》的电影批评反思及国际化市场下中国电影的“中国梦”

杨歆迪

作为中国电影股份有限公司、乐视影业、传奇影业、环球影业等中外多家知名电影公司联合出品的高概念、大制作影片，《长城》自 2014 年 3 月被传出将由张艺谋执导而正式为国人所关注；从 2015 年年初公布影片阵容至 2016 年 12 月 16 日在中国上映，再到 2017 年 2 月 17 日在美国上映，《长城》持续吸引了中外媒体与各类型、各渠道影评人的目光。尽管《长城》的票房指向了商业上的失利①，但围绕影片层出不穷的讨论——无论是一句“张艺谋已死”引来的乐视公司律师函，还是在美国大选尘埃初定之际《长城》卷入“白人至上主义”的“政治错误”中——都意味着《长城》在高话题性上取得的成功，同时再一次证明了国人对“中国电影走出去”的期待与当下中国电影产业现状之间的不对等、不平衡。时至今日，关于《长城》甚嚣的言论日趋平静，此时梳理不同国家、不

① 以 Box Office Mojo 统计，《长城》全球票房约为 3.35 亿美元，而影片制作成本至少 1.5 亿美元；以国际宣发惯例计算，《长城》赔本不可避免。

同类别的电影评论对《长城》的关注点与态度之异同，或许能使我们自纷繁的言语碎片中一窥《长城》得失症结。

一、从不同关注到不同期待

在针对《长城》的众多评论中可以看到，观众评分和网络影评、中国评论和以美国观众为主的英语国家评论之间都有着较大区别；这些区别在一定程度上来自于各国观众和影评人对《长城》的期待与评价体系的不同，从而导致评价层级的杂糅。

截至2017年10月，《长城》在IMDb上的评分为6.0/10，超过83400人参加了评分；“烂番茄”(ROTTEN TOMATOES)网站上195份评论的评分为4.9/10，将近2万3千名观众评分为3.1/5；在“时光网”上的评分为7.0/10，撰写微影评人数超过9100人；“豆瓣”将近23万用户评分总体呈现为4.9/10，“猫眼”88.9万用户评分为8.4/10，而专业评分“暂无”。可以看到，无论是国内还是国际上，在以评分为依托的大众性网络影评方面，《长城》的评价尚可，且评分略高于自发的网络影评人对影片的评价。

较低评分的背后是网络影评人们的争端。2016年12月16日《长城》刚于中国大陆上映，次日《中国电影报》即有文章《豆瓣电影评分面临信用危机》出现，该文引《长城》《摆渡人》《铁道飞虎》为例，直指“豆瓣”评分失实；后经《人民日报》客户端转发后引起了较多影评人的讨论。在该文章中，作者援引之前“豆瓣”曾爆出的各种评分“事故”，试图论证“豆瓣”评分存在后台操作或者黑客操纵的可能性，并且就“豆瓣”允许“未看先评”的评分机制提出了质疑；同时，文章也提出了“猫眼”的“用户评分”与“专业评分”之间的过大差异，并从“专业影评人人数过少”的角度提出了针对《长城》专业评分过低的质疑(截止到《中国电影报》文发出时，“猫眼”尚有《长城》的专业评分，为5.0/10)。可以说，“猫眼”网站上《长城》专业评分的下线与此事不无关联。

在美国影评界，《长城》同样引起了争端。与国内众多公众号和影评网站热议张艺谋的艺术生涯及第一女主演景甜的身世背景不同，英文影评的批评从意识形态上集中于一个白人英雄威廉(马特·达蒙饰演的雇佣兵)拯救了中国整个国家的故事展示出的种族不平等性甚至直指影片本质为“洗白电影”，并将影片和当事时美国国内政治结合进行批评。在影片文本内，美国影评人同样提出了一些专属于英语国家的疑惑，例如质疑马特·达蒙在影片中指向不明的英文口音十分“跳戏”，这一点是很难被中国影片人关注到的。

而在中美市场以外的其他国家和地区，《长城》同样收获了较多关注；尤其是在东南亚地区，观众更多地提到了影片视觉效果之出众及对类型应用之纯熟，并将《长城》与《指环王》等大制作冒险类型电影相提并论。

不难发现，不同国家和地区、不同层级的影评人之所以对《长城》有着如此差异巨大的评价和态度，源于他们对影片期待的不同。《长城》在成片之初就至少杂糅了多重身份，并以此为据获得了来自不同层面的压力和期待。首先，《长城》是张艺谋导演的作品，其艺术水平和思想内涵不可避免地进入张艺谋个人的电影作品序列中被进行比较。之前有关“张艺谋已死”的论调就是此种影片归类方式的必然后果。其次，亦有评论将《长城》视作中国的民族电影而苛责影片中有关饕餮、禁军、孔明灯等文化载体的客观性谬误。再次，《长城》作为典型的好莱坞电影似乎也有不当之处，仅在结尾处有关雇佣兵威廉和女将军林梅是否应有性爱戏份一节就引起了广泛关注。导演张艺谋临时删减这场戏的风闻又给予了评论更多后殖民主义或东方主义理论的空间。“如果《长城》一旦沿用了好莱坞那种西方/男性与东方/女性的叙事逻辑，那么，张艺谋在影片中小心翼翼维护的东方主体立场，在国内的电影观众看来，就可能瞬间瓦解而失去了平等对话的可能。①”

---

① 范志忠、张佳佳：《冲突与融合：后全球化时代的跨国电影文本》，载《当代电影》，2017(2)。

二、从中国电影到国际化电影

尽管好莱坞新闻网(The Hollywood News)有评论指出《长城》对准了西方市场，但是无论是从《长城》的全球上映时间表，还是从中国电影市场“票仓”潜力来看，这都不可能也确然不是一部只针对西方市场的影片。影片试图通过一种可以被广泛接受的方式，不仅在中美这两个最为饱满的电影市场大显身手，同时吸引全球多个国家和地区的观众。《长城》更像是一部中美合拍的展现中国文化与价值观的国际化电影，代表着中国试图打破美国好莱坞近百年来在电影工业上的垄断地位所做的尝试与努力。

随着21世纪的到来，文化的单一化和全球的趋同性，正在对地方文化和区域文化构成前所未有的威胁，并引发了更加广泛的忧虑和恐惧[①]。但好莱坞电影作为一种世界性的电影工业和大众文化产品的地位并没有被显著动摇。好莱坞电影通过商业和文化的动力融合，依旧作为“全球电影”的代名词存在[②]。《长城》此时将商业主义与文化创造力结合，所图谋的依然是全球市场，依然为电影工业的发展进行试探。

作为一部展现中国文化与价值观的电影，《长城》在极大程度上改变了叙事策略，以标的群体的泛化进行了叙事文本的低语境化。

美国人类学家霍尔(Hall)认为语境(context)是围绕一个事件的信息；它与事件的意义紧密地联系在一起；并由此提出了“高语境文化”和“低语境文化”两个概念。与“低语境文化”相比，“高语境文化”中的各种信息更加内化，编码不够清晰明确，语言对于交流的作用强烈地依赖于各种环境的影响。有着数千年传统的中国文化相对于

---

① 李道新：《从“亚洲电影”到“亚洲的电影”》，载《文艺研究》，2009(3)。

② [美]泰勒·考恩：《有关“全球电影”的观点》，转引自泰勒·考恩：《创造性破坏：全球化与文化多样性》，王志毅译，108页，上海，上海人民出版社，2017。

美国文化而言就是更高语境的文化。

根据赛佛尔与坦卡德有关跨文化传播的理论，跨文化传播的特点是在本土文化中依据本土文化的码本进行编码，而在异质文化中依据异质文化的码本进行解码。因此减少跨文化交流成本的关键就在于降低两种编码之间的差异。从实用主义的角度出发，降低语境、根据国际通行的编码方式重构本土文化的编码方式是国际化电影的必然结果，即利用更加依附于故事文本而非语言环境的叙事与最广泛的人群进行沟通。就东西方文化的差异性而言，降低了语境的《长城》更加“侵犯”了影片中所承载的中国文化的表意性和准确度，这或许是在文化呈现方面中国电影观众对《长城》更加不满的原因。

此外，《长城》在展现中国文化与价值观的部分突出体现为以中国价值观构建人类命运的共同体。当中国的“大片时代”尚未来临之时，迪士尼以《花木兰》成功创造了第 8 位迪士尼公主，这个单眼皮、瓜子脸、皮肤略黑的女性从影片伊始就在“光宗耀祖”和“自我实现”之间挣扎徘徊，最终从行动上完成了二者的结合，在拯救了帝王之后带着代表主流认可的天子剑回到了故乡；但从主观层面上，《花木兰》中的木兰公主最终将自己的冒险归因于后者——在这里，“美国梦”的基本含义被表现得淋漓尽致，该片也因此被当时的评论认为是“利用”甚至“侵犯”了中国文化①。然而在《长城》中，有关信任(trust)的集体主义被置于与雇佣兵的个人英雄主义相对的位置。

2016 年 7 月，《长城》在中国公布首支预告片。在这支 1 分 29 秒的预告片中，旁白以马特·达蒙所饰演的欧洲雇佣兵威廉的视角讲述了他面前这支军队(无影禁军)及所处的战争的独特性——这是“一场真正值得的战争”，从而进行了价值观上个人英雄主义与集体主义、为谋生而努力与为人类命运而努力之间的比较与评判。与华丽颜色盔甲不相称的面无表情的中国士兵同西方世界前来的雇佣兵一起组成了人类与饕餮之间的“长城”，以中国集体主义的观点构建了

① 马华：《动画创作中“中国风”的“变”与“不变”——〈花木兰〉与〈功夫熊猫〉给中国动画创作的启示》，载《北京电影学院学报》，2009(3)。

人类命运的共同体。

三、从“中国梦”到构建人类命运共同体

2009年，张颐武将“中国梦”主题在中国电影六十年历程中贯串的主题解读为中国的公民身份的建构和转变的历程，也就是确立“公民”和“消费者”及“英雄”与“凡人”同一的进程，是中国人逐渐富强起来的真正体现[①]。8年过去，中国电影工业体系建设迅猛发展，商业电影和艺术片创作蒸蒸日上。在中国电影“中国梦”展示中，呈现出一种从“中国梦”到构建人类命运共同体的连接，以探讨中国电影对全世界的共同价值。

“中国梦”若具有共同价值，则可成为全人类共同的梦，这一点在以往中国艺术电影的国际传播中已得到验证[②]。正如“美国电影”不能等价于“好莱坞电影”，《长城》的出现也为中国电影提供了另一种“走出去”的可能性。长久以来，中国电影大多在“民族电影”的语境中或发展或徘徊。民族电影是民族文化的重要组成部分，其叙述结构和美学构造都根植于自身的文化传统。基于中国传统文化的沃土，中国民族电影自觉地生发出了较高的语境，它要求观众对中国文化历史和社会现实有一定的了解，能够解读角色故事化了的行为动机背后的价值观和哲学思想。但国际化的电影可以在中国文化和哲学思想之外，利用高概念低语境、高特效低叙事、高工业化低艺术性的表达方式，找到打通中国的传统文化哲学体系与国际通行的电影艺术表达方式之间的桥梁。

当彰显个人英雄主义的《战狼Ⅱ》攀登上中国票房最高峰的同时，在好莱坞工业体系中植入中国集体主义价值观的《长城》同样起到了

① 张颐武：《“中国梦”：想象的构建新的认同——再思六十年中国电影》，载《上海大学学报》（社会科学版），2009(5)。

② 陈熙禾、刘吉元：《中国梦和当下中国电影创作》，载《电影艺术》，2017(2)。

推动中国电影发展的作用。中国文化走出去的历史使命和讲好中国故事的时代担当不仅可以由民族电影来承担；在文化主体性上让步、却在价值观上走得更远的国际化影片通过在电影工业中的精准定位，同样为中国电影打开了一条新的思路。从这个角度说，《长城》以“人类命运的共同体”打破了数年来美国所谓“普世价值观”的国际化影片价值垄断；影片对于中国集体主义、相互信任等观念的呈现高于相当多“中国制造”的电影。

长久以来，电影工业水平较为落后的中国电影将电影的商业化简单地等同于好莱坞化，在引进好莱坞工业体系的同时也不自觉地对中国电影自身的叙述逻辑和价值观加以盲目改造。而如《长城》这种展现中国文化与价值观的国际化电影完善了中国电影自身的产业结构，并力图增加中国电影产业的地缘优势，在力图打破“中国大片＝烂片”的自我窠臼的同时为国际电影市场提供多元文化和价值。

由此观之，《长城》的意义在于提出了一种中国国别电影和纯粹资本人员合拍片以外的可能性，借助好莱坞这个国际化的平台建立中国自己的国际化电影平台；同时借由此影片，中国以人类命运共同体理念指明世界前景，以和平、发展、合作、共赢化解对人类命运的焦虑和忧患。

（作者系北京师范大学艺术与传媒学院博士研究生）

第四编
中国文学国际影响力生成

小议中国文化形象在德国的自塑与他塑——从2006—2014年的德国出版看中国形象在文学作品中的改变

曹　娟

过去数百年里，德国表述中国的话语模式，常常是一种从自身出发、观看中国的模式，是“我眼中的你”，而不是“真实的你”，是德国文化投射的一种对他国文化的幻想。自《马可波罗游记》在西方流行以来，中国就无可避免地成为西方所钟爱的幻想对象，西方作品中的中国，常常充满东方异域风情。过去数百年里，德国文学作品里表述中国的模式，大都遵循这种幻想模式。而这种幻想，常常是德国文化对他国文化的幻想，容易让中国形象“失实”；这类话语模式，容易充满激情与美化，但却是西方文明“一种自我否定与对外肯定的心理倾向”①的表现。康德曾将中国称为世界上最为文明的国度，莱布尼茨认为中国应该获得世界上最杰出民族之“金苹果”，歌德通过阅读中国文学作品的译本，产生了深厚的中国情结，声称“那里一切都比我们这里更明朗、更纯洁，也

---

① 周宁：《西方的中国形象史：问题与领域》，载《东南学术》，2005(1)。

更合乎道德”[1]。17—18 世纪，欧洲的公爵王侯对中国艺术品狂热膜拜，不惜为此倾家荡产。

描述这种存在于渴求与幻想中的中国，人们倾向于采用一种过于美化、偏向极端的模式，虽然失实，数百年延绵下来，却早已成为西方看待中国的一种根深蒂固的思维模式，即使到了 21 世纪，这种模式也未曾完全消散。物极必反，过于美化，就可能出现过于丑化，于是就产生了另一个极端：丑化中国。这一转变尤其出现于 18 世纪末，一方面是 15 世纪起大航海时代的到来，大大缩小了各国之间的感觉距离，西方人开始真正观察实际中的中国，发现中国并不如想象中那么美好，幻想破灭，美化颂扬则转变成了鄙夷；而工业化让西方列强感到自己更加进步，为了给自己的扩张掠夺行为进行道德辩护，更加宣传自身文化的先进性，鄙夷中国文化的落后，加深了对中国的丑化。但同时也必须承认，即使在那个时代，也有人试着从客观角度观察中国，如德国著名的汉学家卫礼贤。

20 世纪以后，各种政治因素又加深了德国人对中国的负面印象。一方面是德国人习惯从主流媒体的报道出发，批评性地对待中国。而在过去某些时间段里，中国的自身形象宣传、文学作品传播的政治化倾向增强，反而引起抵触心理，于是中国的负面形象得到进一步加强。伴随着中国的经济崛起，导致所谓的威胁论横行，甚至让中国的形象有时候变得更加负面，在一些人眼中，中国是个古怪荒诞、颇具威胁的国度。过去几年英国广播公司(BBC)的全球调查报告显示，德国对中国的看法不佳，一半以上的德国调查对象对中国持负面印象。这些调查受到各种因素的影响，与本文主题，即文学作品里的中国形象，只能说有一定关联。文学的触角，更敏感，更超前。

提起文学作品，必然要谈到 2009 年中国成为法兰克福书展主宾国一事。如果说，2009 年中国作为主宾国参加法兰克福书展以前及 2010 年上海举办世博会以前，在西方人眼中，或者在本文重点研究

---

① [德]爱克曼：《歌德谈话录》，朱光潜译，112 页，北京，人民文学出版社，1978。

的德国人眼中，中国还更多的是一个古老的文明国度，或者是张艺谋电影中的乡土气息浓厚的中国，但却很少是一个现代的中国，那么随着中国"走出去"战略的影响，中国软实力得到增强，整体形象大幅度提升，现在德国文学作品里，中国又是什么样的形象呢？

大型文化活动，例如中国作为主宾国参加法兰克福书展，必然会提前几年开始准备，然而其影响至少要几年以后才能看出，因此本文节选2006年到2014年这个时间段，首先考察中国主题书籍在德国的整体出版概况（包括中文作品的德译本、德语撰写的以中国为主题的书籍），篇幅所限，本文再节选出小说作为研究重点，观察德国境内出版的关于中国的部分德语小说，以及翻译成德语的中文小说。德国小说面对一般读者，如何塑造中国，中国被赋予何种形象？本文考察的另一个重点，就是由中文翻译成德语的小说。哪些小说由汉语翻译成德语，展现的是什么样的中国？换而言之，本文通过2006年至2014年里翻译成德语的中文小说，考察中国形象的自塑问题，并依据同时间段里德国人撰写的关于中国的部分小说，考察中国形象的他塑问题。①

一、背景

中国是一个书籍进口的大国，但是书籍或文化出口方面，过去却存在着严重的逆差：2004年，中国卖到德国的版权数目仅为可怜兮兮的1本，然而这一年德国向中国输出的出版物，却高达六百多种。②这一数据令人感到震惊，引起哗然大波。2005年10月十六届五中全会提出要加快实施文化产品"走出去"战略，2009年中国成为法兰克福书展主宾国，时任国家副主席习近平带领着两千多名成员

① 吴秀明、方爱武：《论全球化语境下"中国形象"的塑造与传播》，载《浙江大学学报（人文社会科学版）》，2010(10)。

② 王竞：《脚步不停——中欧出版业的合作》，载《中欧文化交流与合作实战指南》，2011。

组成的代表团，来到了德国，"除了科技出版，尤其是在大众出版方面，中国共向国际图书市场售出2700项中国图书的版权，并在法兰克福举办了800余场关于中国的文化活动"①，宣传规模宏大，效果显著。

文化形象方面的提升，不可能一蹴而就，人们思维及头脑意识都会呈现出正常的滞后反应，而且西方媒体不时遵循市场化原则，常常会让他们的报道无法与时俱进，出于销售利润的顾虑，不敢、也不愿挑战大众头脑中的固有形象。另一方面，中国这一主题又对一般媒体而言过于复杂。许多专业人士及在德华人批评，德国媒体及书籍中展现的中国形象有所扭曲。在这一指责背景下，2010年，著名的海因里希·伯尔基金会委托专家，开展详细调查，分析2008年里德国媒体发布的中国报道。这份三百多页的报告指出，受媒体及书籍的影响，德国人眼中的中国形象，常常在两个极端之间摇摆不定：一个极端是继续表现出对中国的狂热，加以异域化；而另一个极端则是将中国描述成一个古怪陌生的国度，甚至有时认为中国具有威胁性。②分析表明，媒体在2008年对中国的新闻报道虽多，挑选出来进行调查的七家主流媒体(包括报纸杂志、公立电视台)刊登或播报了8766条关于中国的报道，但是这些报道以负面报道为主，而且一半以上的报道是公式化的陈词滥调。该报告批评德国的报道，在部分情况下"肤浅、简单化，是贬低性的，分析不够深入，展示的中国形象很少符合中国国家及人民的多样性，很少公平展现中国现在所经历的巨大变化过程及其成果"。这一分析报告颇受关注，促使其他机构继续分析、反思德语区里的中国形象③。尽管如此，形象

---

① 王竞：《脚步不停——中欧出版业的合作》，载《中欧文化交流与合作实战指南》，2011。

② Carola Richter, Sebastian Gebauer, *Die China-Berichterstattung in den deutschen Medien, mit Beiträgen von Thomas Heberer und Kai Hafez* (*Schriften zu Bildung und Kultur, Band* 5), Berlin: Heinrich-Böll-Stiftung, 2010, p. 9.

③ 如德国科尔伯(Körber)基金会曾出版"德国精英眼中的亚洲"调查报告，华为公司2014年发布了"中国与德国——感知与现实"研究报告，波恩实用政治研究及教学学会2014年发布了"德国社会镜像里的中国"。

的转变不可能一蹴而就。2017 年，《中德形象报告》一书问世，该文集重点分析 2000 年至 2013 年德语地区的中国形象，其中一篇文章指出，“中国形象始终处于变迁之中”。“绝大多数专家都认为，德国媒体的涉华报道仍然过于片面和单一，细化程度不够。”①但是这些调查研究大都是从媒体、社会等角度出发考察，很少有作品从文学角度出发，考察这一时间段的中国形象。②而本文试图根据 2006 年到 2014 年的德国书籍出版概况，以文学作品为着眼点，粗略考察中国形象。不过，此处须指出，德国人的民族特性就是向来颇具批判性，不仅对其他国家持批判态度，对德国也是如此。这种情况下，报道或文学作品具有批判性也不算是出乎意料。此外，作者、翻译、记者或媒体人士中，也有对中国颇为了解的专家，他们的报道或作品更贴近于现实中的中国。

二、2006 年至 2014 年德国相关出版概况

2015 年，受柏林文化学术会(LCB)委托，专家们考察了 2006 年至 2014 年德国市场上出版的中文译著、与中国相关的德语作品。该报告整理此时间段内，哪些中文作品翻译成德语，德国出版市场上有哪些作品以中国为主题。据该报告不完全统计③，2006—2014 年里，德语作品中共有 510 部作品主题与中国相关；而该时间段里，据不完全统计，由中文翻译成德文的作品，共有 383 部。这些作品包括通俗专业书籍、科研书籍、游记、菜谱、儿童文学、图书、虚构及纪实文学等。这一数据虽然无法与 20 世纪 80 年代“中国热”巅

---

① Friedemann Vogel，Jia Wenjian，*Chinesisch-Deutscher Imagereport*，Berlin/Boston，De Gruyter，2017，p. 300.

② 2015 年波恩大学发表了一篇博士论文：Zhu Liangliang，*China im Bild der deutschsprachigen Literatur seit* 1989. *Zwischen Wirklichkeit und Vorstellung*，该论文挑选了 1989 年至 2011 年出版的 8 本德语小说，探讨德语文学作品中的中国形象。

③ 由于数据难以统计，该报告中难免出现遗漏及错误之处。

峰时期相比，但是与2004年的可怜巴巴的出售版权数“1”相比，已经是巨大的进步。①

该调查报告将所有作品仔细归类，以图表方式列出了各文学类型包含的具体作品数目。据该报告的整理，383部翻译成德语的中文作品的分类如下表。

表1 汉语作品德译本

书籍类型	作品数目
1 虚构文学作品	99
1.1 爱情、婚姻、家庭	29
1.2 社会	28
1.3 侦探推理小说及惊险小说	2
1.4 科幻玄幻小说	1
1.5 传奇故事、童话及民间传说	19
1.6 漫画	20
2 诗歌(不包含经典文学)	39
3 经典文学	97
4 通俗专业书籍及实用指南书籍	112
4.1 社会、政治、经济	10
4.2 历史	9
4.3 宗教及哲学	35
4.4 艺术	14
4.5 通俗文化、习俗	4
4.5.1 菜谱及美食	1
4.5.2 节日庆典	1
4.5.3 神秘学及星象学	1

① 据称在德国20世纪80年代的“中国热”时期，1989年出版的有关中国的图书为1479种，而1990年增加至2000余种。参见摘要：《德国大量出版研究中国的书籍》，载《中国出版》，1994(3)。然而这一热潮早已是明日黄花。

续表

书籍类型	作品数目
4.5.4 一般性通俗文化	1
4.6 医疗保健	19
4.7 跨文化理解	2
4.8 国情	10
4.9 其他	9
5 纪实类作品	36
5.1 游记	4
5.2 在中国的生活	6
5.2.1 外国人的经历报道	0
5.2.2 中国人的经历报道	6
5.3 社会报道	10
5.4 传记	16

这 383 部作品中，通俗专业书籍及实用指南书籍占据了近三分之一，其中宗教与艺术方面的书籍最多。虚构文学作品约占四分之一，其中爱情、婚姻、家庭、社会题材的书籍最多。中国古代经典文献的翻译，同样也占据了约四分之一的比重。

如按照出版年份统计，383 部翻译成德语的中文作品中，有 40 部出版于 2006 年，2007 年则出版了 46 部，2008 年 56 部。而 2009 年译作数目高达 88 部，成为巅峰，但 2010 年急剧下降，仅为 32 部，2011 年 34 部，2012 年 35 部，2013 年则是 28 部，2014 年为 24 部。

而 510 部与中国相关的德语作品里，可以具体划分为下表中的类别。

表 2　以中国为主题的德语作品

书籍类型	作品数目
1 虚构文学作品	94
1.1 爱情、婚姻、家庭	17

续表

书籍类型	作品数目
1.2 社会	17
1.3 侦探推理小说及惊险小说	23
1.4 科幻玄幻小说	3
1.5 传奇故事、童话及民间传说	13
1.6 漫画	0
1.7 其他类型	21
2 通俗专业书籍及实用指南书籍	329
2.1 社会、政治、经济	48
2.2 历史	40
2.3 宗教及哲学	8
2.4 艺术	52
2.5 通俗文化、习俗	22
2.5.1 菜谱及美食	10
2.5.2 节日庆典	1
2.5.3 神秘学及星象学	11
2.6 医疗保健	103
2.7 跨文化理解	29
2.8 国情	19
2.9 其他	8
3 纪实类作品	87
3.1 游记	29
3.2 在中国的生活	39
3.2.1 外国人的经历报道	36
3.2.2 中国人的经历报道	3
3.3 社会报道	9
3.4 传记	10

从这一图表中可以看出，超过三分之二的图书是通俗专业书籍及实用指南书籍，涵盖的领域也非常广泛，从社会、政治、经济到美食、医疗保健，种类繁多，其中最主要的是医疗保健类的书籍。通俗专业书籍及实用指南书籍，在西方历来颇受欢迎。而虚构小说与纪实性作品的数目区别不大。纪实性作品最多的是游记或生活报道类的书籍，虚构文学作品则喜欢探讨爱情、婚姻、家庭题材。

按照出版年份，510部与中国相关的德语作品里，2006年出版了28部作品，2007年为81部，2008年79部，2009年77部，2010年51部，2011年42部，2012年57部，2013年48部，2014年47部。需强调的是，2007年德国是中国北京国际图书博览会的主宾国，2009年中国是法兰克福书展的主宾国，所以2007年至2009年都出现数目大幅上升的情况，而2010年后缓慢回落，人们回归到常规状态，书籍出版数目下降是正常的。

将两张表格进行比较，总体来看，无论是德语作品，还是中文作品的德语译著，通俗专业书籍及实用指南书籍的数目都是最多的，其中受欢迎的题材包括社会、政治、经济、历史、宗教及哲学、艺术、医疗保健、跨文化理解、国情。然而，无论是德语创作，还是中文作品的德语翻译，以中国为题材的科幻及玄幻小说却并不受欢迎(即使该题材在中国非常热门)。值得注意的还有侦探推理小说及惊险小说，虽然该类别下有23本德文小说涉及中国，但却只有两本中国的侦探推理小说及惊险小说翻译成德语。长期以来，中国的侦探推理小说及惊险小说在德国并不受欢迎。

三、小说译介里的中国

通过小说里的中国形象，可以管中窥豹，探讨中国的文学形象塑造。由中文翻译成德语的译作，展现出中国人用自己的小说所塑造的中国形象。但是这种自塑过程，是受到外力引导的(例如要翻译的小说，受到德国出版社或中国出版社的甄选)。篇幅所限，这里选出最有影响力或出版数目最多的小说，稍作概述，探讨小说译介里的中国形象。

可能会让人感到大吃一惊的是：作品翻译数目最多的作家，就是中国台湾的漫画家林青慧。她可以说是现在最受欢迎的中文漫画家，该时间段内，她在德国出版的漫画作品，高达 12 本，①其作品深受日本漫画风格的影响。日本风格的漫画在德国向来也颇受欢迎。作品为少女漫画，译成德语的大部分作品的故事背景发生在古代中国，或与中国有关，例如少女嫁给王子的经历、青春校园爱情故事，情节大多轻松有趣。这一数据让许多人感到吃惊。这虽然对中国形象没有什么直接显著的影响，但无疑对青少年、儿童产生一定影响，让他们对中国及中国文化产生好感。而德国儿童文学中也常常喜欢将中国作为故事发生的背景。

此外，翻译得最多的，还包括各种奖项获得者的作品，例如获得诺贝尔文学奖或德国书业和平奖的各种作品。德国出版业对书籍的选择，较为保守谨慎，注重市场接受程度，考虑到效益问题，迎合读者品味。名气越大的作品，也就是获奖作品或获奖作家的作品，以及在中国被禁、受到批评的作家，在德国向来颇受关注。

2012 年，莫言获得诺贝尔文学奖，2006 年到 2014 年间，他的七部作品德语译本得到出版：《红高粱》(2007)、《天堂蒜薹之歌》(2009)、《酒国》(2012)、《生死疲劳》(2009 年与 2012 年出版于两家不同的出版社)、《檀香刑》(2009)、《蛙》(2014)，及其自传小说《变》(2014)。其中，部分书籍为再版，例如《红高粱》(译著最早出版于 1986 年)一书多次再版。而莫言在德国的成功，可以说起源于同名电影的成功，该电影于 1988 年在柏林获得了金熊奖。《天堂蒜薹之歌》(译著最早出版于 1997 年)、《酒国》(译著最早出版于 2002 年)也是再版。也就是说，《檀香刑》《生死疲劳》《蛙》《变》为真正新译作品。他笔下的中国，可以说是充满乡土味或“历史感”的中国，对“中国文

---

① Ursula Rautenberg 等人的调查报告，为不完全统计，难免有疏漏之处。下列数据，为本文作者在调查报告基础上补充或统计的数据。

化的阴暗面和民族心理中噬人一面的冷酷”①进行反思。

2012年，廖亦武获德国书业和平奖。他的作品出版数目，仅次于莫言。廖亦武的作品如《中国社会底层访谈录》(2011)、《证词》(2012)、《洞洞舞女和川菜厨子》(2014)等书被翻译成德语。他的作品通常描述底层生活，政治批判色彩强烈，尤其受到当时德国媒体的喜爱。

位居第三的，是2000年获得诺贝尔文学奖的高行健。他有三部译作出版，分别为小说《灵山》(2011)、充满孤寂感的《一个人的圣经》(2006)及小说集《给我老爷买鱼竿》(2010)，该小说集收录了他1980年到1986年写的11篇短篇小说。他的作品大都充满孤寂感，忧郁而压抑。作者在大陆时期的生活，都在作品中留下了明显的时代烙印。

从德国人对廖亦武、高行健的偏爱可以看出，“‘越是在大陆遭受政治批评的作家，越容易受到西方的重视。也就是说，西方对当代中国文学的接纳角度，仍旧是新闻性的、政治性的、社会性的，还有，观光性的。’这也表明西方并没有真正从社会文化上对中国文学及其中国形象给予认同。从这方面来说，高行健之所以能进入西方主流，与其所谓的“流亡作家”的身份不能说毫无关系。”②但令人欣慰的是，这一情形逐渐发生改变。随着德国人对中国的了解增加、汉语在德国的普及、中德民间交往增多，德国对现实中的中国兴趣越发浓厚。

在这一时间段内，余华有两本作品的德译本面世：《兄弟》(2012)、《十个词汇里的中国》(2012)③。《十个词汇里的中国》并未在中国大陆出版，该书用十个词汇，如人民、领袖、阅读、写作、鲁迅等词汇来描述历史回忆里的中国。作为当代最著名的中文作家

---

① 吴秀明，方爱武：《论全球化语境下“中国形象”的塑造与传播》，载《浙江大学学报(人文社会科学版)》，2010(6)。

② 同上。

③ 2008年，余华的《活着》德语译本再版。本文着重考察2006—2014年出版的新书。

之一，余华也获得了众多奖项，1998年获得意大利的卡佛文学奖，2008年又凭借《兄弟》荣获第一届法国“国际信使”外国小说奖。《兄弟》一书在德国也深受好评。上文提及，德国出版社翻译中国小说时一般比较保守、谨慎，通常会考虑到市场接受程度及经济效益，常常是一本中国小说翻译成英语或法语以后，并取得一定成功，德国的出版社常常才考虑引进这本小说。

其他的重要作品，还包括阎连科描述在“文化大革命”时期的《为人民服务》(2007)、以艾滋病为主题的《丁庄梦》(2011)。王刚的《英格力士》(2014)也描写了“文化大革命”时期的悲剧故事。此外，法兰克福书展期间，德国总理默克尔表示，她最喜欢的作品是李洱的《石榴树上结樱桃》(2009)。该作品描写了当下农村生活里基层民主、计划生育等主题，无疑很符合德国政治家的口味。

这些人的作品也都具有批判性，合乎德国人爱批判的民族精神。众所周知，审丑是20世纪以来文学的一大特色，而中国现代文学“呈否定性向度的启蒙文学模式”，这“也是中国现代文学生成与发展的主要话语模式”①。该模式对中国的国民精神做出了深刻的批判。这也与中国作家对自身使命的定义有关。从鲁迅时代起，中国作家就认为自己是社会的良心，有责任用笔改变社会、警醒世人。而中国小说自诞生起，就受到史家文学的影响，注重作品的教育作用或道德意义。但是，不了解中国的德国人，会草率地将小说中描写的特殊或艺术夸张情形等同于中国的日常生活，等同于中国的整体国民精神。而部分小说里的中国形象，特别是阎连科、廖亦武等人小说里的形象，也或多或少合乎德国人对中国的长期设想，更进一步加深了他们对中国的固有思维。贫穷落后的乡土社会、畸形压抑的人性、难以愈合的历史伤痕、荒诞的社会悲剧，都只能说折射了中国形象万花筒中的一部分。但一些人，特别是那些没去过中国或者对中国了解不深的人，习惯以偏概全，贸然误解中国就是如此。出

---

① 吴秀明，方爱武：《论全球化语境下“中国形象”的塑造与传播》，载《浙江大学学报(人文社会科学版)》，2010(6)。

现这种情况，并不能全然归咎到作品选择方面，而必须说，理解中国与阅读中国，对读者的阅读能力及国情知识提出了挑战。然而人们用以理解其他国家的“阅读模式”，是根深蒂固的，朝夕之间难以改变。

虽然部分翻译、出版的中文作品考虑到市场因素，迎合西方人的口味，但整体来说，中文作品的翻译也开始显示出多个侧面的中国。其他的作品如毕飞宇的《青衣》讲述了物质时代传统戏剧演员的悲剧，而藏族作家阿来的《遥远的温泉》充满诗意地描述了梦想的破灭，徐则臣的《跑步穿过中关村》讲述当代北漂青年的生活，这些作品从其他方面介绍了中国。姜戎的《狼图腾》(2008)、苏童的《碧奴》(2008)在德国口碑也都不错。对于想了解中国现状的德国人而言，这些作品或多或少地改变其固有的思维模式与阅读期望。

正如前文提到的，小说里翻译得最多的是以爱情、亲情、家庭为主题的小说，比如陈玉慧的《海神家族》(2008)通过一个台湾女子的寻根故事，向外国人介绍了台湾的百年动荡，而她的《瓷泪》(2014)则讲述乾隆年间一个西方人来到中国探访瓷器秘密并爱上了一个中国姑娘。刘恒的《苍河白日梦》(2009)以仆人回忆的方式，展现了清末民初一个深宅大院里的悲剧。虹影的《上海王》(2009)讲述清末民初一个乡下小丫头成为“上海王”的传奇故事。春树的《北京娃娃》(2006)描述了一个灰暗残酷的现代青春成长故事。冯丽的《所谓先生》(2009)描写一个当代中年男人如何走出压抑而不幸的生活，获得爱情与解脱。此外还有许多中国大陆和台湾民间传说、神话、传奇故事等(如《史记》、成语故事、《平妖传》)被翻译成德语。

值得一提的是，2006—2014年大量经典著作翻译成德语，特别是《红楼梦》的全译本在德国终于首次出版(2006)，而张爱玲的许多作品也终于翻成德语，如《金锁记》(2011)、《色戒》(2009)、《秧歌》(2011)。钱钟书的《围城》也于2008年得到修订再版。顺便提一下，许多古籍也以各种方式得到再版或重译、节译或评点，如《庄子》(2013)、《论语》(2011)、《易经》(2011)、鲁迅的作品等。

四、德语小说里的中国

德语小说中的中国，是德国人设想出的、塑造出的中国形象，部分情况下，甚至是臆想出的中国形象。这一形象，类似上文提到的新闻媒体报道的两极化，过去常常呈现出两种趋势：一种趋势将中国理想化、异域化，认为中国是供人逃避的乐土；而另一种趋势是在作品中，中国则被加以扭曲，常常被描述成危险的国度。可以说中国在文学作品中的形象，过去常常在“可爱与可憎，可敬与可怕”[①]之间摇摆。即使现在，仍然能不时观察到这一情形，但是，随着人们对中国的认知增强，作品中描述的中国形象也逐渐接近事实，作品里常常可以观察到现实批评性的一面。篇幅所限，这里只选取一些小说为例，加以论述。

(一)历史中的中国

许多爱情小说，尤其喜欢选择历史中的中国作为背景，在异域风情、战火纷飞中开展恋情，例如《上海的女反叛者》(*Die Rebellin von Shanghai*，*Tereza Vanek*，2013)，描述了1900年的上海，两位年轻的欧洲女性在中国义和团起义背景下来到中国所经历的爱情故事。这里的中国是浪漫冒险故事的背景，作品描写了义和团起义背景下的种种恐怖经历。《情妇》(*Die Konkubine*，Petra Gabriel，2008)通过倒叙的方式，娓娓讲述了中国与德国两个帝国崩溃的背景下的悲伤爱情故事。1903年青岛成为德国殖民地时，一位中国富商派他的情妇与一名德国士兵结识，想了解德国人的意图，但是这名情妇与士兵却彼此爱上对方，最后二人不得不分离。这类小说里的中国，虽然仍是异域观光性的中国，但同时也穿插着对中国历史的介绍。作者通常仔细地收集了相关历史资料，力图为小说塑造一个

① 周宁：《后殖民主义文化批判与中国形象研究——西方的中国形象史：问题与领域》，载《东南学术》，2005(1)。

充满异国情调但又富有真实感的历史氛围。

《慰安妇》(*Die Trostfrau*，Ruth Hallo，2012)一书已被译成中文，作者强调，创作这部作品，是为了让更多德国读者了解第二次世界大战期间慰安妇的悲惨经历。全书根据作者搜集的资料，在真实资料的基础上虚构出一个名叫林美安的人物。1938年，林美安迫于贫困及父亲的疾病，前往上海打工，却被骗进入日军的“慰安所”，经受5年的痛苦折磨后，终于逃出，辗转返回故乡，嫁给一个同村人。同村人知道她的经历后，鄙视排斥她，无奈之下她再次背井离乡。数十年以后，她受到一位德国留学生及其他人的鼓励，起诉日本政府强征慰安妇。小说对当时的中国慰安妇命运进行了深刻的报道，让德国人了解当时的中国妇女命运。

《最后的避难地：上海》(Stefan Schomann，2008)①，也已经被翻译成中文。这本小说讲述的是犹太人罗伯特·索卡(Robert Sokal)在上海避难期间，与中国姑娘，也就是他后来的妻子的爱情故事，并描述了战乱及“文化大革命”背景下的家族动荡。整个故事由真人真事改编而成，罗伯特·索卡是一个出生于维也纳的犹太人，1939年经意大利逃亡上海，并在上海的圣约翰大学读书，在那里认识了他后来的太太，第二次世界大战后他与妻子儿女定居美国，在大学担任教授。全书从索卡及其妻子各自的视角出发，以两个第一人称的口吻讲述了那个时代的中国及奥地利的家庭故事、爱情故事，介绍了犹太人在上海的生活。可以想象在那个年代，来自富有家庭的中国姑娘与犹太逃难者之间的爱情，会面临多大的压力，尤其是来自父母的压力。即使战胜了父母的压力，来自不同文化背景的年轻人在那个动荡的年代也面临着许多的考验。但是这本小说不仅是一部爱情小说，更是一部历史小说，生动地展现了20世纪40年代的上海画面。

作者笔下的上海，富有真实感。索卡及其妻子在世时，作者与

---

① 该书的袖珍版出版于2009年，书名改为Der große gelbe Fisch：Julie und Robert-Eine Liebesgeschichte aus China。

他们有大量信件来往，此外作者对中国非常了解，在中国生活过。全书展现了20世纪40年代的上海，东西方汇聚到一个城市，既融合又对峙，混乱而堕落，充满欺骗，贫富悬殊对比明显，传统观念与现代思想冲击，身处异国他乡的犹太人感到格格不入，没有归属感，而本土的中国人对落难的犹太人持怀疑及蔑视态度，跨国婚姻又面临着东西方的习俗及观念冲突，诸多种种，都让人联想到今天的上海。

另一部类似题材的小说《上海，远在何方？——二战记忆》(*Shanghai fern von wo*，2008)则更加成功，获得多个文学奖项，例如德国批评奖、莱茵兰法耳茨州艺术奖、布莱梅港文学市民奖等，受到好评。该小说于2013年翻译成汉语。小说同样描述了1938年到1948年来到上海的犹太人的生活，受到希特勒的迫害，许多犹太人匆忙逃往最后的诺亚方舟——上海。但是他们在异国的谋生之路并不容易，一些人无法适应或拒绝接受这样的变化，最终丧生。故事描述了多个犹太人的经历，如律师及其妻子、书商、艺术历史学家、手套商人、制表师、医师等。活下来的人当厨师、小商人等谋生。1943年后，这些犹太人甚至丧失了自由，被关到了虹口隔离区。即使战后他们返回欧洲，面临的仍然是不公平的命运，因为战争刚结束时，很多德国人或奥地利人还无法真正认识或面对自己的罪行。

作者做过细致的考察工作，全书贴近历史，用充满诗意的语言描述了残酷的现实。全书主要是描写犹太人如何在上海挣扎生存，以流亡者的视角描写他们所接触到的上海。这里的上海与《最后的避难地：上海》中的上海有类似之处，同样混乱而堕落，贫富悬殊对比明显，即使这些犹太人生活中也能接触到友好的中国人，但是整个城市充满欺骗，道德沦丧，是个堕落之地，甚至犹太人声称必须学会欺骗。而犹太人在这个陌生的城市里格格不入。他们说“没有外国人，上海会变成怎样?”“没有外国人上海什么也不是”。但书中人物是从当时残留的欧洲优越感及殖民主义影响角度出发，得出这类断言。受各种限制，书中的犹太人不能融入当地的生活，对上海的了解非常有限，他们眼中的上海是“庞大且无法理解的”。该书虽然无法从犹太人有限的视角描写中国是什么样的，但却生动地介绍了上海当时的历史背景，展现了城市下层人民的生活，而作者的本意，也不在于考量中国是何种形象，而是在于描写逃亡的犹太人如何苦苦挣扎求生。

(二)现代中国

1. 批判与反思

德国作品里的现代中国，则更加能体现德国人心中的中国形象，更加多元。与以前的作者相比，现在写关于中国的作家，有些是汉学家，有些来过中国，或者对当代中国非常感兴趣。他们笔下的中国，更加贴近现实，具有时代感。他们对中国的批评，有些是从西方的角度批评中国，作品中的人物非常西化，更是从西方文化自我认同方面描述了中国。而他们对中国的批评，有时则映射当代西方社会的问题。他们描绘中国时，不再仅仅延续对中国陌生化、异域化、梦幻化的传统方式，而是以此寻求对自身文化的折射、补充或反思①，例如《白蛇传奇》(*Die Legende von der weißen Schlange*，Michael Roes，2014)。故事发生在南京，主人公与传统的教育及社会体系格格不入，选择自己的道路，十四岁就退学，学习昆剧并成为民间昆剧剧团的成员。作者对昆剧非常了解，对化妆、角色、剧目做了详细且生动的介绍。小说批评了中国的学校教育制度，作为独生子父母期望压力过高，孩子没有儿童时期，时刻必须面对压力与竞争，父母的期望让他们难以追求个性与个人幸福。男主人公演出昆剧，例如扮演许仙这一角色，晚上业余时间则跳街舞，在城市街道墙壁上涂鸦，在不同的角色里寻找着自我。

总体说来，小说有许多西方的色彩，人物的心理活动、口吻也都非常西化，是西方人眼中的中国故事。小说对中国的批评，也更多的是一个西方学者对中国社会的批评，如个性自由、个人追求幸福的权利、独生子女政策、冷漠的人际关系等。法海，也是故事中

---

① 其实折射、反思、补充这样的传统，在歌德时代就已经能感受到。但是当代德语文学作品描写中国主题时，能将这种折射、反思与现实中的中国联系起来。

的警察，则代表摧毁个人发展与幸福的力量。主角的父亲是名科学家，担任一家神秘的低温实验室负责人，人体克隆、器官冷冻等情节出现在小说中，故事变得越来越充满疑团，不断地插入与另一个"我"的对话，随后才发现，另一个"我"是从2116年的未来返回的，而主人公将于两天后死亡，被父亲冷冻起来，多年后解冻，成为书中的另一个"我"，而未来的"我"需要过去的"我"的完好基因组织，来解决自己的基因故障，因此从未来穿越回来。故事涉及许多对科学实验的批评，如人体实验、模拟宇宙大爆炸的强子对撞机等。这本书里的中国，是当代西方视角里传统与现代对峙的中国，是个性发展与社会压力对峙中的中国，是人性、道德与科学底线对峙中的中国。

《王同志提问》(*Genosse Wang fragt*, Cornelia Vospernik, 2012)是一本讽刺小说。作者强调这是一个虚构的故事。王同志是《人民报》的记者，在长久思考后，终于鼓起勇气准备提一个问题，一个真正的问题。如何提这个问题，他绞尽脑汁，斟词酌句，却对提问的后果感到害怕。他也许会失业，也许会有牢狱之灾。王同志在自己作为记者的职业道德及传统的生存模式中挣扎。全书不仅对中国当代媒体提出了批评，更是对个人的失语模式进行批评。王同志在个人生活中也是个失败者，常常处于一种失语状态，不知道如何去表达自己，对生活无动于衷。正如他婚姻失败时承认的那样，如果他说出了"我爱你"，反而表示"我不爱你"；只有沉默才表示"我爱你"。失语状态让他无法面对生活中的各种问题，甚至让他以为自己出了精神问题。

此外小说也描写了中国等级制度，包括送礼的场合也注意等级分明。全书充满讽刺，就连赠送一条领带都充满了办公室政治哲学。作者对中国的政治体系、官场人情往来非常了解，批评了以权谋私的日常状态，例如王同志的同事——李同志，一门心思往上爬。李同志的父亲争权夺利，成立了旭日集团，经营房地产项目，项目由于派系利益斗争而失败。小说描写了中国的腐败贪污、权钱交易现象。无论王同志，还是李同志，都是悲哀畸形的灵魂。

王同志前往山西太原报道煤矿开采设备开幕式，不停地感到害怕，无法提问。故事最后，王同志想向党委书记提问，但却无法提问，因为党委书记只会发表讲话，而不会回答问题。然而党委书记出乎意料地停下脚步，表扬王同志。王同志抓住时机，提问“为什么”这三个字其实是对整个体系及个人生存的质疑。但是党委书记将这个问题理解成为什么他会表扬王同志，并告诉王同志他将获得表彰。滑稽的是，一切都没有按照他所想象的进行。人们错误理解了他的问题，他甚至得到表彰。而社会环境中虚伪的“我”保护王同志真实的“我”，让他能友好空洞地进行对话，不再提问。但内心的绝望及压力迫使他向世界上最后一个能帮助他的人——母亲寻求帮助，询问自己是谁，在做什么，无论做了什么，为何总是错误的。然而母亲对此毫不感兴趣，只希望儿子能够获得表彰，能获得切实的利益。王同志最终承认自己是个失败者，沉默地接受表彰，他表面上成功，其实作为个人已经失败。最后看似功成名就的王同志，向香皂一样纯洁的张同志提问，问她今晚是否愿意与他一起吃饭，而这个问题，就似乎成了王同志的正确问题。虽然小说的人物塑造过于脸谱化，但其实小说不仅拷问的是新闻媒体的职业素养，更加拷问的是个人对社会妥协的问题，充满卡夫卡式的荒诞。

2. 无处可逃的幻想破灭，回归真实

如果说，人们以前喜欢将中国当成供人逃避的乐土，那么随着人们对中国的了解，特别是作家自己在中国积累的经验，这样的幻觉逐渐消失，人们对现代中国的了解，越来越接近现实。例如斯尔克·舍尔曼(Silke Scheuermann)的《上海演出》(*Shanghai Performance* ，2011)描述了一个国际知名的艺术家，出人意料地接受了一个上海的职位，与她的助理一起来到上海。小说采用第一人称，从助理的角度讲述了这个故事。深深崇拜艺术家的助理小姐，无法理解为什么该艺术家做出这一决定，而到了上海以后，这位艺术家的举止变得越发奇怪。原来 20 年前该艺术家曾在美国未婚生子，女儿生下后不久，她就将具有一半中国血统的女儿送人。找到女儿后，在女儿 17 岁生日之际，她赠送给女儿一件昂贵的生日礼物——汽车，然而女儿却出了车祸，虽然侥幸逃生，却只能在轮椅上度过余生。

女儿希望能与母亲一起迁居德国，而却遭到母亲拒绝，因为母亲觉得自己无力照顾女儿，不愿接受这一责任。最后故事以悲剧结局，在母亲举办的“上海演出”开幕盛典之际，女儿绝望自杀。母亲精神崩溃，而助理对这位艺术家深感失望，离开了这位艺术家，返回德国。

故事情节紧张，叙述流利。作者曾多次来到中国，对中国相当了解，所以作品贴近现实，对上海这个“混凝土森林”的描写非常真实。在描写中国方面，她“没有落入俗套，处理了20世纪重要的历史事件，将中国描述成一个面临众多挑战的国家”。作品不光描述了中国现代艺术的情况，不仅有积极的评价，认为改革开放对中国艺术起到极大的推动作用，为艺术家提供许多发展机遇，同时也对各种问题直言不讳，如商业化主导艺术。此外，小说对女性意识及道德、责任、罪责进行反思，讨论艺术家是否能够超越道德。

将中国理想化、异域化，自然会让人把中国视作逃避的乐土，这种情形现在越来越少见；而现在的作品里，对中国了解的德语作者越来越多，越发清醒地认识到这只是梦想，这种对于中国的不切实际的激情，也得以破灭，正如这本小说显示的那样，上海这个浮华空虚的都市，是空虚未来的倒影。

3. 对偏见的反讽

一些作家甚至讽刺有些人不了解中国，却长期对中国“理想化、异域化”，或对中国充满偏见。提尔曼·拉姆施德特(Tilman Rammstedt)的小说《中国皇帝》(*Der Kaiser von China*, 2008)，对这类偏见进行反讽，批评人们不了解情况，却对虚构臆想中的事物(也就是“中国”)指手画脚。该小说获得了英格博格·巴赫曼奖(Ingeborg-Bachmann-Preis)。这本小说以第一人称视角展开叙述，充满了幻想。从作为孙子的“我”的角度，讲述了一个古怪的故事：从未离开过德国的外公，在80岁生日时，希望得到的生日礼物就是前往中国旅行。但是本该陪同他前往中国的“我”，却把用于旅行的钱挥霍一空，并欺骗外公，说机票全部售光，四周后才能出发。外公不愿等待这么长时间，决定自己开车前往中国，却在离家不远的地方突然去世。为了向家人隐瞒外公去世的事情，他编造信件，并在信件中幻想外公在中国的经历。信件中充满了各种匪夷所思的幻想故事，例如外公年轻时爱上一个中国姑娘，并在一场导致姑娘去世的事故中失去了左边的胳膊，而50年以后他在中国找到了自己的胳膊。之所以全书叫这个名字，很可能是“我”小时候听到外公在一次争吵中，曾大喊道“我是中国的皇帝”。

然而全书的“真正主题不是中国，而是幻想”。书中的中国，是一个幻想中的国度，脱离于实际的中国。虽然这本书作为小说非常成功，但是作者刻意描述的，是一个存在于幻想中的国度，是一个想象世界里混乱而不可理喻的中国，例如陌生人不打招呼就吃别人盘中的饭菜。作者刻意创造出这样的一个中国，只是将它视作一个异域的象征，作者写的并不是真正的中国，而是“另一个完全不同的国家，只是与中国具有同样的名字，充满人们想象中的偏见”，稍有常识的人通常在这些稀奇古怪的细节里，会感到一种陌生化效果，这些幻想打破了真实，更能从中得到一种喜剧效果。中国在这里，只是一个异域化的符号。它只是一个偏见的代表，中国这个字眼可以替换成任意一个对德国人而言感到充满异国风情的地域符号。

作者对此在一次采访中做出解释：“我开始写这本书，我开始慢慢与中国打交道，除此以外，我其实与中国没有什么真正的联系。那时是2007年，到处都在谈论奥运会以及中国的经济奇迹。人们不停地听到关于中国的事情。媒体无间断地报道。我就感觉到，尽管如此，还是没有人了解中国。然后我就想到，我可以写一本关于中国的书，书中的大部分故事发生在一个臆想中的中国。”正由于作者与主人公一样，没有去过中国，才能放开手脚毫无拘束地进行幻想。

五、结语

过去西方人眼中“中国具有两种肯定与否定截然相反的形象。‘这两种形象时起时落，时而占据、 时而退出我们心目中的中心位置’。”①受到过往定性思维的影响，德国小说描述中国时，不时可以观察到对中国的偏见；但是，在经济全球化影响下，许多德国作家对中国更加了解，有自己前往中国或在中国生活的经历，喜欢自己进行反思，而不再那么容易受到媒体报道的影响，因此，他们笔下的中国变得逐渐真实。越来越多的作者也将中国视作一个普通、真实的国家。这个国家与世界上每个国家一样，都面临着自己的问题，很少有小说将中国妖魔化。由此可以看出，德国表述中国的话语模式已经逐渐开始发生改变。作者自身的中国经历及反思，让作者不那么容易受到媒体报道或惯性思维的影响，这样塑造出的中国形象，更加真实，即使充满批评性，也常常是有的放矢。然而，他们出发的视角，常常仍然是西方视角。很多情况下，“西方人正是根据西方精神或文化传统无意识中的原型来规划世界秩序，‘理解’或‘构筑’中国形象的”②。即使这些德国作家尽可能审慎地对待这一主题，仍不可避免地从德国人的角度出发看中国。但是这也是形象他塑过程中的常态。

中国形象自塑方面，中国的作家由于长时间来对自身的定义及社会责任感，批评性更加鲜明，对国民精神中的卑劣阴暗之处描写地更加深刻。这也是由于中国小说自古以来就崇尚劝诫审美思想。德国部分出版社偏爱批评类作品，选择中国作品常常会偏重这类作品，导致中国形象自塑更加容易片面化。幸而随着中国经济的发展，德国学者、年轻人等对现实中国越来越感兴趣，越来越希望了解目前中国的社会状况，从而翻译也不再仅限于经典古籍中的中国或者批判性视角中的中国，而是从不同角度展现中国，这无疑对塑造开放、多元的中国形象是有利的。而这种中国形象，逐渐离开“我眼中的你”，走向“真实的你”，更能展现变迁之中的中国。

[作者系德国西萨克森应用科技大学(代理)教授]

① 周宁：《后殖民主义文化批判与中国形象研究——西方的中国形象史：问题与领域》，载《东南学术》，2005(1)。

② 同上书，107～108页。

从“独语”到“世界”：鲁迅《野草》的英语接受

刘江凯

鲁迅可以说是中国现代文学中最有世界影响力的作家。根据调查，其作品海外传播的时间、范围、规模、影响都是目前其他中国现当代作家很难超越的。以美国俄亥俄州立大学“中国现代文学与文化”资源中心为例，在四百多人的中国现当代作家群中（包括港澳台、海外华人作家），唯有鲁迅是以专辑的形式呈现，且从作品翻译到研究都形成类似国内的系统。可以看出，鲁迅确实已经不仅仅是“民族的”，更是“世界的”。

从接受的效果——世界性的影响来反观鲁迅的海外传播对20世纪中国文学，特别是当代文学的启发，仍然是个有意义的命题。鲁迅的外译作品实在太丰富了。以英语为例，我们掌握的海外鲁迅资料就包括十二大类，分别是：参考资料；集；传记；综合；小说；诗歌；散文；批评；翻译；学术；信件；视觉艺术。每一类里都有大量的相关英文成果，加在一起至少有好几百项，时间跨度也长达几十年。可以说，海外鲁迅研究也形成了和国内非常相似的体系。如果对海外主要语种的鲁迅翻译、研究资料进行大综合，恐怕绝非个人或学术机构短期能完成的任务。确立新的问题意识，加强国际合作，大概是目前推进世界鲁迅研究非常值得努力的方向。

以《野草》的英语接受为例，不考虑单独或其他鲁迅作品翻译里涉及的篇目，《野草》的英译按照出版年大致如下：据1931年鲁迅《〈野草〉英文译本序》的注释①，我们可以知道，当时《野草》的译者冯余声已把译稿交给商务印书馆，后毁于“一·二八”战火，最终未出版。这应该是目前有明确文献记载最早的《野草》英译了。新中国成立后代表性的翻译应该是杨宪益、戴乃迭合译的《野草》。目前查阅到的最早版本是北京外文出版社1974年版，后在此版的基础上又多次再版，如仅外文出版社就有1976(第2版)、1980、2000、2002、2004、2010(插图)等，此外还有香港中文大学2003中(繁)英文对照版等。从掌握的鲁迅作品英译出版来看，存在一个有趣现象：鲁迅的小说、杂文、信件、诗歌等都有真正的海外版，即译者和出版社两者其一或两者皆是外国的，而散文诗《野草》却不是这样。小说是翻译最早、重译最高的文类，如《阿Q及其他鲁迅小说》(1941)，②译者虽然是华人学者王际真(《红楼梦》最早的英译者)，却由哥伦比亚大学出版，其他如《阿金》(2000)、《呐喊》(法语，2010)、《狂人日记》(1990)、《两地书》(1990)等。为何偏偏《野草》不是这样？我猜想这可能由以下三个原因导致：一是《野草》独特的“反懂”性给非汉文化母语者造成了一定的翻译困难；二是海外出版如果没有特别的资助是要考虑市场效应的，它不可能像我们的外文出版社那样不考虑经济效应地一版再版；三是最根本的原因，即杨宪益、戴乃蝶提供的译本确实很好，能满足海外阅读的需求，没有必要再翻译。普通的英语读者难有巨大的市场需求，学术研究者往往会回到中文读本。

然而，英语世界对鲁迅《野草》的研究却早于以上英译年代。美

---

① 鲁迅：《鲁迅全集》第4卷，见《二心集》，356页，北京，人民文学出版社，1981。本文引用材料皆采用此版本。

② Tr. Chi-chen Wang, *Ah Q and Others: Selected Stories of Lusin*, NY, Columbia University Press, 1941.

国著名华人学者夏济安早在1968年《鲁迅作品的黑暗面》里讲：①“鲁迅留下一本富有独特情趣的书——《野草》”，并认为除了《我的失恋》外“其余的诗都是真正诗的雏形。充满着强烈感情的形象以奇形怪状的线条在黑暗的闪光中或静止或流动”，“如果用正规的表现方法来处理这种可以称为现代经验的恐怖和渴望，鲁迅本来可以把中国诗带进一个新领域”，“在这种极深的内省中，鲁迅忘了对读者说教，但他的创作过程却显然丰富着、改造着他们的语言”，“他是用白话做了古典作家从未做过的事，从这个意义上说，鲁迅是真正的现代作家”。根据查阅到的资料，其他专门研究《野草》的英语成果主要还有：《〈野草〉，鲁迅散文诗的对称与平行》(1976)、《〈野草〉中焦虑的象征》(1986)、《散文诗与美学洞察：鲁迅的〈野草〉》(1998，博士论文)、《作为审美认知的散文诗》(2000)、《白话里的乐章：鲁迅的〈野草〉与〈好的故事〉》(2009)。还有许多英语研究著述当然也会涉及《野草》，其中也不乏精彩之处，这里不再赘述。

诚如夏济安所指出的：鲁迅的《野草》是一本富有奇特情趣的书，放在鲁迅所有的作品里看，也显得很特别。鲁迅对《野草》应该也颇为在意，这从他在文字中多次谈及《野草》可以看出来。夏济安虽然指出了《野草》对于中国诗及古典文学的突破，却没有概括出具体的结论。但他还是极其敏锐地指出“在这种极深的内省中，鲁迅忘了对读者说教，但他的创作过程却显然丰富着、改造着他们的语言”。这种“极深的内省”其实就是独语，而独语的特点本来也是拒绝“说教”的。对于这一点，钱理群的总结简明而准确：“《朝花夕拾》与《野草》一方面在鲁迅的著作中，是最‘个人化’的”；“另一方面又为现代散文的创作提供了两种体式，或者说开创了现代散文的两个创作潮流

---

① 也有根据1964年2月美国《亚洲学会季刊》第23卷译出的繁体字版本。这里采用的译本为：乐黛云：《鲁迅作品的黑暗面》，见《国外鲁迅研究论集》(1960—1980)，370～372页，北京，北京大学出版社，1981。原文出处为：Hsia，T. A.，*Aspects of the Power of Darkness in Lu Hsun*，The Gate of Darkness：Studies on the Leftist Literary Movement，Seattle，UWP，1968，pp. 146-162.

与传统，即‘闲话风’的散文与‘独语体’的散文。”[①]钱理群对“独语”的理解是这样的：“自言自语”(“独语”)是不需要听者(读者)的，甚至是以作者与读者之间的紧张与排拒为其存在的前提：唯有排除了他人的干扰，才能径直逼视自己灵魂的最深处，捕捉自我微妙的难以言传的感觉(包括直觉)、情绪、心理、意识(包括潜意识)，进行更高、更深层次的哲理思考。可以说《野草》是心灵的炼狱中熔铸的鲁迅诗，是从“孤独的个体”的存在体验中升华出来的鲁迅哲学。在阅读过的关于《野草》“独语”特性的概括，这一段文字是十分精练到位的，它既抓住了“独语”的核心本质，也高度浓缩了《野草》“独语”性的来源。总结一下钱理群的观点，我们可以将“独语”最突出的特点概括为排他性、内省性、升华性。思考一下这三者的内在逻辑关系就会发现：“独语”是强调在个人化的内省中达到一种升华的目的——而这和文学创作的过程及效果实现了深刻的本质统一。

医学上的“独语”是指神志清醒而喃喃自语，见人语止，属于精神障碍的一种表现；也有其文学内涵：指戏剧或文学中人物不考虑观众或读者及其他角色的因素，只表现自己的想法和情感，通常发生于他们单独存在或自认为单独存在时。“独语”和“独白”十分相似却并不是一回事，独白虽然也是独自一人通过语言向受众展示情感、思想和动机，但它却有着面向观众读者明确的指向性或者潜在交流性。从“独”的角度看，独语要比独白更决绝、强烈、义无反顾，往往会成为孤傲的精神寂寞者的潜意识归宿；同时，正是这种极致的内省方式，使它以貌似隔绝、封闭、拒绝的姿态打开了通向整个世界的通道，反而奇特地呈现出某种普遍、丰富的意义来。结合钱理群“独语体”的说法及对“独语”内涵的界定，我们认为“独语”有潜在的理论提升空间。它除了是一种文体或话语方式外，也是一种珍贵的文学精神，深刻地反映了文学创作的本质，这就不难理解为什么在文学及学术中会存在那么多的“独语”现象。

---

① 钱理群等：《中国现代文学三十年》，52页，北京，北京大学出版社，1998。另，最早概括为“独语”的应该是何其芳的名作《独语》。

然而，鲁迅作品中的文学“独语”有其特别的高度和内涵：比如复杂的人生经历，深刻的生命体验，敏锐的情感心理，深刻的思想见识，独立的批判精神，高超的艺术能力等。即鲁迅的文学“独语”首先会有一种基于“肉身”的磨砺，然后还能穿越常人难以承受的孤独、绝望等“心理”体验，最后以高超的艺术形式升华为“精神”哲学。“排他”“内省”“升华”三个环节缺一不可，是鲁迅式文学“独语”的一个完整的过程。“排他”是要有巨大牺牲的，“内省”是牺牲后的主动承担与独立思考，最后还得有艺术能力把内省“升华”为具有普世意义的价值。以这样的高度，结合鲁迅实际取得的世界性影响来反观整个20世纪中国文学，试问有几人可以和他看齐？又有多少人能真正理解并通过写作实现这种高度？

所以，有个例子很有意思。《野草》发表后当时就引起了争议，一位叫高明的文学青年，在日本读了鲁迅的《野草》，感到“极不满意”，便写信给鲁迅提出批评。鲁迅复信说“你说不懂那书好处何在；但是我想你若是回到国内，过了几年之后，你一定也会写出那样的东西来的”。复信原函已佚，以上大意见诸高明的文章《尼采及其他》，载叶灵凤编辑的《文艺画报》1卷3期，1935年2月15日出版。《鲁迅日记》中，有关高明的记载有六处，其中，1928年2月15日、1929年4月24日、7月30日有复高明信的记载①。鲁迅的回复在我看来，正是建立在深刻的生命体验与复杂的艺术表达基础上的，所以对于涉世未深的文学青年来说，确实得“过了几年之后”再说了。

（作者系北京师范大学副教授，本文受中央高校基本科研业务费专项资金资助）

① 张杰：《国外鲁迅研究情况补略》，载《鲁迅研究月刊》，1988(10)。

第五编

中美文化论坛(一)

传播力：影视文化影响力生成的关键要素

胡智锋

一、传播力概念及意义

“传播力”是指信息覆盖和到达的能力。影视传播力就是指影视的覆盖和到达的能力，覆盖能力即影视所覆盖空间的广度；到达能力就是影视在特定区域和范围内在人群中的传播程度。

影视传播力是影视文化影响力生成的关键要素。影视文化影响力——也就是影视文化软实力，可以被解读为“五力”，那就是竞争力、原创力、传播力、影响力和引领力。这五种力量紧密相关而形成有机的系统，其中竞争力是前提，原创力是基础，二者是影视文化软实力实现的基本条件；影响力反映效果，引领力体现目标，二者是影视文化软实力构建所追求的最终目的。在这其中，传播力则是将基本条件转化成最终目的的关键中介。通过传播力，影视的原创力与竞争力最终呈现为国际的影响力与世界的引领力。因此，影视传播力是整个影视文化软实力体系的重要保障和关键要素。

从国际上看，影视文化影响力强国必然是影视传播力大国。美国、韩国、日本等国家无一不以国家战略的高度精心布局国家影视传播力建设。韩国提出“文化立国”的口号，设立文化产业振兴院；美国将文化政策融入政治、军事、经济、贸易等各个领域，体现在《国家安全战略报告》中。这些国家都成功地打造了各自的影视文化产品，诸如好莱坞电影、韩国电视剧、日本动漫等，以差异化和针对性的传播策略，形成了具有世界级文化影响力的国际品牌。

二、新中国影视传播力建设的发展历程

新中国影视传播力建设，经历了“宣传品”“作品”和“产品”三个时期。在这一过程中，新中国影视国际传播的主要诉求和主要形态不断发生着变化。

20世纪50年代至80年代初，是以政治“宣传”为主要诉求的“宣传品”时期。受当时国内外政治环境的影响，宣传中国建设、团结国际社会主义阵营国家是影视的主要任务。与宣传效应相比，商业价值在电影的海外传播中被淡化。受制于技术原因，当时的中国以寄送“出国片”的形式，面向亚、非、拉及东欧等第三世界社会主义国家传播中国的电视作品。

20世纪80年代中期到90年代末，中国影视的国际传播进入了以“交流”为主要特征的“作品”时期。这一时期的影视国际传播的主要动力是国际交流与评奖。中国导演和中国电影开始参与国际知名电影节并获得关注和影响。中国电视成为国内第一大媒介并实现了海外发射，并与国际知名电视机构开展合作，推出了《丝绸之路》《长江》等“合拍片”。中国影视以更加积极的姿态，参与到世界影视的交流合作当中，并逐渐打开欧洲、美国等发达国家市场。

新世纪以来中国影视进入了以“流通”为主导的“产品”时期。国内影视以“产业化”的方式对接国际市场，电影、电视剧等影视产品

进入了国际影视发行流通领域。《英雄》《十面埋伏》等电影在国际上获得票房佳绩，《媳妇的美好时代》受到非洲国家观众的喜爱。中国民营企业和资本的加入为中国影视国际传播注入了新的活力。

三、中国影视传播力建设的问题与影响因素

虽然中国在影视传播力建设上获得了巨大成绩，但是与国际影视影响力大国相比仍处于弱势地位。中国影视传播力水平与中国的大国地位和影视产业规模并不匹配，存在着诸多问题。一是“看不懂”，也就是在语言与文化符号表达上，由于译制等因素，不能让海外观众理解中国故事。二是“讲不清”，也就是在叙事和逻辑上，无法讲清中国故事，不能塑造清晰的国家形象。三是“达不到”，也就是在渠道建设上，我国影视国际传播覆盖的区域差异明显，到达程度不深。四是“不了解”，对目标观众的需求不够了解。语言因素、文化因素、渠道和技术因素、市场和产业因素，以及政治和外交因素等因素制约和影响着中国影视传播力的发展。

四、中国影视传播力的提升路径

如何提升和发展中国影视传播力继而增进中国影视文化影响力的生成？我们认为需要从四个方面布局。

第一，树立影视传播力建设的全局性思维。着眼于国家发展的全局、整合机构资源、建立世界级渠道和平台，借助“一带一路”倡议、“金砖国家”合作组织等发展契机，将中国影视传播力提升到国家战略高度。

第二，制定影视国际传播的针对性策略。根据地理距离、文化相近性和所处的社会发展程度，中国影视国际传播所覆盖的区域大体可分为五个“文化圈”。由近及远依次是：(1)中国港澳台文化圈；

(2)亚洲儒家文化圈；(3)世界华语文化圈；(4)欧美文化圈；(5)拉美——非洲文化圈。这五个文化圈在生活方式、文化习俗、经济发展水平上各不相同，观众接受影视作品的类型、方式和评价机制各不相同。应针对不同文化圈的影视受众，选取不同的内容，采用差异化方式，实现传播效果的最大化。

第三，注重影视国际传播的接近性表达。要根据不同地区特点，将本土内容与国际表达相结合。既要注重文化的接近性，以差异化的影视产品，对接东西文化、对接传统与现代文化；又要适应不同地区媒介使用习惯的接近性，利用新媒体资源，扩大影视产品和品牌的传播力。

第四，增强影视国际传播的有效性考察。一方面，注重影视译制译配人才培养，把中国故事“讲清楚”。另一方面，对影视国际传播效果进行观测和评估，了解海外观众真正希望“看什么”“怎么看”。

影视传播力是影视文化影响力生成的关键要素，是影视文化软实力体系的重要保障。相信伴随中国影视传播力的提升，中国故事一定能更好地走向世界！

(作者系长江学者、北京师范大学教授、艺术与传媒学院院长)

纪录片传播与文化影响分析——以《你所不知道的中国》为例

俞　虹

文化传播有着多种途径，纪录片以其独特的影像表达方式，成为一种世界语，在跨文化国际传播中起着难以替代的积极作用。因此，通过纪录片的方式走进不同国家、民族、地域，以接近更多的不同语言、信仰、肤色的人，是获得更广泛的文化交流与影响的最佳传播方式之一。

如何认识纪录片的传播特征？了解跨文化传播有哪些特殊性？又怎样知行合一，落实在实践中获得传播与影响？这些将是本话题的聚焦点。

一、纪录片传播与审美特征认知

1. 纪录片是以真实性为基础的内容选择与记录表达的影像节目方式；

2. 纪录片作为视听媒介具有丰富的视觉呈现和音响表现力；

3. 纪录片具有题材的广泛性与内涵的深刻性；

4. 纪录片的直观性、可感性、丰富性，可在一定程度上为观看接受者消除语言障碍；

5. 纪录片传播与收视的便捷性，在互联网时代更加凸显了。

总之，最大限度的还原生活接近现实是人类艺术的创造重要原始动力，而纪录片的表现方式原本就要求尽可能地接近生活本身。因此，重视对象世界的原生态与主体真实性的选择，应是所有纪录片创作者的本质追求，也是纪录片最大的魅力所在。

但是，需要指出的是，如同我们都知道的任何媒体表达都存在着真实的局限性、主观的必然性、客观的有限性。因为只要选择内容、时机、角度、景别、细节等就存在主观性，纪录片也不例外。纪录片的创作者们行走在真实性的河水旁，努力不湿鞋，又要适度使用搬演、情景再现以还原事实、史实，坚守着真实记录，因为“电影眼睛可以改变生活、创造生活。电视纪录片只能纪录生活”(狄加·维尔托夫《电影眼睛》1934 年)。

二、跨文化传播的特殊性

1. 差异性——制度、文化、宗教、习俗、价值观、审美取向等；

2. 障碍性——语言、空间、陌生等所直接构成的壁垒；

3. 排斥性——固有认知、成见、误读等所形成的闭环状态与效应。

在跨文化传播中，不同的国家、地区、民族，必然在方方面面存在着差异，语言不同，政治、文化、经济、宗教信仰、风俗习惯等，既可能是群体的差异，也可能是个体的不同。从传播的动态社会影响理论的角度认识，构成人与人相遇、相识并形成相互交流的区域即社会空间是影响传播的有形空间。在这个空间里，相互认识、认同的人容易形成共同群体，反之，与这个空间距离越远，影响越弱，越难形成有效传播。

因此，纪录片在跨文化传播中，具有独特的优势，形成积极文化影响。第一，作为世界语的纪录片，有可能最大限度消除语言障碍；最多渠道实现广度传播；第二，作为真实呈现的纪录片，渗透着主体意识的表达，是有可能直接感染与影响受众的传播形式；第三，作为文化载体的纪录片，具有极其丰富的内容承载力的形式表现力。这些无疑是直面差异、淡化障碍、减少对立情绪的非常重要的抓手。

三、案例分析：《你所不知道的中国》第三季

1. 谁来拍？为谁拍？——纪录片国际传播合作拍摄的创新尝试

《你所不知道的中国》第三季（以下称《中国 3》，英文名 Tales from Modern China），是一部不仅拍给中国老百姓看的纪录片，更希望这是一部能让更多世界人民看到的讲述今日之中国的片子。因此和谁拍？拍什么？怎么拍？如何传播都是新问题。了解认识这些问题对解答今天的主题很有益。

该片是由江苏省广播电视总台投资，与英国雄狮影视合作拍摄的 6 集大型纪录片，于 2017 年 6 月 3 日—7 月 8 日，在江苏卫视、BBC 世界新闻频道(BBC World News)同步同版全球首播。其第一季 36 集于 2014 年 9 月开播；第二季 15 集于 2015 年年底播出。第三季开拓性地进行了省级台纪录片创作的国际合作拍摄模式的探索，试图以全新的国际化的创作模式向全球观众讲述你所不知道的中国。

2. 拍什么？怎么拍？——题材的选择与制作过程就是纪录片走向世界的开始

题材选择：极具中国特色的，具有当下性、鲜活性、生动性，无论是熟悉还是陌生的中国故事，如旗袍的故事。旗袍的历史、审美与当下年轻设计师创作及生活，增加了时尚的、现代的意味，表达今天年轻人对传统的传承与创新。意在向西方主流观众展现当代中国人积极进取精神面貌与温馨美好的生活状态。（视频片段）

表达方式：用中英双方主持人，让外国人以他们的视角去探寻采访，增加代入感、真实性和可信度；（视频片段）语态表达、解说词，注意西方观众的习惯与接受，与外籍编导反复打磨，让表达更

轻松自然。

结构上每集都进行了明显的段落切割，既便于理解接受也为网络碎片式传播打下基础。注重技术指标，镜头语言讲究。假若与第一季比较一下，差别还是挺大的。

3. 怎样传播？效果如何？——拓展传播渠道，真正走出国门同步同版播出

在播出平台上，国内：在江苏卫视首播，江苏广电荔枝新闻也在线同步直播。国外：实现了在BBC世界新闻频道同步同版播出，让更多西方主流观众了解中国力量、中国精神、中国道路，实现国际传播效果的最大化，体现主流媒体的责任与担当。把有限的传播，向最大化的无限进发，让传播效果更有力、更有效。

总之，《你所不知道的中国》第三季真正从节目制作和播出渠道的实践上，为国际文化传播尽可能实现传播的最大化和传播效果的最佳化，做出了积极探索，提供了一个可供借鉴的范本。

（作者系北京大学教授、新闻与传播学院副院长）

离散·传承·奇观想象——结合个人创作案例《唐卡》《战神纪》谈当下少数民族电影文化呈现的困境与突破

田卉群

少数民族电影是中国电影图景中的重要景观，新中国少数民族电影发展大致经历了三个阶段：第一阶段，中华人民共和国成立17年间，由国家主导电影制片厂拍摄制作的影片，如《冰山上的来客》《阿诗玛》《五朵金花》《刘三姐》《芦笙恋歌》等，重点宣传国家少数民族政策，反映少数民族地区的生产建设，并构成了反特片、音乐片等电影类型片的重要组成部分；第二阶段是“文化大革命”结束后至2000年前后，以第四代和第五代电影人为主，摄制了《青春祭》《盗马贼》《猎场扎撒》等影片，少数民族题材或者结合上山下乡知青一代的“文化大革命”创痕，或者成为追寻民族原生形态生命力的根源，契合反思与寻根的时代精神；第三阶段是21世纪开始至今，电影生态、创作格局发生了巨大的变化，少数民族题材影片不再是少数民族政策的宣传工具，而是成为电影文化的一个组成部分。少数民族题材电影旧有的反特片类型和民间传说、工农业建设等题材不再具有延续性；反思与寻根主题，也不再受电影创作者追捧，这使得少数民族题材影片几乎失去了院线竞争力，以及赢得主流观众关注的能力。

电影创作格局与生态的转变，在带来挑战的同时，也使得一批少数民族导演得以破茧而出，进入电影业界，万玛才旦、哈斯朝鲁等导演拍摄的少数民族题材影片，比如《静静的玛尼石》《唐卡》等，获得了一定程度的关注。这两位导演，也不约而同，尝试挑战少数民族史诗历史题材，万玛才旦在创作《格萨尔王传》，哈斯朝鲁创作了以铁木真为题材的魔幻片《战神纪》，努力将少数民族电影与主流电影工业加以融合。

本人担任了哈斯朝鲁导演的电影《唐卡》的独立编剧，以及魔幻片《战神纪》的联合编剧及策划，因此，笔者对这两部不同方向的少数民族题材影片有着切身的体验，试图以此为例证，尝试探索少数民族题材影片应对挑战的可能性。

《唐卡》：离散与传承

2010 年，肩负着采访任务，我两次来到西藏。这是一次奇妙的合作：一位在北京的蒙古族导演，和一位在北京的汉族编剧，决定制作一部在西藏拍摄的关于《唐卡》的影片。采访之前，我查阅了几乎与我本人身高等身的资料，对于唐卡之美与藏地之奇妙，有着近乎痴迷的想象。然而西藏给我的第一印象，却完全超乎我的想象。

这种超乎我想象的体验，如今我明白，可以称之为“离散经验”。

印度裔哲学家霍米·巴巴对于离散经验曾经做过这样的描述：“从许多方面来看，离散经验是一种对后世(afterlife)转型的放大。无论移民的凄凉境况如何，安逸与否——无论你是外乡人还是公民——这种离散的存在是个体日常经验的瓦解，是日常生活秩序的错乱。离散状态是一种紧绷的时间，夹携着预示生命的感知，以及永远丢失在存在的‘时差’(time-lag)中无法忘怀的一天。”(引自霍米·巴巴《论离散艺术：关于意义错置的思考》)霍米·巴巴在这篇文章中用“本土世界主义”来形容20世纪60年代的孟买，“我们生活在不同文化并置的尖锐现实之中”，“当南半球的艺术家们开始转向欧美的宗主国的口味和传统时，尽管市场向其张开了怀抱，但他们时常被关于文化根源和美学派别的焦虑所困扰”。

离散艺术家们的经验，同样可以概括在西藏的唐卡艺术家们的生存与创作状态，尽管世界都向唐卡艺术打开了大门，市场也张开了怀抱，但是，西藏的唐卡艺术却在衰落之中，传统的美学派别后继无人，新创的派别难以得到传统派别的认可，比如“多派唐卡”，创始人多吉顿珠年约40岁，他所绘制的唐卡，与西洋画法相结合，无论线条、色彩、背景，均简约时尚，获得了不少买家的青睐，却不为传统老艺术家们所认可，认为与西洋画法结合的唐卡无论从文化传统还是美学派别角度，均是一种背叛。我所采访到的最重要的唐卡老艺术家，家中挂着儿子画的画：一幅毕加索风格的西洋画。儿子走进门，老艺术家对他视而不见，父子之间的冲突可谓剑拔弩张。在老艺术家学校学画唐卡的学生，是一群年尚稚弱的孩子们。可以充分感受到老艺术家在变革的现实中的焦虑，他的时间失去了，他与当下存在着“时差”。他人在西藏，并未移民，但西藏，已经不是他所熟悉的西藏，而是“不同文化并置的尖锐现实”——在拉萨街头，藏传文化、汉地文明、西方文化交融并存。我采访的一位驻跸在拉萨南部70公里处寺庙的小活佛，年约20岁，身穿汉族服装，围着潇洒的围巾，热爱作曲与摇滚，也热爱绘制唐卡，他甚至愿意出演我们这部影片，饰演他本人。

《唐卡》并不是一部多么成熟的影片，唐卡艺术精深博大，西藏“本土世界主义”式的现实，充满令人痴迷的魔幻色彩，也绝非一部电影所能呈现。我们在这部影片中呈现的其实是离散之困境，传承之艰难。人在藏地，传统与美学风格却难以坚守；渴望传承，然而年轻人却在远离。这是国际化浪潮中唐卡艺术与少数民族文化所面临的必然冲击。我们所能寻找到的答案，也只能存在于电影之中。

第一次采访归来，我所寻找到的传承者、影片的主人公，是一个孩子。但是，这是一种想当然的期许，写作无法继续，我再一次来到了西藏。在第一次的采访中，我曾在老艺术家处看到一幅唐卡，是他毕了业的学生画的，绿度母嫣然微笑，令人印象深刻，这一次，我想寻找这幅唐卡的创作者。那是一个没有手的青海僧侣：云丹。

幸运的是，我找到了云丹，他说：他画唐卡，只是为了让心里的风和火平静下来。云丹成了我们的主人公。我们的故事成型了：唐卡老艺术家顿珠正在画他生命中最重要最美的一幅唐卡。他的儿子想画西洋画风的唐卡，令他勃然大怒。于是，他去寻找祖师的转世作为继承人，找到的却是一个没有手、也不爱画唐卡的小伙子嘎嘎。嘎嘎发现了老师的秘密：他已经快要瞎了，他正在画的、被无数人期待的那幅最美的唐卡，其实是一张白纸。于是，在雪顿节(晒佛节)这天，他偷走了这幅空白的唐卡，将它与晒佛节上晒出的那幅山一样巨大的唐卡一起，献给了天地。因为，唐卡意味着“填补空白”，画师用笔填补了纸上的空白，而唐卡却填充了世界的空白……最伟大的画师只有盲目之后，才能看到最美的唐卡。

《战神纪》：奇观想象

《唐卡》虽然有很多缺点，还是被赋予了创作者对西藏、对唐卡、对唐卡艺术家们的理解，但是，脱离主流语境的题材，使得影片注定是小众的。蒙古族导演哈斯朝鲁，一直有着将蒙古故事与大银幕相结合，与主流类型片相结合的梦想，在这种创作冲动的驱使下，经过五年时间，以铁木真为题材的魔幻片《战神纪》拍摄完成，于2017年12月22日贺岁档上映。影片投资2.2亿，邀请了法国著名导演让-雅克·阿诺担任监制，由陈伟霆、林允、胡军、赵立新、倪大红等演员主演。在这部影片的创作过程中，我担任策划及编剧之一，编剧组有蒙古族导演卓格赫，也有香港编剧，仅从编剧组的构成，也可以看出影片所进行的艰辛探索：少数民族题材，如何转向主流类型片叙事。如何塑造铁木真的英雄形象，同时又不过度渲染铁木真的好战，影片最终定名为《战神纪》。

魔幻成了终极解决方案。

选取铁木真少年时代的俊朗形象，展现多经患难的少年光阴，打造纯真无邪的初恋情感，塑造铁木真联合各部落，抛弃前嫌，与黑暗邪恶势力战斗的英雄本色。

少数民族题材，是有待挖掘的创意资源；对少数民族文化境遇的深度探索，是在多元文化格局中实现身份认同、弥合在地“离散”之痛的途径。《唐卡》与《战神纪》，是从现实题材和魔幻类型片两个角度进行的艰难探索，从创作者的身份来看，筚路蓝缕，举步维艰，从评论者和研究者的身份来看，还需要做得更好。

（作者系北京大学新闻与传播学院副院长、教授）

民间文化：中国文化影响力的基石

向云驹

一、中国民间文化概况

民间文化在一国文化中是一种基础性、全民性的文化。民间文化是伴随着一国人民民族性格、个性、特质的形成而形成与发展的文化。民间文化来自历史的深处又具有现实的广度，具有时间历时性又具有空间共时性。中国的民间文化由于中国历史地理的相对独立、封闭而具有突出的地域特征，有典型的土生土长的性质。由于中华文明是目前世界各种文明类型中始终在活态传承，有明确的文献记载和史传传统，文字和语言一贯到底，历史沿革脉络清晰的文明，所以，中国的民间文化就相应地具有独特的特质和价值。概括起来有这样一些特质：(1)中国民间文化是一种文明体内没有出现过大的断裂、变更、改写的民间文化，具有始终在传承的韧性和延续性，世所罕见；(2)中国民间文化孕育与催生了中国文字和书写文明，但它的口头文学、口头文化传统始终在民间得以传承、传播、生长，有一套与典籍文化和书写文明相媲美、相匹配的民间传统和文化谱系；(3)中国民间文化以不识字的民众为传承主体，同时又具有全民性，使它成为中国文化的底色、根基、源头，要理解中国文化必须理解中国民间文化。

所以，如果要讨论中国文化的国际影响力，要使中国文化在国际文化交流中获得有效的影响力和传播力，应该充分认识到中国民间文化是中国文化影响力的丰富资源和魅力基因。

中国民间文化的分布：百里不同俗，如北方的游牧文化、中原农耕文化、西南山地文化、沿海渔猎文化，等等。在整个中国文艺史上，民间文艺不仅以其口头文学、民间样式、底层形态在中国文艺中占据半壁江山地位，而且在主流文艺史上也贯串着一条“民间”的主线，具有举足轻重的历史地位。

《国风》《楚辞》、乐府、六朝民歌、元曲、明清小说是中国文学最有价值的历史长廊，也是中国文学发展的一条主线。远古岩画、商周青铜、秦砖汉瓦、隋唐三彩、宋瓷元瓶、明式家具、清代织锦，是另一条贯通中国艺术史并且深具影响力的文化路线。

二、中国民间文化搜集整理成果

民间文化是一种口头语言文化，将这种文化用文字记录下来，发展和丰富书面文字语言文化，保存和传承口头文化是中国文明的历史传统。中国人长期以来就对自己的文化有清醒的描述和认识，俗语说：十里不同风，百里不同俗。这里包括两种认识：一是中国民间文化具有多姿多彩、和而不同的丰富性；二是中国民间文化依据中国的地理位置、生态样貌、生产方式、历史传统形成了地域性或区域性特征。

1950年随着中国民间文艺家协会的成立，开始了全面的民间文学调查。期间有三个高潮：一是1950—1965年，对各个民族的民间文学进行普查，整理出版了各个民族的民间文学。二是1984—2001年，开展中国民间故事、民间歌谣、民间谚语的全面普查和搜集整理(简称“三套集成”)，共获得歌谣302万首、故事184万篇、谚语748万条；同时，出版完成十套中国民族民间集成志书：中国民间音乐集成、中国民族民间器乐集成、中国戏曲音乐集成、中国曲艺音乐集成、中国民间舞蹈集成、中国戏曲志、中国曲艺志、中国歌谣集成、中国民间故事集成、中国谚语集成。共出版300余卷，30亿字。三是2001年至今，实施中国民间文化遗产抢救工程，出版中国木版年画集成22卷，以及中国民间剪纸集成、中国尼彩塑集成、中国唐卡集成、中国民间美术图典、中国经典古村落图典等。其中，中国口头文学遗产数字化工程计汇总50亿字的资料，拟出版大型图书中国民间文学大系。

三、中国民间文化的几个主要数据和十大中国之最

除了上文提到的一些中国民间文化体量性数字统计外，我们还可以再看一下下面这些能够显示民间文化在中国文化中地位的数据。

1. 中国认定和公布的国家级非物质文化遗产计有1372项，国家级非物质文化遗产传承人1986人，县级普查登记非物质文化遗产87万项。

2. 自2012年以来，中国连续公布四批国家级传统村落，共计4157个。

3. 中国民间文化的10个中国之最：

(1)最长的线性文化遗产——丝绸之路；

(2)最长的墙——长城；

(3)最大的陶俑群——兵马俑；

(4)最大的雕塑、壁画群——敦煌壁画、云冈龙门麦积山石窟等；

(5)最长的史诗——《格萨尔王》《江格尔》《玛纳斯》三大史诗；

(6)最丰富的叙事长诗——有1000余部；

(7)最大体量的口头文学资料调查记录本——400余卷县卷本；

(8)最有影响力的传说——叶限(灰姑娘原型故事，最早有文字记录的文本是中国唐代的《酉阳杂俎》，早于欧洲记录800余年)；

(9)最大的综合体遗产传统村落4157个；

(10)最大的非物质文化遗产——春节。

四、民间文化成为中国文化影响力的三种路径

一是原汁原味的记录。这种记录是口头文学调查记录的科学要求。既可用于科学研究，也可用于经典作品的传世。对于那些已经在民间高度成熟化、精致化、经典化的作品，原始记录就是最高文本，其民间趣味甚至不可模仿，像神话还是不可逾越的“范本”。

二是加以整理使之完善完美。对于异文繁复的民间文艺作品，小心适度的整合、连缀、编辑，也是获得杰出文本或作品的重要方法。同样的作品从一种体裁转换为另一种体裁(比如由口头文学转换为说唱或戏曲)，其间在民间也会发生许多“再加工”现象。中国传统的四大传说(《梁祝》《白蛇传》《孟姜女》《牛郎织女》)都出现过这种“加工整理”，并产生巨大影响。

三是以民间文化为素材的文艺改编创作或再创作。这样的文艺现象在中外文艺史上不绝于书，不胜枚举。比如，民间音乐与音乐史上的名曲创作就是如此。中国文学的四大名著都有民间创作的底版或影子。舞剧《天鹅湖》《胡桃夹子》、电影《白雪公主》《灰姑娘》《刘三姐》《阿诗玛》等都是取材于民间传说。

(作者系中国文学艺术基金会副理事长兼秘书长、中国文艺评论家协会副主席)

跨文化思考：21 世纪高等教育的挑战与希望

[美]彼得·赫肖克

我的主题将从媒体变成教育。说到中国文化或其他文化的传播范围，教育无疑是传播文化的手段之一。昨天，王教授谈到在课堂上观看中国武侠电影对学生们有什么影响，我认为这很重要，因为学生们花了一整个学期，才开始欣赏中国武侠题材的作品，在接触武侠电影的过程中，学生们也开始理解和欣赏中国的导演，理解另一种文化不容易。人们需要投入许多精力，花费许多时间跟其他人合作，进行深入思考，这可以通过教育实现。

我和恩兹教授是一家研究所的同事。研究所的使命跟本会议的使命差不多，都是为了将中国思想传播到世界各地，对政策产生影响，对政府政策、社会政策和经济政策的制定方式产生影响。有些国家用播客来向互联网或网上博客系统传达自己创建的短消息。下午我有幸跟尼古拉斯主任聊了聊，我说，如果你真的想影响人们的思考方式，就不能依靠 5 分钟的播客，你也不能依靠推特文章，你需要让人们一起相处 16 个星期，每周花 3 个小时跟彼此交流，现场读书、准备演讲，这样才可能影响人们的思考方式。直接把东西摆到人们面前，是不会有效果的。

我认为，我们应该在思考教育的同时，认真对待本会议的主题。当今社会中没有几件事能取得全球人民的一致意见，但有一件事是全球人民都同意的，那就是高等教育的效果不符合我们的预期。你可以问问中国人这个问题，他们会回答：效果确实不符合我们的预期，那么多大学毕业生找不到工作，因为空间不够。我们需要大力开发就业市场，我们需要各种各样的学校。如果你去问美国人，他们也会这样回答。教育结果符合我们的预期吗？不符合。但是高等教育失败在哪里？关于这个问题的说法是多种多样的。一方面，有些人会说，问题出在高等教育偏离了市场需求，高等教育与市场的步调不一致，学校不再能生产出公司所需的毕业生了，学校的教育不是按需提供的，没做到因人施教。换句话说，我们失败是因为高等教育与市场的步调不一致。另一方面，有些人会说，高等教育的失败之处正是迎合市场，它向市场需求和需要屈服了，高等教育已经忘记了自身的公共使命，教育质量不再是最受重视的东西了。为了维持一个体系的运转，我们需要满足军事需求和工业通讯系统的需求，生产出能够服务于这些需求的教育，但这样的高等教育作为一种公益事业，无益于公益事业的发展。为了理解这种现象，理解高等教育危机，我们有必要回顾一下高等教育的历史。高等教育可以追溯到1596年，当时的法国数学家皮特·拉姆斯首次使用了课程这个词，他想出的理解教育的新方式被沿用至今。这种教育理解方式表明了，教育有一个目的，那就是支持和刺激国家建设。要怎样确保这一点？拉姆斯认为，以工作室为基础的旧式参与性终生教育，不是交流知识的最佳方式。最佳方式是所谓的跑道方法、课程方法，但是课程这个词最初是指驾车竞赛跑道。拉姆斯的意思是，知识是一种可计量和可交付的商品，如何用最佳的方式把这种商品提供给人们，如何用高效的方式，把这些知识和技能提供给人们，将结构性课程的步骤标准化，并且预设结果。你可以预测到学生们的成就，你可以预先确定目标。每个人都要定义课堂目标，一学期的课程目标，还有学生们的学习成果，他提出的模型被沿用至今。结果是不可思议的，在过去3个世纪里，这种高等教育方式，极大地提高了生产力、提高了资本收益、合理控制了人口增长率、区分了就业市场、人们得以在社会上发挥各种各样的作用、人们被灌输了选择性的观点。好极了。但我们不再身处于现代世界了，我们生活在后现代世界。现在有一种结构性差异在扩散，全球正在经历一种过渡，从以前的积累论过渡到现在的循环论，这是经过网络调解的结果。马里奥·卡斯泰尔谈到了网络社会，或者说全球资本主义信息，这种网络组织，社会网络有什么独特之处？上网做广播节目，上网搜索信息，网络的运作方式很独特。网络的发展是一个非线性负函数，也是一个非线性正函数。它加速了互动，放大了差异，一旦我们进入这个网络结构化的世界，我们就进入了加速商品和服务的世界，人们都可以同时做两件事。网络促进了整合，人们聚集在一起，就成了组织。你可以在世界上任何地方使用同一张信用卡，但是网络也促进了分裂。安东尼·吉登斯、乌尔里希·贝克、斯科特·拉什等人提出的自反型现代化理论，在一定程度上解释了这种现象。他们说我们已经触及了全球顶点，因为各国的经济都互相连接、互相依赖，各国的政治都互相连接、互相依赖。这已经成了一种复杂的大规模现象，所以我们不再能外化持续性增长的成本了。这种成本包括环境成本、社会成本、文化成本、我们不再能外化这种成本了，因为已经无人处于网络外面了，我们属于网络，并且组成了网络。

根据自反性现代化理论，增长是可以持续实现的，但是这种可能性与不可预测的风险，威胁和隐患挂钩，而我们需要做出负责任的决策。我们可以拿数年前的3月11日日本福岛核泄漏事件来举例，福岛核电厂熔化了，人们给核电厂投保了吗？没有，你没法给核电厂投保。因为大灾难一旦发生，没有哪家保险公司能承受得起。就拿气候变化来说，飓风袭击了加勒比海和美国东南部，那会造成200亿美元左右的损失，这种保险不太可能有。与此同时，我们还在生产钻头，钻进墨西哥湾地下1英里，深入地壳，勘探石油，给经济提供动力，继续推动经济增长，哪怕我们知道那些石油钻塔可能被飓风破坏。美国遭受了袭击。结果是什么呢？6年前，墨西哥湾的石油钻塔因为风暴而倒塌，从得克萨斯州到佛罗里达州，整个海滨的渔业和旅游业都遭受了无法恢复的打击，英国石油公司的工作完成了，但人们的生活不复从前。

我们就生活在这样的世界上。在这个世界上，我们面临着许多问题，无论是气候变化，还是工业灾难，都不能说明我们的体系失败了。应该说，这说明了我们的科技和工业制度符合一直以来的定义，因为我们按照自己的价值观去塑造了它们。当今世界面临的最大的挑战，不再是能够用科技解决的问题，我们只能从伦理上解决这些困难。当我们现有的体系和方法，不再能被我们用来实现目标，问题就会出现。我们会想出新的解决方案，例如混合动力汽车，制定出减少气体排放的解决方案，这些困难却不能如此解决。当我们对自己的价值观过于自信，困难就会出现。要想解决困难，只能制定出更好和更透明的解决方案，付出新的努力。我们面临的挑战，要求我们给出新的伦理解决方案。那么它们对教育有什么影响？这些全球困难要求人们对价值观、意图和实践方法做出跨文化评估，人们需要互相协调，在价值观上达成一致。高校和大学可以充当文化生态环境，我们可以从交付知识变成培养知识生态，视跨学科研究为全球常态。我们可以加大对人文科学和社会科学的投资，我们可以通过理解这些知识，来评估价值观体系。我们可以实行公平的教育，不再学习文化，而是向文化学习、跟文化学习、为文化学习。我们的重心不再是理解事情的含义和做法，而是我们是否要做那些事情。我们现在面临的挑战是，将知识与智慧相结合。

希望我们能在21世纪的大学中推广这样的教育，持续重新构想，公平分享全球共同繁荣的含义和意义，这是个巨大的挑战，希望所有的教育工作者都能投身于这份事业，造福未来的世世代代。

（作者系夏威夷火鲁奴奴东西方中心教育专家）

传统文化与媒介亲和力研究

王　甫

衷心的感谢大会的主办方，为我们提供了一个学习和交流的平台，使我有机会向各位尊敬的朋友表达我的敬意。下面，请允许我用中国古老的传统礼仪向大家致敬!

我来自中国中央电视台，它是中国的国家电视台。

中国中央电视台近期播出了一批公益广告，提醒观众出国旅游时要讲究文明，受到广泛好评。从公益广告的变化，我们可以看到中国媒介是如何从传统文化中汲取有益元素，引入艺术学、民俗学、心理学的研究成果，巧妙应用负激励机制，不断提升亲和力，成为观众的好朋友、好伙伴。

从画面构图讲，这些公益广告成功地使用了中国剪纸的艺术形式，为广大观众喜闻乐见。

从叙事方式上讲，这些公益广告使用了中国古代儿童启蒙读物《三字经》中引导与规劝的语态，亲切自然。

中国剪纸是一种用剪刀或刻刀在纸上剪刻花纹，用于装点生活或配合其他民俗活动的民间艺术。在中国，剪纸具有广泛的群众基础，交融于各族人民的社会生活，是各种民俗活动的重要组成部分。其传承赓续的视觉形象和造型格式，蕴涵了丰富的文化历史信息，表达了广大民众的社会认知、道德观念、实践经验、生活理想和审美情趣，具有认知、教化、表意、抒情、娱乐、交往等多重社会价值。

2006 年 5 月 20 日，剪纸艺术遗产经国务院批准列入第一批国家级非物质文化遗产名录。在 2009 年 9 月 28 日至 10 月 2 日举行的联合国教科文组织保护非物质文化遗产政府间委员会第四次会议上，中国申报的中国剪纸项目入选“人类非物质文化遗产代表作名录”。

《三字经》是中国的传统启蒙教材。在中国古代经典当中，《三字经》是最浅显易懂的读本之一。《三字经》取材典范，包括中国传统文化的文学、历史、哲学、天文地理、人伦义理、忠孝节义等，而核心思想又包括了“仁”“义”“诚”“敬”“孝”。背诵《三字经》的同时，就了解了常识、传统国学、历史故事，以及故事内涵中的做人做事道理。

在格式上，三字一句朗朗上口，因其文通俗、顺口、易记等特点，使其与《百家姓》《千字文》并称为中国传统蒙学三大读物，合称“三百千”。基于历史原因，《三字经》难免含有一些精神糟粕、艺术瑕疵，但其独特的思想价值和文化魅力仍然为世人所公认，被历代中国人奉为经典并不断流传。

下面，我再向各位尊敬的来宾介绍几个中国电视栏目，它们都是非常具有亲和力、观众们非常熟悉非常喜欢的节目。

一、《百家讲坛》

《百家讲坛》是中央电视台科教频道(CCTV-10)于2001年7月9日开播的讲座式栏目，栏目宗旨为建构时代常识，享受智慧人生。选择观众最感兴趣、最前沿、最吸引人的选题。追求学术创新，鼓励思想个性，强调雅俗共赏，重视传播互动。栏目选材广泛，涉及文化、生物、医学、经济、军事等各个方面，现多以文化题材为主，并较多涉及中国历史、中国文化，具有科普历史知识及深入点评讲解的作用。

二、《朗读者》

《朗读者》是中央电视台推出的大型文化情感类节目，由著名节目主持人董卿首次担当制作人，央视创造传媒有限公司承担制作，于中央电视台综合频道与综艺频道黄金时间联合播出。以个人成长、情感体验、背景故事与传世佳作相结合的方式，选用精美的文字，用最平实的情感读出文字背后的价值，节目旨在实现文化感染人、鼓舞人、教育人的传导作用，展现有血有肉的真实人物情感。

三、《见字如面》

《见字如面》是由黑龙江卫视出品的一档文化节目。以明星读信为主要形式，旨在用书信打开历史节点，带领观众走进那些依然鲜活的时代场景、人生故事，去触碰那些依然可感的人物情状和社会风物，重新领会中国人的精神情怀与生活智慧。

节目将持续推出近百封最切近中国历史节点，以单个节目和合集两种格式创新推出。《见字如面》合集版每一集不但会集结多位明星读信，还会请出两位重量级文化嘉宾开辟第二现场坐镇交代书信背景、带来信件内外的精彩故事。

通过分析以上作品，我们可以看到媒体亲和力就是媒体贴近群众、贴近生活、贴近社会的能力和努力，使媒介与受众产生公共的资讯共享和意义共享的信任与亲近感，是一种有效的和温暖的符号系统。在这个系统中，对传统文化的了解与认知是重要的基础。

在心理学中，亲和性是指社交场合愉快和包容的心理感受。随着智能手机的发展，越来越多的人使用手机接收各种信息，在资讯传播中，虚拟与现实交织，受众心理更加多样化。在以人为本的基础上，不断提升亲和力，提升情感温度，才能更有效地消除受众的心理抗拒，实现畅通沟通，增强传播效果。而在这个过程中，博大精深的中国传统文化，为我们提供了源源不断的力量与动力。

中国元代诗人元好问有诗：“四海于今正一家，生民何处不桑麻。”亲和力，不仅是媒介关注的话题，而且也是世界各国人民友好往来共谋发展的大话题。我们愿与在座的各位广泛合作，为这一问题的研究继续努力。

（作者系中国中央电视台高级编辑、中国传媒大学教授）

第六编

中美文化论坛(二)

影片《长城》的文化元素及传播效果分析

王宜文

一、关于《长城》的两个关键词

（一）中美合作的重工业电影

《长城》被认为是中美合拍的第一部重工业电影。所谓重工业电影，特指完全按照好莱坞的电影工业体系，营造高概念、高投入、高科技的世界级电影，直接进入好莱坞的全球电影发行网络。

《长城》由美国传奇影业 CEO 直接策动，从概念酝酿到成片长达 7 年，制作耗时 3 年。投资达 1.5 亿美元，制作团队汇聚了著名导演张艺谋、好莱坞最耀眼的巨星马特·达蒙及佩德罗·帕斯卡、威廉·达福和景甜、刘德华等众多中外明星。《长城》追求极致视听效果，在“工业光魔”（Industrial Light and Magic）和“维塔工作室”（Weta Digital）这些最顶尖特效公司的帮助下，视觉效果完全达到了世界一流水准。这些对于中国电影来说是史无前例的，也是中国导演迄今执导完成的最昂贵的电影。

(二)用好莱坞模式讲述中国故事

《长城》前所未有地提升了中美电影领域的合作层面和程度。好莱坞在《长城》中是积极主动的角色，一方面看重中国巨大的电影市场，另一方面挖掘中国文化中的电影资源。

《长城》故事的设定，“饕餮”这个银幕怪兽的发掘出自好莱坞制片人和众多好莱坞编剧之手。“饕餮”源自中国最神奇的古代典籍《山海经》，但这个神秘怪兽还有一个出处，就是好莱坞怪兽片家族，异形、狼族、哥斯拉、恐龙等已有很多受欢迎的兽类系列。因而，饕餮是个熟悉又陌生的银幕形象，加上有着中国古老文化的象征意味，这无疑是好莱坞喜欢的题材。

张艺谋是被好莱坞请来完成讲故事的人，与好莱坞是一种互动和互补的关系。《长城》给了张艺谋一次在好莱坞机制内部表达话语的机会，第一次完整地尝试用好莱坞模式讲述中国故事。

在《长城》中，张艺谋高密度地置放中国元素，塑造了一个中国主体的“拯救世界”的传奇故事，借用好莱坞的设备、技术、市场，向世界输出属于中国的文化与价值观。

二、《长城》中的文化元素

作为一部国际化大片，《长城》展示了令人目不暇接的中国文化景观和中国文化元素，长城、饕餮、战鼓、箭弩、秦腔、孔明灯、火药、宫廷等中国元素比比皆是，其密集程度甚至超出了很多评论家和观众的预期。观众和评论界对这种极致化展示中国文化元素的做法形成了截然不同的观点，这也成为张艺谋和影片被诟病的原因之一；特别是在中国内地，张艺谋因此被媒体和网络猛烈抨击。

《长城》在中国文化元素表现上存在突出的矛盾性，对于张艺谋来说，他愿意通过大量的中国元素，塑造一个文明、富强、有魅力的中国形象，他不只是作为一个电影导演，其实在接到好莱坞邀请之前，他事实上已经成为向世界讲述中国的文化代言人的形象了，《长城》其实是他一直想做的事情。

不能忽视的事实是，《长城》创意和故事的主体设计来自好莱坞，因而，一些典型的东方文化符号或元素被赋予了一定的东西方贯通性、超越性。

长城是中国文化的标志性符号，原是阻挡和分割北方部落的人防工事，影片将其置换为人类抵御共同的敌人——怪兽饕餮的战场，长城实际上成了一道全人类的防线。

饕餮被表现为一种贪婪的毁灭性力量，暗合了西方天主教文化中“七宗罪”(贪婪、暴食)情结。

把地域性、民族性的文化元素描绘为人们普遍和共同的欲求与心理，这是好莱坞擅长的叙事策略，

作为讲故事的人，张艺谋在既定的故事框架中，尽可能多地加入了中国文化元素，描绘了一个在科技、军事、人性等各个层面都领先于世界的古代文明中国的形象，一个令人敬仰和有魅力的国度。

三、《长城》的传播效果

(一)不理想的票房收益

相对于1.5亿美元的投资，全球3.3亿美元的票房虽然不能说失败，但也不是一个令人满意的市场表现。对于高度市场化的好莱坞来说，这样的结果或许意味着一个实验或者尝试的搁浅或结束。

(二)引起广泛国际性话题的中国题材电影

借助环球影业的全球发行网络，《长城》作为合拍片，自2016年12月至2017年4月在世界上32个国家和地区的5000多家影院放映。《长城》没有达到预期的高票房，但这是一部有高关注度的中国题材影片。在世界各地引起广泛讨论，引发大量评论，成为一个世界级的传播现象。

1. IMDB的整体评分尚可

美国烂番茄网的综合评分偏低，影评人整体给分偏低。

核心关注两点：一是共识，不管对影片的整体评价是褒是贬，都普遍认同这是一部技术和视觉效果表现杰出的娱乐性影片，既赏心悦目，又可领略到丰富的中国文化元素；二是众说纷纭，世界各国的评论者和观众从文化内容、文化表现、文化意义的层面对影片进行了丰富的读解和分析。很多评论者和观众拒绝仅仅将《长城》视为娱乐品，即所谓的“爆米花”电影，而是很严肃地探讨影片的文化主题。这些讨论对于中国电影如何走出去，如何坚持文化立场和独立性大有启发。

2. 中国内地时光网评分尚可

豆瓣网打分偏低，存在激烈评论。

令人大跌眼镜的是，这部号称“用好莱坞模式讲述中国故事”的影片遭遇的最严厉批评恰恰是好莱坞模式。

北美评论网站烂番茄综合新鲜度只有35%，主要的不满恰恰就是过分好莱坞化，反而看不到导演本人。

对于这部由好莱坞主导的中国题材影片，很多人质疑马特·达蒙这个白人扮演的拯救者的角色，为什么一个西方人成为中世纪中国的拯救者，为什么中国人自己不能完成这个工作？

有人用美籍华裔演员吴恬敏(Constance Wu)对好莱坞的批评观点，认为《长城》就是一部洗白电影(white-washing，让白人演员替代或扮演应属于其他族裔的非白人角色)。

四、《长城》现象的文化启示

(一)好莱坞模式与文化主体性的问题

好莱坞模式并不是个通用的公式和简单套来套去的形式；好莱坞有其特定的文化背景，所谓好莱坞模式也是以这种文化背景为基础的。《长城》是一部由中国导演完成的好莱坞电影，张艺谋试图以一种妥协或者回避的方式解决合作中可能存在的文化矛盾与冲突，但并不意味着文化冲突不存在。

电影还是有一个文化身份的问题，很多人因为张艺谋，而误认了《长城》是一部中国电影，张艺谋其实是在为好莱坞模式背锅。这从反面恰恰证明了电影文化的独立性和主体性问题。中国电影要发展，应该坚持自身文化的根性，要有独立的价值和世界观。

(二)电影的根本在于情感与人性的沟通

《长城》实际的叙事时间只有90分钟，这或许是国际大片中篇幅最短的。观众对《长城》最不满的地方，全片都在打怪兽，张艺谋和《长城》在叙事中似乎忽略了一些内容。有人曾设想，影片中中国女将军林梅和西方人马特·达蒙在一起会怎样？据说原剧本本有这样的设计，但被张艺谋坚定地取消了。

《长城》最薄弱的地方，就是情感和人性的接触，只凭一些东方色彩和符号，是很难承载中国文化走向世界、走进世界的。

(三)电影重工业的国际合作值得继续探索

《长城》获得了前所未有的发行空间，抵达了世界上很多国家和地区，这是中国电影自身暂时无法实现的。张艺谋借船出海的文化走出去战略，是一种值得肯定的模式，要首先成为国际交流的一个部分，再谋取更理想的效果。自然、自觉的文化立场是不能放弃的，这恰恰是根本性的。

（作者系北京师范大学教授、艺术与传媒学院副院长）

跨文化传播中的信念沟问题

张洪忠

一、信念沟是影响跨文化效果的一个关键

美国学者 D. B. Hindman 于 2009 年提出了“信念沟”的概念，用来描述不同社会群体之间在同一问题上存在的信念差异 。Hindman 指出，人们的意识形态差异是导致“信念沟”产生的重要因素。例如“全球气候变暖”现象虽然已被科学家证实，但是在美国社会政治环境两极化的氛围下，保守派人士倾向否定这一现象的存在，并怀疑媒体对这一话题的报道有夸大事实之嫌。Hindman 认为广受大家追捧的“知识沟”理论已不能解释这种信念差异：虽然教育程度差异会造成受众具备的“知识”不均等，但相比之下，意识形态(ideology)上的不同才是导致“信念沟”产生的主要原因，这二者的联系会随大众媒体的介入和时间的推移而被强化。

后续对“信念沟”理论的研究发现，无论是对具有政治话题，如“禁欲式性教育”“医疗改革”或者“伊拉克战争”，或是科学命题，如“植物根茎细胞研究”“人类进化”，再或是“奥巴马总统是否出

生在美国"这样的八卦消息，民众之间都存在不同程度的"信念沟"。

具体对于跨文化传播来说，信念沟的影响是一个首要的因素。同样的一个文化产品，有人追捧、有人抵制的重要原因就是信念沟差异造成的。所以，跨文化传播中只有跨越信念沟才能产生好的沟通。

二、媒体是影响信念沟的一个重要因素

信念沟相关主要因素有：意识形态、党派性、社会经济地位（教育程度）和媒体使用。其中媒体使用是一个重要的动态影响因素，也就是说意识形态等相对比较固定，而媒体使用的不同可能会产生不同的信念沟。

信念沟是形成"受众分化"与"信息窄化"的显著因素。如民众的环保信念会影响他们在媒体上接触相关信息的频率和关注程度，同时这些信念还影响着他们以何种方式从事环保活动。也就是说，信念沟会影响民众的媒介选择，进而进一步影响行为。

三、社交媒体是形成信念沟或者打破信念沟的重要渠道

首先，社交媒体是当前最大的文化传播载体。

2016 年 12 月 19 日全球网民达到 34.2 亿人，相当于全球人口的 46%；社交媒体用户 23.1 亿人，相当于全球人口的 31%。这 23.1 亿社交媒体用户是城市化、年轻化、文化水平较高的一部分人群。

其次，社交媒体对网民观念与行为有显著影响。Facebook、Twitter 及国内的微信、微博等社交媒体已经成为当前重要的信息沟通渠道。国内的实证研究也发现，微博、微信等社交媒体会显著影响受众的信息判断、线下活动的参与等。

再次，社交媒体是跨文化传播的重要载体，既是形成信念沟的

因素，也是填平信念沟的渠道。通过社交媒体的海量人际传播，实现点对点的沟通与理解。

最后，通过社交媒体跨文化传播信念沟的建设有四个层面，主要在前三个层面产生效果。

打破跨文化传播的信念沟障碍有四个层面，从低到高依次是：在场、评价、承认、认同。

在信念沟背景下，要产生认同是很难的。通过社交媒体要在前三个层面产生效果，尤其获得承认是非常重要的传播效果。也就是说，虽然别人不认同，但只要承认就可以，这也将是未来跨文化传播要追求和可以实现的一个可行选择。

（作者系北京师范大学新闻传播学院副院长、教授）

泛娱乐背景下中国文化影响力生成可能性探讨

周　雯

随着数字技术和互联网，尤其是移动互联网的崛起，中国泛娱乐产业逐步体系化，在国内，各垂直领域相互融合，结构布局，促进国内市场整体快速发展。在国际领域，网络文学、移动游戏、网络动漫纷纷进入国际市场，影响力不断增加。

泛娱乐是一个以娱乐为核心的产业概念，但没有任何娱乐产品是单纯“娱乐”的，随着中国泛娱乐产业的蓬勃发展，其附带的文化信息和符号也会随之传播给全球用户。在泛娱乐背景下，中国文化是否可以这种方式传播并产生影响，泛娱乐能否成为一种更容易跨越传播障碍的路径？

“泛娱乐”是指文化内部各领域融合，以及文化和其他领域之间的融合，特别是基于互联网与移动互联网的多领域共生，打造明星 IP 的粉丝经济的商业模式。[①] 泛娱乐应具备以下四个特点：(1)是内容连接，以 IP 内容为核心的多元文化形

① 瞭望智库，ChinaJoy：《面向文化复兴的文化融合动员力——“泛娱乐”战略报告2017》，http：//www. lwinst. com/chanjing/4841. htm，2017-07-24。

态布局；(2)是受众关联，泛娱乐市场受众对内容喜好相近，领域相近或互补，可相互导流，提高用户黏性；(3)是领域共生，即各细分领域跨界融合，拥有共享全产业经济收益的能力；(4)是市场共振，泛娱乐的布局降低了产品前期风险，提高投资回报率，可获得规模效应。

IP(Intellectual Property)指知识产权，在文化娱乐领域，主要包括影视、动漫、文学、游戏、音乐、演出、周边衍生品等。但并非所有的知识产权都是IP。真正的IP应满足以下四点：(1)独特的，是具有唯一性的原创内容；(2)易于多形态、多领域开发，具有跨界开发潜质；(3)自带流量，有核心追随者，并与内容生产者联系紧密；(4)有病毒传播性，即能够以最快的速度传播开去，迅速将潜在用户“路转粉”。IP的后两个特点具有显著的互联网特性，而与互联网共生正是中国泛娱乐最根本的特点和属性。

众所周知，“跨媒介”，即文化内部各个领域之间，文化与其他领域之间融合发展，是被发达国家反复印证的文化产业模式及理论，在实践中更是不乏迪士尼等成功案例。但中国泛娱乐之所以区别于美国、日本、欧洲，是因其与强大互联网、移动互联网的共生与融合。这种以“泛娱乐”为代表的互联网文化，从根本上改变了文化产业的生产和传播模式。

从市场规模看，中国泛娱乐产业发展较快，2016年中国“泛娱乐”产业总产值约为4584.4亿元，2017年预计达到4800亿元。① 从产业结构来看，泛娱乐核心产业可分为三个层次：以文学和动漫为主的上游，是IP培养和孵化层；以影视和音乐为主的中游，是泛娱乐产业链的影响力放大、运营和辅助变现层；以游戏、演出和衍生品为主的下游，是泛娱乐产业链的主要变现层。在这三个层次的各垂直领域中，发展最快、国际影响力最大的当属网络文学和游戏，作为最重要IP孵化领域的网络文学，以及作为最重要IP变现领域

① 中娱智库：《2016中国泛娱乐IP养成报告发布》，http://www.entbrains.com/upload/file/1483598951.pdf，2016-12-28。

的游戏，从两端发力，推动整个中国泛娱乐产业的快速发展。

一、网络文学

互联网变革是全球性的，但网络文学的迅猛发展却只在中国。中国网络文学已突破时间、空间的限制，成为国内最大的UGC(User-generated Content)文化产品之一和最重要的IP培育领域。以目前全球最大的正版中文电子图书馆阅文集团为例，2016年年底，集团已拥有1000万余部，覆盖200多种内容品类的作品储备，注册用户数6亿，平台月活跃用户总数1.753亿，其中移动端用户占91.2%。[①] 2016年6月，阅文集团提出"IP共营合伙人制"合作模式。即潜力IP开发之初，就积极寻求游戏、动漫、影视方面的合作伙伴，通过与上下游产业优秀企业合作共营、利益共享。在统一布局下，共同壮大优质IP，从而实现全产业形态的多维度、可持续开发。

网络文学在国际市场表现亦是不俗。2015年年初，中国网络小说开始在北美流行，并以北美为中心辐射全球，在一年半内吸引了百万级的英文读者，所带来的关注度甚至超过了中国主流文学。翻译中国网络文学的英文网站Wuxiaworld的读者来自全球一百多个国家和地区，其中人数排前五位的国家是美国、菲律宾、加拿大、印度尼西亚和英国，北美读者约占总数的三分之一。2017年5月，阅文集团旗下的起点国际上线，发布超过60部、累计更新章节超过1.1万章的中国网文。到2017年8月2日，阅文集团已向海外授权作品近200部，覆盖十多个国家和地区。

网络文学能够走向全球，是基于时代和用户共同选择的结果。首先，互联网降低了写作门槛与传播门槛，使几乎每个个体都有机会参与到网络写作中。而互联网平台提供的跨时空合作模式，使志

---

① 北京商报：《腾讯拟分拆阅文集团赴港上市》，http://finance.ce.cn/rolling/201703/24/t20170324_21343181.shtml，2017-03-24。

愿翻译网站和翻译小组得以出现，中国文学作品的精妙得以准确诠释。网络文学作品翻译规模的扩大，为打入国际市场提供了重要基础。其次，在网络平台上，创作更像汇聚千万人智慧的集体狂欢，因此作品更易拥有读者无法抗拒的力量，而年轻的网络写手被互联网和电脑游戏激发出的创造力，更易营造奇幻世界。再次，就内容而言，仙侠、玄幻等中国独创性题材，融合了传统文化元素与时代性的创新视角，营造出一种互联网时代的独特话语。最后，与好莱坞电影一样，网络小说的娴熟“套路”所满足的，都是人类最恒长最基础的情感和欲望需求，普世价值拥有穿透不同文化背景的巨大能量。借助数字技术和互联网平台，携带着中国传统文化基因的网络文学，将用一种新的方式向世界展示中国文化。

二、移动游戏

从全球现状来看，游戏公司将成为媒体领域的主导者。2017 年，全球不同程度的游戏玩家已超过 25 亿。游戏市场总规模将达到 1089 亿美元。最大的游戏公司的用户量已经远超过全球最大的传统媒体和娱乐公司。而美国网络游戏业已连续 4 年超过好莱坞电影业，成为全美最大的娱乐产业。

作为泛娱乐最重要的变现和决胜领域，中国游戏产业发展亮眼。2017 年，全球各国游戏收入排行榜，中国以 275 亿美元稳居第一，美国和日本分别以 251 亿美元和 125 亿美元居第二和第三位。而全球收入最高的上市游戏公司是年收入 72 亿美元的腾讯。

而在游戏行业内，移动游戏将是未来竞争的重中之重。2017 年，全球移动游戏市场规模 461 亿美元，占游戏市场总规模的 42%，已经成为业内最大的游戏平台，而且仍然以 19%的同比幅度增长。全球传统游戏公司长期占据着手柄和 PC 端游戏收入最大的份额，并抵御移动游戏的冲击。但 2015 年 6 月起，暴雪、Bethesda Softworks、任天堂、索尼等诸多知名游戏公司开始在移动端发力。

中国移动游戏颇具产业优势。2016年，中国移动游戏市场实际销售收入为819.2亿元，市场占比49.5%，比全球平均水平42%高7.5%，同比增长59.2%，比全球平均水平19%高40.2%，成为份额最大、增速最快的细分市场。国家新闻出版广电总局批准出版的3800余款国产游戏中，移动游戏约占92.0%，中国移动游戏领域市场竞争激烈，催生内容、品质、玩法和机制创新，促进产品升级，提高竞争力。在现有格局中，各大游戏厂商极为重视对知名IP的借鉴，将其改编成移动游戏。IP为移动游戏新产品奠定大量用户，反之，游戏也为IP提供迅速变现和影响延续。

从国际市场来看，2016年中国自研网络游戏海外市场实际销售收入72.3亿美元，同比增长36.2%。此外，在全球1000个最受欢迎的手游中，中国占据84个名额，相比2015年入榜的47个，增长80%。按iOS应用商店与Google Play综合收入排名，2017年上半年，美国、日本及台湾地区成为中国大陆游戏发行商海外收入最高的三大市场。在国外多个主流游戏市场中，中国游戏产品在排行榜TOP50的市场占有率能达到10%，个别市场能达到20%～30%。

移动游戏能够成功打开国际市场，原因是多方面的。首先，游戏的规则与玩法本身就是一种"通用的语言"，游戏本身就是国际化的。一款游戏大作通常具备经典的世界观、广泛认同的价值观、被用户铭记和喜欢的元素，因此具有最广泛的吸引力。其次，中国在社交媒体用户转化上有相当的优势和经验，善于把社交因素与游戏机制深度结合，使中国的互联网技术及应用优势都可无缝运用到游戏中，加之用户大数据的准确推送，借助电子支付平台打通平台账户与游戏账户，迅速吸引玩家并产生黏性。再次，从Gamer到Player，游戏不仅吸引传统玩家，日趋火爆的电子竞技和直播还吸引到把游戏当作娱乐内容的更大用户群。当然，游戏并非单纯的娱乐产品，同样也擅长展现世界观，建立角色形象，传达文化信息。

泛娱乐的背景下，中国文化影响力成因是多方面的。(1)从内部因素来讲，有产业发展和文化对外传播的内部驱动：首先，中国泛娱乐起步较晚，上升空间较大，可以吸纳其他国家"泛娱乐"不同发展模式的实践经验，以更低的成本、更快的速度进步；其次，中国泛娱乐产业用户数量、日均耗费时长已趋于稳定，正从增量市场转向存量市场，精品研发和海外市场需同步推进；最后，国力和文化影响力相伴而兴，中国政治、经济的实力上升也会推进中国文化的影响力。(2)从外部因素来讲，符合产业发展和文化传播的客观规律：首先，我国信息技术、互联网及移动互联网技术方面优势会带动文化在竞争中抢得先机；其次，在泛娱乐背景下，任何垂直领域的单点突破都有可能带动该 IP 的全面突破，其跨界合作、多点布局的融合发展策略更是为中国文化影响力的生成助力；再次，在“地球村”，越是网络的，才可能越是世界的，基于互联网的泛娱乐具有巨大的潜力；最后，任何娱乐产品都附带文化信息，因此随着泛娱乐产品的普及，文化信息势必同步占据用户数量和用户时间，而这两者是衡量影响力的重要指标，也是泛娱乐的先天优势。

(作者系北京师范大学数字创意媒体研究中心执行主任、艺术与传媒学院数字媒体系主任)

中华文化的世界分享

罗　军

中华文化的全球共享，全球是地理范围，这个范围不是国内，也不是局部，而是人类命运共同体；共享，需对中华优秀文化以全球为坐标系进行战略级别的内容盘点；对“走出去”的目标文化区进行划分；对已有实践的难点、空白进行诊断；圈定关键性的枢纽角色；进而锁定各目的地的工作目标、周期和路径。

作为全球战略布局的早期阶段，建议展开以下工作。

一、中华文化的内容盘点

中华文化的内容盘点是面向全球对中华优秀文化内容进行“超文化”的战略拆分。目前已有的“跨文化”研究作为方法论的局限是解决文化“由此及彼”的问题，但是中华文化的全球共享，是一个关乎全人类的文化共享的超越文化边界的议题，要创造性地采用“超文化”的建设方式。

近代以来已有诸多中华专家对中华文化的体系进行划分，目的各异，功能不同，因此划分的方式、层次、结论也众说纷纭，但它们均非以“全球共享”为目的。今天，以走向全球为目的，综合考虑现实需求、国际化的文化生态以及研发难度，建议将“中华文化”简化为两个部分。

(一)文化内核

如哲学、价值观、宗教、美学等，按照习近平总书记《在哲学社会科学工作座谈会上的讲话》，起码包括“哲学社会科学内容、治国理政智慧”两个类别，“为中华文明提供了重要内容，为人类文明做出了重大贡献”。其中哲学社会科学内容包括“儒、释、道、墨、名、法、阴阳、农、杂、兵等各家学说”及“老子、孔子、庄子、孟子、荀子、韩非子、董仲舒、王充、何晏、王弼、韩愈、周敦颐、程颢、程颐、朱熹、陆九渊、王守仁、李贽、黄宗羲、顾炎武、王夫之、康有为、梁启超、孙中山、鲁迅等一大批思想大家”。治国理政智慧体现在制度、伦理、天下学说等。

这是一套知识体系，还主要存在于中文世界，其整理、提炼和转化还远远不能满足面向全球的战略需求。它是隐性的、深层次的、决定性的，属于知识体系，无具体媒介借以依附，在实现路径上需要遵循“跨文化知识管理”的模式，追求中华文化在另一种文化中的再生、教育与应用。只有建立起这套知识体系，中华文化中最深刻、最优秀、最具有基因价值的核心，才有可能进一步产生教材、通过全球性的师资，进入各个目标文化区的课堂，进而才谈得上被命运共同体共享。

(二)文化呈现

如教育、艺术、习俗、科技、建筑、服饰、美食等，是显性的、浅层的，属于行为体系，分门别类均有具体媒介可以依赖，有的已经显现出具体的实现路径，如中华武术、中国园林、中华美食等，大部分已轰轰烈烈广泛开展多年。

目前，急需对显性中华文化建立大纲和目录，进而对各门类中华文化在全球的呈现进行一次普查，通过比较性的对标研究，找出优势、劣势、威胁与机会，对症下药。此项空白，可组织力量分赴目标文化区进行实地考察，一至两年突击填补。

二、对全球进行战略性的文化区域划分

国家大力推动的“中华文化走出去”目前比较大的错位在于，作为国家行为的“走出去”跨越的是国家边界，而国界是一个国际政治的概念，不是文化概念。全球范围内的文化边界不全是国界。幅员集中、占地较小的单一民族国家，其文化边界就是国家边界，如“日本文化”。但对于中国这样的超大疆域、超多人口、超长历史的文明大国，文化边界超越了国家边界，甚至超越了语言边界，而是一种基于文化共通性的心理边界。要将中华文化的“出”归位于文化区域之间、而不是国家之间的活动。因此，中华文化走出去，说到底是文化问题，而不是外交问题，外交追求国家利益的博弈，而文化走出去追求的是文明的共享。中华文化走出去更不仅仅是国际传播问题，而是当代中华民族超越文化界限、试图对人类共同文明做出新贡献的一次多学科尝试。

本人建议参考已有的世界文化区域划分方式，如英格哈特一维泽尔全球文化地图，将世界文化分为非洲一伊斯兰、拉丁美洲、英语、南亚、天主教欧洲、新教欧洲、东正教、儒家和波罗的海等九大区域，就中华文化走出去，对全球进行战略区域划分，对受众特征进行分项研究，对中华文化的“走进去”现状展开普查。

三、中华文化走向全球的技术路径、通道和波次

综观世界文化交流史，“中华文化”走向全球表现出三条技术路径、四层全球通道及五个波次。

(一)三条技术路径

包括:中国人“送出去”、外国人“取出去”和中外人士合作“抬出去”。

(二)四层全球通道

1. 超宏观层(超国家层面),如联合国、跨政府组织、跨政府机制(“金砖”“一带一路”等)、跨国公司(如微软、华为等)、国际非营利组织(如动物保护基金会等)、国际产业协会、互联网平台、国家资助的跨国教育平台(如孔子学院等);

2. 宏观层(国家层面),如各部委、海外中国文化中心、央级媒体等;

3. 中观层(机构层)产业、公司、大学、组织、机构等;

4. 微观层(个人层),各类人士,其中包括海外华人。

(三)五个波次

1. 蒙元为代表的古代,由欧洲(威尼斯)商人和阿拉伯商人主导的商品传输,起于张骞出使、落于郑和下西洋;

2. 明清来华传教士主导的汉语典籍翻译输出,其中触及了大量中华文化核心内容,影响至今;

3. 近代帝国主义主导的中华文化殖民化,中华文化内核呈现“负输出”,显性文化“走出去”速度放缓;

4. 现代冷战时期以意识形态立场为主要特征的对外输出;

5. 当代经济全球化为主要特征的多主体(国家、企业、团体、个人等)、多业态(国营、私营、公共等)、多模式(自营、分销、连锁、特许、免费等)、多层级(个人级别、社交级别、社会级别、国家级别、国际级别等)、多指向(国内、跨国、国际)的交织互动的文化走出去。

四、中华文化全球共享的两个难点

通过对中华文化走出去的历史和现实的基本判断,我们发现两个战略难点。

（一）缺乏对中华文化核心的世界性提炼

一方面，对中华文化的强大自信主要局限于儒家文化区，其文化核心主要依赖于中文的表述，自圆其说，绵延不断，本身缺乏向异族或他者文化进行解说的传统和动力。另一方面，目前世界其他语种关于中华文化核心的概念，均源于传教士用拉丁文转化，因此中华文明在世界范围内，几乎已沦为基督教文明之下的次等文明。导致了中华文化走出去过程中的“自说自话”“无话可说”“词不达意”等现象。

（二）尚未对中华文化核心进行“超文化”转化

“创造性转化和创新性发展”的指导思想必须通过世界性提炼与“超文化”转化两个步骤方能得以落地。中华优秀文化必须通过超越文化边界的转化才可以克服“语言遮蔽”（如世界上大多数民族的本土语言中没有“仁”“孝”“天下”等准确的对等词汇，导致与之相关的中华思想无法表述）、“英语帝国主义”（指英语成为全球语言以后，一切表达都要依赖于英语的词汇和表达方式，造成中华文化被大面积语言殖民）等目前迈不过去的死结。这个难点是导致中华文化在国际文化殿堂中无声、失声甚至挨骂的主要原因。

五、中华文化全球共享的一个明显空白

没有对不同文化区受众接受中华文化的现状的调查，也没有对这些受众的基本研究。全球战略的制定，一定要抛弃“中”“外”及“中”“西”等二元划分的思维惯性，因为这种思维方式，对内虽可搞清哪些部门分别做了什么，但对“外”眉毛胡子一把抓，把各个文化区笼统地、模糊地、不科学地混为一谈。因此，正如前文提及，急需一次全球普查。

六、关键性的战略枢纽角色

综观中华文化走出去，其中起关键性的战略枢纽作用的角色是所谓“双文化知识人(Bicultural Intellectual)”——同时熟识中外两种文化的知识精英，他们具有双文化背景，对中华文化、某外国文化均具有较深入的理解，以双语为工作语言，充当“文化中间人”，例如来华传教士中的利玛窦，当代比较哲学家安乐哲，中国学者辜鸿铭、林语堂、胡适等。他们是一种战略性的人才，三条技术路径“送出去”“取出去”和“抬出去”均依赖他们为中介，四层全球通道也主要是由他们充当文化传输的关键人物，五个波次中也可以看到他们忙碌的身影，也只有他们能从中华文化中提炼出世界各国均共同认可和接受的那部分“最大公约数”。

总之，中华文化全球共享目前确需：抓紧前期研究，解决难点；立即着手见效慢、但关键性的战略枢纽人才“双文化知识人”的培养；急迫解决“孔子学院无文化”“海外中心无内容”等问题。待前期研究有结论之后，以“超文化”思维替代“跨国界”思维，面向全球，对中华文化核心和呈现，分门别类透过“三种技术路径”、在“四层全球通道”中进行战略布局的研发。

(作者系北京师范大学中国文化国际传播研究院副院长)

“文化自觉”与世界认同：例析当代中国文学影响力生成问题

刘江凯

当今世界的新旧力量正在悄然发生着巨大的改变。中国的高速发展必然会改变许多国家对中国的惯性印象，在这种世界认同发生激烈分化的复杂形势下，从中国到世界，如何理解和表述中国必然成为不同政治与文化力量介入的重要场域。

“文化自觉”是中国社会人类学家费孝通先生读了亨廷顿的文明冲突论后，在20世纪90年代中后期提出的一种对垒方案，主要是指生活在一定文化中的人对其文化有“自知之明”，明白它的来历、形成过程、所具有的特色和它发展的趋向。

可以说，中国蓬勃发展的“文化自觉”力量已经冲破了原有的“世界认同”阵形，对中国和世界学者提出了新挑战：世界学者需要努力重新“发现中国”，中国学者需要努力“讲述中国”，二者的对话共同构成关于中国更为全面、客观的“世界认同”。我主要从“当代文学”方面谈谈自己的一些思考。

一、当代中国文学影响力问题的思考缘起与基本结论

2006年，一个外国汉学家在中国文坛上无意间扔下了一颗大炸弹，可以说炸翻了当代中国文坛。准确地说是《重庆晨报》的记者歪曲原意，发表了题名为《德国汉学教授称中国当代文学是垃圾》的新闻报道后，在立刻取得新闻轰动效应的同时，也把顾彬和中国当代文学一起推上了舆论中心。这一“新闻事件”持续到2009年已转向“文学事件”，并继续酝酿着新的、更加深入的讨论。顾彬教授由此成为中国最广为人知的外国汉学家。当代文学在海外影响究竟如何?成了我很想了解的一个问题。

2008年，在北京师范大学召开“当代世界文学与中国”国际学术研讨会(Word Literature Today and China International Conference)，会议期间，我对顾彬教授表示想跟着他做联合培养博士，研究他所批评的当代文学在海外究竟是怎样的一个接受情况?因为面对正负不同的争议，弄清楚真相的最好办法就是在扎实资料的基础上得出可靠的结论，这就是我对这个问题思考的缘起。

2009—2011年，利用在德国留学的机会，我在德国和美国围绕着当代文学海外翻译与研究，收集整理了大量第一手资料，考察了海外对中国当代文学“认同”与“延异”的各种表现。完成了博士论文《认同与“延异”：中国当代文学的海外接受》(2012年10月由北京大学出版社出版)。

论文以中国当代文学海外接受为核心，内容涉及中国当代小说、诗歌、戏剧的翻译与研究，海外期刊、著作、学者的译介，部分当代作家海外传播与接受的个案研究等。对中国当代文学海外传播的发展、问题与原因做出了独立的判断，并对中国当代文学的研究模式和趋势提出了自己的看法。

我的研究对海外学者意义并不大，但也许可以帮助中国学者更好地了解当代文学海外接受的基本样态。文学角度的考察，也对我

思考其他当代中国文化的海外传播有很大的参考价值。那么通过研究，中国当代文学海外传播过程中最大的问题或者挑战是什么？

其一，创作是传播的起点，而接受是传播的目的。是否有好作品才是制约影响力的最重要因素，翻译只不过是流通过程中比较重要的影响因素。当代文学要努力追求由“传播”向“接受”的重心转变。资料数据都证明：优秀作家作品自然会拥有好的传播和接受效果。

其二，时间不一定能筛选出所有人类的优秀文化成果，但那些获得公认的经典作品必然都经过了不同国家和时代人们的筛选。从人类的文化角度来看，好或不好，不取决于某个时代的权威或者政府。

其三，文学或者文化经典都是个人自由心灵的结晶，很难计划或者组织，国家力量的支持要转化更为专业人的方式，而不是直接地介入到所谓的文化工程中。避免用国内的文化思路去解决国际文化的传播问题。

二、莫言获奖前后的海内外影响力分析

根据相关资料①，我分析了大约430位20世纪中国作家的海外传播资料(英语为主)，总结了判断当代作家作品海外影响力的八条主要依据：

(1)是否有翻译传播？

(2)是否有多语种翻译传播？(1、2条只是基础，我个人从来不用这两条去判断是否有影响力)

(3)是否有一定重译率？

(4)是否有一定研究数量？

(5)是否有权威研究？(3～5条开始产生影响力)

---

① 刘江凯：《认同与“延异”：中国当代文学的海外接受》，61～71页，北京，北京大学出版社，2012。

(6)是否是文学角度的研究?

(7)翻译和研究是否有持续性?

(8)研究或者接受意见是否具有广泛性?(6～8 条意味着影响力的扩展)

当一个作家的作品同时具备了以上 8 条时，意味着他形成了无法否认的客观影响力。按照以上标准考察 20 世纪中国作家的海外接受状况，发现：(1)现代作家的海外影响在数量上不如当代作家多，但海外接受整体上更好一些，尤其是鲁迅，成为一位真正的世界级作家；(2)那些公认重要的经典作家，其海外传播与接受的效果相对更突出；(3)作家的海外影响主要表现为作品翻译数量多，语种多，重译率高，研究文章多。

2012 年 10 月，中国作家莫言获得诺贝尔文学奖的消息又一次引爆了中国文坛。那么这次获奖产生的国内外影响表现如何?

我这里以莫言海外传播研究资料为基础，重点分析莫言获奖前后，在国内和海外的变化和表现。先请大家看 5 个图表。

一、莫言、余华在获奖前后的研究对比图

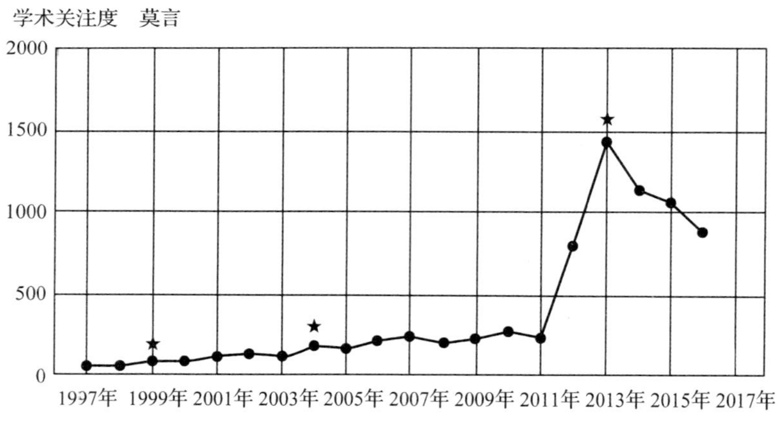

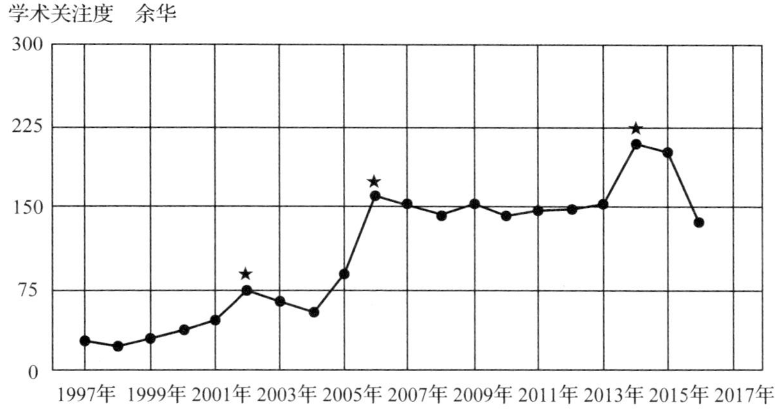

2012 年莫言获奖前，莫言和余华的年度研究文章大约在50～225篇左右，二者相关不大。2012 年之后，余华没有大的变化，莫言的年度研究文章至少有 700 篇，国内影响明显增强。

二、莫言海外传播研究在获奖前后的变化

在 2012 年获奖之前查到的直接关于他的海外传播研究论文只有 5 篇，分别发表于 2005 年、2006 年、2008 年、2011 年(2 篇)；2012 年至 2014 年(10 月)莫言海外传播研究文章蹿升达 60 多篇。

三、中国当代文学海外传播研究在莫言获奖前后对比图

来源：中国知网“学术趋势”统计分析截图(2014 年 9 月 13 日)。

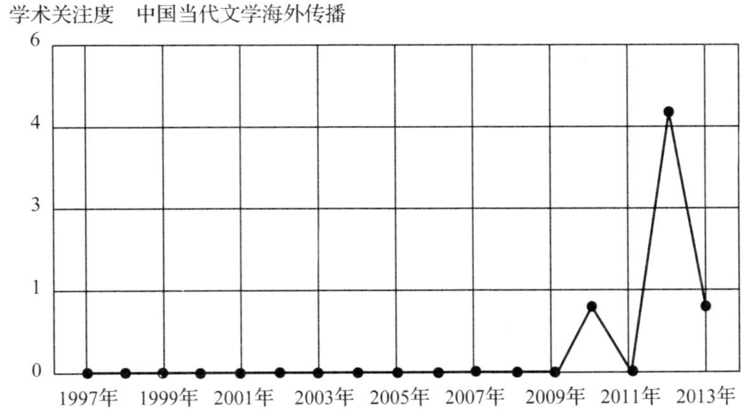

上图显示 2012 年无疑是当代文学海外传播研究的爆发年。

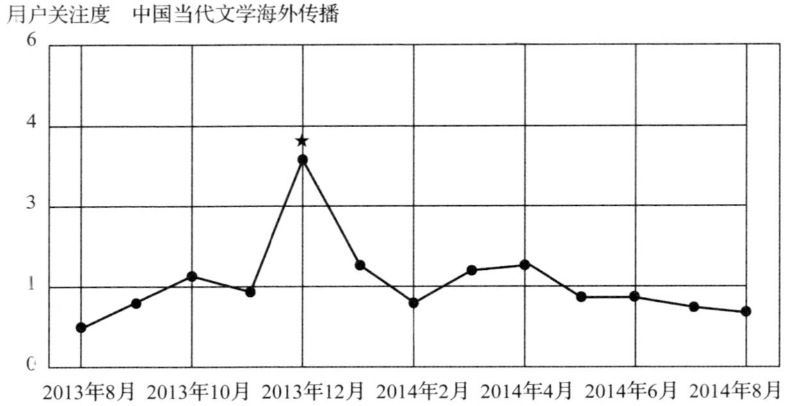

注：★表示标识点数值高于前后两点，且与前一数值点相比增长率大于30%。

上图则显示 2013 年是用户关注度最高的年份。两个表共同显示了莫言获奖确实明显促进了中国当代文学的海外传播研究。

四、莫言作品获奖前后英译对比

2012 年莫言获奖前英语翻译

序号	中文	英文	译著	出版社	年份
1	生死疲劳	*Life and death are wearing me out*	Howard Goldblatt (葛浩文)	New York：Arcade Pub	2008
2	变	*Change*	Howard Goldblatt	London；New York：Seagull	2010
3	丰乳肥臀	*Big breasts and widehips*	Howard Goldblatt	London：Methuen；NY：Arcade Pub	2004 2005
4	师傅越来越幽默	*Shifu，you'll do anything for a laugh*	Howard Goldblatt；Sylvia Lichun Lin	London ：Methuen	2002
5	酒国	*The republic of wine*	Howard Goldblatt	London：Penguin；NY：Arcade Pub	2001 2000
6	天堂蒜薹之歌	*The Garlic Ballads*	Howard Goldblatt	NY Penguin Books New York：Viking	1996 1995
7	红高粱	*Red sorghum*	Howard Goldblatt	NY Penguin Books；New York：Viking	1994 1995 1993

2012 年后莫言英语作品翻译

序号	中文	英文	译著	出版社	年份
1	蛙(节选)	*Frog (excerpt)*	Howard Goldblatt	Granta	Oct. 11, 2012
2	讲故事的人：诺贝尔演讲	*Storytellers: Nobel Lecture* (Dec. 7, 2012)	Howard Goldblatt	Chinese Literature Today	3, 1/2 (2013)
3	檀香刑	*Sandalwood Death*	Howard Goldblatt	Norman: University of Oklahoma Press	2013
4	四十一炮	*Pow!*	Howard Goldblatt	Chicago: Seagull Books	2013
5	蛙	*Frog*	Howard Goldblatt	New York: Viking	2015
6	透明的红萝卜	*Radish*	Howard Goldblatt	New York: Penguin	2015

五、莫言获奖后主要的英语研究文章

我们简要看一下英语世界按照发表年降序排列的主要研究文献，分别如下：

Tsen, Darwin H. "After the Commune: Postsocialist Collectivity, the Commodity, and Mo Yan's People." Modern Chinese Literature and Culture 29, 1 (Spring 2017): 95-135.

Braester, Yomi. "Mo Yan, In Kirk A. Denton, ed., Columbia Companion to Modern Chinese Literature."NY: Columbia University Press, 2016, 307-312.

Huang, Yiju. "A Buddhist Perspective: Trauma and Reincarnation in Mo Yan's Life and Death Are Wearing Me Out." Modern Chinese Literature and Culture 28, 2(Fall 2016): 285-312.

Klein, Lucas. "A Dissonance of Discourses: Literary Theory,

Ideology, and Translation in Mo Yan and Chinese Literary Studies.” Comparative Literature Studies 53, 1 (2016): 170-197.

Li, Tonglu. “Trauma, Play, Memory: Life and Death Are Wearing Me Out and Mo Yan's Strategies for Writing History as Story.” Frontiers of Literary Study in China 9, 2 (2015): 235-258.

Chen, Maiping. “The Intertextual Reading of Chinese Literature with Mo Yan's Works as Examples.” Chinese Literature Today 5, 1 (Jan. 2015): 34-36.

Angelic Duran and Yuhan Huang, eds., Mo Yan in Context: Nobel Laureate and Global Storyeller. West Lafayette: Purdue University Press, 2014.

——Cao, Shunqing and Miaomiao Wang. “Variation Study in Western and Chinese Comparative Literature.” 183-194.

——Chen, Thomas. “The Censorship of Mo Yan's 天堂蒜薹之歌 (The Garlic Ballads).” 37-50.

——Du, Lanlan. “Abortion in Faulkner's The Wild Palms and Mo Yan's 蛙 (Frog).” 63-76.

——“Selected Bibliography of and about Mo Yan's Work in Chinese and English.” 21-26.

——He, Chengzhou. “Rural Chineseness, Mo Yan's Work, and World Literature.” 77-91.

——Horiguchi, Noriko J. “Representations of ‘China’ and ‘Japan’ in Mo Yan's, Hayashi's and Naruse's Texts.” 51-62.

——Huang, Alexa and Angelica Duran. “Mo Yan's Work and the Politics of Literary Humor.” 153-166.

——Mitchell, Donald and Angelica Duran. “A Textbook Case of Comparative Cultural Studies.” 195-213.

——Wang, Chi-ying Alice. “Mo Yan's The Garlic Ballads and Life and Death Are Wearing Me Out in the Context of Religious and

Chinese Literary Conventions." 123-138.

——Wang, Jinghui. "Religious Elements in Mo Yan's and Yan Lianke's Works." 139-152.

——Wang, Ning. "Cosmopolitanism and the Internationalization of Chinese Literature." 167-182.

——Yang, Fenggang. "Soul Searching in Contemporary Chinese Literature and Society."215-220.

——Goldblatt, Howard. "A Mutually Rewarding yet Uneasy and Sometimes Fragile Relationship between Author and Translator." 4, 23-36.

Rojas, Carlos. "Mo Yan through a Dog's Eyes." Public Books (Feb. 2014).

Goldblatt, Howard. "Mo Yan in Translation: One Voice among Many." Chinese Literature Today 3, 1/2 (2013): 8-9.

Knight, Sabina. "Mo Yan's Delicate Balancing Act." The National Interest 124 (Mar/Apr 2013): 69-80.

Riemenschnitter, Andrea. "A Gun Is Not a Woman: Local Subjectivity in Mo Yan's Novel Tanxiang xing." Frontiers of Literary Studies in China 7, 4 (2013): 590-616.

——"Mo Yan." In Thomas Moran and Ye (Dianna) Xu, eds., Chinese Fiction Writers, 1950—2000. Dictionary of Literature Biography, vol. 370. Detroit: Thomson Gale, 2013, 179-94.

Davis-Undiano, Robert Con. "A Westerner's Reflection on Mo Yan." Chinese Literature Today 3, 1/2 (2013): 21-25.

Zhang, Qinghua. "The Nobel Prize, Mo Yan, and Contemporary Chinese Literature in China." Chinese Literature Today 3, 1/2 (2013); 17-20.

Chan, Shelley W. A Subversive Voice in China: The Fictional World of Mo Yan. Amherst, NY: Cambria Press, 2011.

Zhang, Yinde. Mo Yan, le lieu de la fiction. Paris: Seuil, 2014. [China Perspectives review by Fanny Fontaine]

——“The (Bio)political Novel: Some Reflections on Frogs by Mo Yan.” Tr. by Jonathan Hall. China Perspectives 4 (2011): 53-61.

——“The Fiction of Living Beings.” China Perspectives 3 (2010): 124-132.

2014 年出版的《文本中的莫言：诺奖获得者与全球讲故事的人》一书集中了海外学者对莫言的各种评论，不难看出，海外对莫言的研究，尤其是获奖之后的关注度，不论是数量还是质量，都显示了强劲的发展势头。

六、结论

不论是国内还是国外，莫言都是中国当代作家中有影响的代表作家。

中国当代文学海外传播研究热的出现，是中国文化自觉在文学方面的表现。随着中国学者国际教育程度和语言能力的提高，未来的中国学者对某个学科的研究，绝不会限制于汉语材料之内，而会在世界视野中研究中国问题，将和世界学者形成更多的对话交流。目前关于中国文化的国际影响研究，要注意避免“发生在国内的国际化”或者发生在海外华人圈中的国际化现象。提出中国文化国际影响这一命题，说明今天的中国确实变强大了，但还没有强大到足够自信、不用再提的程度。作为年青一代学人，我们希望在自由平等的基础上展开更多务实的研究。

（作者系北京师范大学副教授）

“三极文化对话”实录

议题：当代中国文化国际影响力生成国际论坛
时间：2017 年 11 月 25 日 下午
地点：北京师范大学 京师厅

主持人：今天的三极文化对话单元，主持人是教育部长江学者、中国文化国际传播研究院学术委员、艺术与传媒学院院长胡智锋教授。对话嘉宾有美国的安乐哲教授、澳大利亚的杜博妮教授，以及赵葆华老师、张颐武老师，有请。

胡智锋：各位辛苦了，感谢各位演讲嘉宾给我们带来的关于中国文化国际影响力的精彩演讲，在最后收场的时候，我想按照我们的论坛创始人，尊敬的黄会林先生所提出的“第三极文化”的理论学术构想，跟各位一起探讨有关“第三极文化”的话题。按照黄先生的构想，中国文化与欧洲文化、美国文化并立为三极，这是按照我们人类文明发展史，特别是近现代历史发展脉络提出的一个非常重要的论断。

请教一下各位先生，从你们各自不同的视角，如何看待第三极文化在今天对于我们整个人类文化的意义和价值？安乐哲先生是一个大哲学家，学贯中西，杜博妮教授是文学研究的大家，赵葆华教授是横跨影视创作和影视理论批评的大家，张颐武教授更是在当代中国文化领域影响力巨大的大家。希望各位从各自的角度来回应一下第三极文化的话题。

安乐哲：我想从“极”这个字开始，“极”既是空间，如美国、欧洲、中国等，也是一个质量性的字，“第三极文化”的说法聪明极了。

胡智锋：它是一个物理、空间概念，同时也是品质、质量概念。

安乐哲：对，另外我个人认为，极的概念还有另外一层意思，就是“三极”是分不开的。如果想取得真正的成功，就要彼此学习，用我们的差异来加强创造能力。所以三极的概念，不是三个单独的极，而是一种合作。我曾在演讲中提出，“一带一路”是“一多不分”，而三极文化跟“一带一路”有密切的关系。从三极的历史来看，中国文化传统，就是一个“一带一路”。你们的番茄是哪里来的？我们是番。你们的胡椒面是哪里来的？我们是胡。你们的洋酒是哪里来的？我们是洋。所以这已经是一个合作。

胡智锋：太棒了！安老师说他是洋葱的洋，胡椒面的胡，番茄的番，实际上番茄、胡椒面和洋葱已经化为中国文化的一个自然的部分，我们已经不在乎它是不是洋、胡、番了。我们理解安老师讲的意思，三极首先是空间的概念，是一个不同的区域，欧洲、美国、中国；同时也是一个品质的概念，高度、深度、广度。三极不是独立的三个棍子，而是相互合作、是相互影响、相互依赖的，最后会化成一个你中有我，我中有你的概念。另外我理解安老师以他中西贯通的学术大家的视角，对第三极文化有一个特别好的、含蓄的忠告，在强调不同的时候，也要强调贯通和普遍。这样的话才能够真正有效。

安乐哲：说得太好了。

胡智锋：谢谢安老师。杜老师怎么看这个问题。

杜博妮：实际上从表面来说，我不担心。三极首先是地理上的分布，我记得在我小的时候，我们经常说的是两极，中国和西方，当时的这个说法不是很好。我也记得在很多的时候，当我们提到极的时候，都说到的是中国和美国两极，这是非常不公平的。如果说我们看一下中国和亚洲的其他国家，以及美国和其他的西方国家，这主要还是一个地理政治方面的极。

我是在澳大利亚长大的，但当我是小孩子的时候，我是英国人。长大后，我在想我不是西方的一部分，因为我是自己的一极，不属于西方的那个极。那时，我自己就想到了三极的世界。当我们有新的想法的时候，实际上有很多的反对声音，现在我想我们或许还可以再加几个极呢，举一个例子，澳大利亚算一极吗？日本，非洲国家，我们有没有可能把这些国家纳入进来呢？举一个例子，我们能不能把所有国家的国旗都搜集在一起？现在有了电子通讯之后可能简单一点，以前是非常困难的。

胡智锋：我理解杜博妮教授所讲的是对三极特别友善的建议，我也可以回应一下杜博妮教授，我相信中国人喜欢说三，这可能是一个很重要的概念，我们常常把这个世界一分为三，这是中国人的一种思想。所以我觉得黄先生建设这个理论是一个框架，这个框架更多的是一种理念，可能是一个粗线条的框架，并不等于是排他性的，也就是说澳大利亚、日本当然都会在里面。如果按照联合国的规则，把所有的旗都要插在这里，那样的话对中国人传统的学术理论建构或许太过复杂，数不过来，最后就简单化。就好像我们分一个代表团，我们大概比如说亚洲、欧洲、澳洲，我们把世界分成几大洲，然后每个洲里面会有不同，大家都要去做更细的极。非常感谢杜老师，杜教授对三极有着细化和深化的友善建议。

安乐哲：如果我们都说比较哲学的比较，比较是两个东西，如果不是这个就是那个。而三极有了更多的东西。

赵葆华：我有一个想法，如果把第三极文化放在“一带一路”的大背景上来考察，放在习近平总书记在十九大报告中所说的有中国特色的社会主义新时代的语境下来考察，我觉得这个理论有非常大的文化战略意义。它的主要战略意义来自于它的战略目的和战略归属，那就是建立人类命运共同体，合作共赢，大家共同的富裕。这是三极文化的初心，也是三极文化的归属，这是第一点。

第二点，三极文化的核心点是中国文化的生成与传播问题，谈到这个我们必须要搞清楚我们的目的和路径。目的实际上叫作弘扬中国精神，传递中国价值，凝聚中国力量，合作共赢，建立人类命运共同体。必须牢记这个目的。在这个目的下，我们还要找到一个路径。大家会上都谈了艺术转换，谈了语境转换，我作为一个影视创作工作者，特别赞赏总书记所说的，创造性转换。

我们在会上听到很多专家都谈到了要讲好中国故事，用电影、电视讲好中国故事，给中国听，给世界听，可是我们遇到了一个障碍性的话题，就是如何转换。在这一点上我可以归结三句话：第一个是内容为王，第二个是情怀至上，第三个是叙事为先。过去有一段时间，银幕上世俗品格过重，英雄品格不足，进入了新时代，我们要向世界讲述中国故事，就要讲述中国英雄的品格，讲述中国力量。那么在讲这个的时候，我想到了另外一个问题，中央电视台年年推出感动中国十大人物，我们拍成电影之后，却多数感动不了观众，造成了英模题材一度公信力下降，何以然？艺术转换不够。这个问题推而广之就是中国文化走出去的工程问题。讲好中国故事必须做好艺术转换。这不但包含着语境的转换，还包含着一种艺术创造性的转换和结构的转换。只有这样，才能够讲好中国故事。将中国好故事，将中国精神、中国的价值观、中国的形象呈现到世界面前。然后我们各美其美，美人之美，走向大同，建立、构建人类命运共同体，这是我们的中国梦的一个重要的组成部分。

胡智锋：赵老师一气呵成，不愧是创作和理论双重的大家，讲得非常精彩。

我所理解的赵老师的一番发言，核心是一个词：转换。第一，转换是什么？把概念、把第三极的极、把中国文化转换成世界通行的和大家都能够接受的文化，然后才能够获得全世界共通的价值。第二，要转换成对我们自己美好生活的满足和表达。对国家来说，这样的转换是战略性的。

第三种转换是艺术本身的转换，不仅要讲好中国故事，还要讲好中国的好故事。简单说，第一个叫作人类性价值的转换，第二个是中国发展的价值转换，第三个是当代中国的好故事的转换，内容、情怀、叙事都要进行艺术化的一种转换。从影视创作，影视理论来看，都需要来做这种转换，这样才能真正让第三极文化落地，而不是悬空，我是这么理解的，我再做一次转换，感谢赵老师。我们有请张颐武教授。

张颐武：谢谢胡院长，首先还是要说，第三极是黄会林教授多少年来艰辛创造的，十年前她就在思考这个问题，十年来努力做了很多的研究工作，创建了这个理论，我觉得现在通过不断地召开这样的会议，她已经让大家都了解了这个理论的很多精髓和要意。

我觉得黄老师的视野确实是非常开阔。我对三级文化的理解是三足鼎立，像一个大鼎，中国文化托起地球，地球像鼎上面的东西，下面有三足。黄老师很早就在思考这个问题，包括影视，也包括中国传统文化。她这些年来做的工作，也是促进这三足之间多了解。

有一个很有意思的想法，认为欧洲文化是所谓西方思想的源头。当时冯友兰先生讲希腊和罗马的文化一直延伸到现在的西方，没有中断过。他说所谓西方文化最重要的、核心的概念，还是以欧洲为中心的，欧洲的影响力比美国还要大，大家可以看到很多的新的理论思想，特别是法国的理论思想的传播非常重要，这一极黄老师认为是全球非常重要的思想一极。

而美国是一个巨大的、全球的主导观念和思想，虽然它在西方，但是又主导着整个世界，而且是全球唯一的超级大国。

另外一个是安乐哲先生讲的，“极”既是空间的概念，又是一个向上的，很高的极限、极点。黄老师有一个期许，那就是中华文化也要向这个方面发展。在亚洲，特别是东亚，中国文化曾经有非常巨大的影响，因此她觉得这一极是中华文化代表的一极。三足鼎立撑起一个世界的关怀，“第三极文化”是这么一个想法。

我觉得黄老师刚提出这个理论的时候，还是和者不广，当时了解这个说法的还不是很多。季羡林先生曾在 1987 年提出一个非常通俗的说法，叫作“三十年河东，三十年河西”，说 21 世纪，是中华文化的一个时代，当时我们听了，也不能了解。我们觉得当时的思想都是受欧洲的思想影响，季先生可能是年纪太大了。有一次我在季先生家里面，季先生也讲了这个非常宏大的构想，我旁边的年轻学者跟我讲说季先生是不是年纪太大了，思想有一点飞跃得太高——我们当时不了解。现在我觉得黄老师把这种精神更精细化了，把季先生的“三十年河东，三十年河西”继承了过来，非常高远。从前的直觉，到黄老师这里转变得更加周密了。

在今天的世界局面下看的话，黄老师三足鼎立的说法就更加有意义了。20世纪五六十年代以来在美国发展出来的观念和思想，主导全球的思想，比如说多元文化的思想，都受到了一些冲击。比如说美国的特朗普上台崛起以后，美国社会处在剧烈的纷争之中，文化战争好像有了激化的趋势。现在欧洲也遇到了一些新的挑战和文化，原来欧洲开放多元，思想家都是讲思想的容纳和多元，现在来看的话，欧洲遇到宗教的问题、民族的问题，好像很难解决。

现在来看，中国的思想，包括黄老师提出来的三极，其实是一个多元包容的概念。在人和自然的关系上要天人合一，在人和人的关系上要和而不同。这个想法当然是抽象的，大而言之，是用中国这套框架来对世界产生一些影响。这正好也应和了政治学和文化思想的重要的变化。比如说台湾大学政治学系的朱云汉教授是政治思想的学者，前几年他出了一本书叫作《高思在云》，讲到工业革命五百年来，西方主导的世界由于中国的兴起，发生了很大的改变。人分先知先觉、后知后觉、不知不觉，黄老师是先知先觉，提出了清晰的“第三极文化理论”。就像黄老师在思想和精神上萌出了一个种子，现在这个种子终于开始长成了，逐渐开始往上发融滋长，变成了非常有意义的思想，大家可以再继续探讨，把这个思想不断地延伸。这是一个未来很有潜力的思考，谢谢!

胡智锋：谢谢张颐武教授，刚才张颐武教授从两个维度来看问题，第一个是从黄先生的第三极的思想脉络，从季先生甚至是五百年之变局的问题上来看第三极文化的意义。20世纪80年代从季羡林先生到黄老师，他们以一个一以贯之的脉络提出了报春的种子。

第二个是从世界的维度，从全球的角度，现实的角度来看，在中国国内，中华文化几千年的多民族的融合的经验，造就了其在人与自然关系上的天人合一，人与人关系上和而不同的基本文化理念，这一套理念在中国国内已经有效地解决了不同民族、不同文化的差异，造就了一个和谐共享的局面。

在世界上，中华文化就算走到了亚洲的其他地区，走到了欧洲、美洲、全球，也没有变成破坏性因素，而是跟其他文化有机相融，这足以证明中华文化作为第三极文化独具的一套智慧和办法。这或许能够为像欧洲和美国等陷入难题的地区提供一种答案。张颐武教授为第三极文化带来了一种非常有高度的判断。感谢张颐武教授。

胡智锋：最后我想请各位用最简短的一句话，表达你对第三极文化的一个判断、一种期待，或者说一个回应。

安乐哲：我们要继续思考这个想法，"一带一路"和三极，我们要多反思这个关系，这是非常重要的事。

胡智锋：把第三极文化和"一带一路"更深入的结合考虑。

杜博妮：我要说的非常简单，像这种类似的讨论，是一个非常好的总结，也是一个非常成功的会议。

胡智锋：希望大家可以深入合作，谢谢杜老师。

赵葆华：第三极观念，于中华民族崛起之际提出，无论将来中华民族富强到什么地步，我们都不忘初心，愿意和世界民族、世界文化一道，打造富强的人类命运共同体。

胡智锋：高大上。谢谢，讲得好！

张颐武：我想说现在这个种子已经长成树了，我们还要种更多的树。第三极文化这颗十多年前的种子，现在要飘散到世界各地，变成一个茂密的森林。就像赵老师刚刚说的，为一百年的宏大目标继续奋斗。革命尚未成功，同志仍需努力，谢谢！

胡智锋：讲得好！最后我简单说一句，四位教授从不同角度回应了黄先生的"第三极文化"学说，也从哲学的、文化的、国际的、国家的和人类的等多种维度对第三极文化的价值做了非常精彩的判断，相信黄先生的"第三极文化"就像张颐武教授所说的，像一粒种子已经播种，结成果实，而且开始长成大树了，希望它能够越来越茁壮，能够为我们中国文化的崛起、为中国文化国际影响力生成和扩展、为整个人类文明提供中国智慧，做出独特的思想和学术贡献。

非常感谢黄先生的“第三极文化”给我们带来的这样一个探讨的基础。感谢四位教授精彩的回应，也感谢各位在场的老师们、同学们的热情参与和支持，我们这一段就到此结束，谢谢各位。

（三极对话文稿由北京师范大学博士生孙子荀根据录音整理）

后 记

一年一度编辑出版《“第三极文化”论丛》，对我们整个研究院团队来说，是一次向参与本年度研究院研讨的中外学者求教的机会，也是一种“第三极文化”首倡者、资深教授黄会林领导我们继续探索该理念的过程。黄先生身先士卒，身体力行地不断挖掘和延伸“第三极文化”理论，关注论丛就可把握这几年“第三极文化”推进的脉络。

作为北师大交叉平台建设单位，研究院在人手极其有限的情况下，吸附优质学术资源。论坛及其直接成果——本论丛，都得到研究院理事会、学术委员会、创作委员会和客座研究员（我们亲切地称这是我们的“四会”）队伍的鼎力支持。关于组织论坛，黄先生一再要求我们：以高层次的论坛阵容，谋求高品质的论丛内容。今天，我们都特别感受到，没有四会成员为主力的重磅专家学者的贡献，论丛将失色不少。在此，向他们表示敬意。

今年执行院长高峰领衔本论丛的副主编，对编辑团队是很大的鼓舞。刘江凯副教授正式调入研究院，充实了学术研究的力量，也为本年度论坛的策划、组织、论文统筹及本书的编辑、校对大大增强了力量。杨歆迪、孙子荀、王超、李雅琪、王欣、杨卓凡、朱政、马琛等同志也都为本书付出了心血。

时光如梭，转眼间，2018 年的论坛已征稿过半。我们坚信，下一本《论丛》将更加精彩。

罗军

2018 年 5 月 1 日